裁判精要与规则适用丛书

建设工程施工合同纠纷裁判精要与规则适用

人民法院出版社
《法律家》实践教学编委会 编

JIANSHE GONGCHENG SHIGONG HETONG JIUFEN
CAIPAN JINGYAO YU GUIZE SHIYONG

人民法院出版社

图书在版编目（CIP）数据

建设工程施工合同纠纷裁判精要与规则适用 / 人民法院出版社，《法律家》实践教学编委会编. -- 北京：人民法院出版社，2024.4
（裁判精要与规则适用丛书）
ISBN 978-7-5109-4129-0

Ⅰ.①建… Ⅱ.①人… ②法… Ⅲ.①建筑施工－合同纠纷－审判－规范－中国 Ⅳ.①D923.65

中国国家版本馆CIP数据核字(2024)第074638号

建设工程施工合同纠纷裁判精要与规则适用
人民法院出版社、《法律家》实践教学编委会 编

策划编辑	李安尼　　责任编辑　刘晓宁
封面设计	尹苗苗
出版发行	人民法院出版社
地　　址	北京市东城区东交民巷27号（100745）
电　　话	（010）67550572（责任编辑）　67550558（发行部查询）
	65223677（读者服务部）
客服QQ	2092078039
网　　址	http://www.courtbook.com.cn
E - mail	courtpress@sohu.com
印　　刷	三河市国英印务有限公司
经　　销	新华书店
开　　本	787毫米×1092毫米　1/16
字　　数	335千字
印　　张	18.75
版　　次	2024年4月第1版　2024年4月第1次印刷
书　　号	ISBN 978-7-5109-4129-0
定　　价	68.00元

版权所有　侵权必究

《建设工程施工合同纠纷裁判精要与规则适用》编辑委员会

主　编：胡凤滨

副主编：马腾溪　冯传江　聂国丰　张宇红
　　　　张　春　张东齐

编　委：韩成彬　王海伶　吕文丽　韩晞宇
　　　　陈　磊　李明月　程浩峰　代展鹏
　　　　赵　娇　王梓伊　王如意　郑文超
　　　　王　照　陈诗萱　孙靖婷　宋卓琳
　　　　李　言　李唯正　高　旭　刘晓娟
　　　　胡金国　王先武　杨文达　曲焕成
　　　　戚东巍

前　言

最高人民法院一向重视案例在司法审判中的作用，二十世纪五六十年代开始，就有通过编选案例来总结审判工作经验、指导审判工作的习惯。自1985年起，最高人民法院编辑的《最高人民法院公报》定期公开出版发行，并在《最高人民法院公报》中发布典型案例，登载该案例的裁判摘要或裁判要点。2010年最高人民法院发布《关于案例指导工作的规定》，建立了在司法审判中"类案参照适用"的规则与制度。同时，最高人民法院规定了作为"类案"标准的"指导性案例"的来源、甄选、审查、发布的规则。到目前为止，最高人民法院已经发布一定数量的指导性案例。这些案例对统一法律适用、提高审判质量、维护司法公正起到了相当大的作用。

但与此同时应当看到，最高人民法院对推出指导性案例较为慎重，而司法实践中对指导性案例的需求量又很大，现有指导性案例尚不能完全满足司法实践中对指导性案例的需求。因此，就需要有其他具有一定权威性和规范性的典型案例在司法审判工作中类比参考适用。

基于上述情况，为满足司法实践中对具有指导性作用案例的需求，人民法院出版社与《法律家》实践教学编委会共同推出了《裁判精要与规则适用丛书》。本丛书从最近几年《最高人民法院公报》中发布的案例和最高人民法院各审判庭选择公布的案例中精选部分对我国司法审判工作有一定指导与示范作用的典型案例，提炼出体现认定事实和适用法律裁量标准范式的"裁判要旨"，在法理上深入论述，并着重指出比照适用的要点。

本丛书为开放式丛书，本次编纂拟推出4册，分别为《建设工程施工合同纠纷裁判精要与规则适用》《公司纠纷裁判精要与规则适用》《保险纠纷裁判精要与规则适用》《贪污贿赂罪裁判精要与规则适用》。每一分册在体例上均包含案例来源、基本案情、判决主文、裁判要旨、重点提示五个部分。

本丛书具有以下显著特色：

1. 案例权威，内容丰富。本丛书选取的案例主要来自最高人民法院指导性案例、最高人民法院公报案例、最高人民法院发布的典型案例、人民法院案例选案例等，并依托案例大数据资源，对审判实践中较常见的争议点进行归纳总结，抓住案件认定事实和适用法律的关键点，并对审判实践中适用案例时要注意的问题，作了重点提示。

2. 实用方便，指导实践。该丛书对选取的案例进行逐个梳理，通过对案例基本案情、判决主文、裁判要旨的提炼，法律修订前后的对比，编辑出契合司法审判中常见问题的裁判规则，对解决类似问题具有一定的参考作用。

本册为《建设工程施工合同纠纷裁判精要与规则适用》，依据《民法典》及最高人民法院关于审理建设工程施工合同纠纷案件最新司法解释进行编写，并包含最新典型案例，以期为读者提供丰富的法律适用借鉴。

最后，要着重强调，正是由于本丛书所选取案例的裁判法官们具有深厚的学术造诣、严谨的执法态度以及在司法实践中积极探索的精神，才使本丛书中的案例能够成为司法实践中具有指导参考作用的案例，成为中国法学理论界、法律实务界和社会各界学习、研究、适用法律的重要参考，在此特表示感谢。

人民法院出版社

《法律家》实践教学编委会

二〇二四年四月二十八日

目 录

第一章 建设工程招标投标
1. 让利协议的效力认定 ……………………………………………………（1）
2. 承包人与发包人串通投标的合同效力认定 ……………………………（3）
3. 必须进行招标的工程项目的界定及施工合同效力 ……………………（6）
4. 违反《招标投标法》签订的建设工程施工合同的法律效力 …………（9）
5. 对《招标投标法》中"低于成本"的理解 ……………………………（13）

第二章 建设工程施工合同的主体
一、转包与分包 …………………………………………………………（16）
1. 转包与挂靠的区分 ………………………………………………………（16）
2. 行政处罚能否作为工程非法转包人免于司法制裁的依据 ……………（19）
3. 违法分包的建设工程施工合同案件中对合同相对性原理的坚持 ……（21）
二、内部承包 ……………………………………………………………（24）
个人承包经营企业期间对外转移债权的限制 ……………………………（24）
三、借用资质 ……………………………………………………………（27）
1. 借用施工资质的实际施工人与被挂靠方及发包人之间的法律关系 …（27）
2. 挂靠或出借名义的效力及内、外部法律责任 …………………………（29）
3. 建设工程领域挂靠关系下的责任承担 …………………………………（33）
四、实际施工人 …………………………………………………………（36）
1. 转包人破产是否影响实际施工人向发包人主张其工程价款 …………（36）
2. 建设单位和施工单位并存债务承担的责任范围 ………………………（39）
3. 违法发包的业主应否承担实际施工人欠付的农民工劳务费 …………（42）

第三章　建设工程施工合同的效力

一、合同效力的认定 ……………………………………………………（46）
　　1. 建设工程施工合同中乘人之危的认定 ………………………（46）
　　2. 已备案建设工程施工合同转让的效力及责任认定 …………（48）
　　3. 合同履行过程中的正常变更与"黑白合同"的认定 …………（51）
　　4. 建设工程"会议纪要"的性质认定 ……………………………（55）
　　5. 审计部门对建设资金的审计在建设工程施工合同纠纷中的效力 …（58）

二、合同无效后的处理 …………………………………………………（61）
　　建设工程合同无效时管理费的处理 ……………………………（61）

三、合同无效的结算 ……………………………………………………（66）
　　1. 无法确认实际履行的"阴阳合同"的工程价款结算 …………（66）
　　2. 转包无效但工程竣工验收合格时工程款的结算问题 ………（69）
　　3. 存在串通投标行为的建设工程施工合同的价款结算 ………（73）

四、农村建房合同的效力 ………………………………………………（76）
　　将农村房屋发包给具有施工技能的承包人，应否对雇员担责 …（76）

第四章　建设工程施工合同的履行

一、当事人的合同义务 …………………………………………………（80）
　　1. 工程项目负责人以公司名义实施民事法律行为的性质认定及
　　　 责任承担 ………………………………………………………（80）
　　2. 约定以审计结论作为支付工程款条件的效力 ………………（82）

二、工程质量 ……………………………………………………………（85）
　　1. 保修期届满后的质量责任承担问题 …………………………（85）
　　2. 约定的工程质量保证金超出有关规定部分的效力 …………（88）
　　3. 发包人擅自使用未经竣工验收的工程对承包人保修责任的影响 …（91）
　　4. 施工方因协助司法行为未支付工程款时的责任认定 ………（94）
　　5. 竣工验收合格后工程出现质量问题时的责任划分 …………（97）
　　6. 因勘察设计原因导致工程存在质量问题的责任认定 ………（100）

三、竣工验收……………………………………………………（105）
　　　　承包方未经发包方授权单方组织竣工验收时出具的鉴定意见的
　　　　效力……………………………………………………………（105）

第五章　建设工程施工合同的解除

　　1. 因合同目的无法实现而解除的合同损失的分配原则……………（110）
　　2. 施工合同解除后承包人是否享有建设工程价款优先权…………（113）
　　3. 使用未经国家强制性产品认证的产品而签订的合同应否解除……（117）

第六章　建设工程施工合同的违约责任

　　1. 欠付工程款利息及违约金的适用…………………………………（120）
　　2. 违约金和利息的竞合………………………………………………（122）
　　3. 无法证明发包人逾期支付进度款时欠付工程款利息的计算……（125）

第七章　建设工程价款

　　一、工程价款的认定………………………………………………（128）
　　　　以工程竣工决算报告确定工程价款的认定…………………（128）
　　二、工程价款的结算………………………………………………（132）
　　（一）结算条款的确定……………………………………………（132）
　　　　1. 政府部门对工程经费的审计金额能否作为工程款结算结果……（132）
　　　　2. 无法阐明内容的误解是否构成重大误解……………………（134）
　　　　3. 财政评审报告在建设项目结算中的效力认定………………（137）
　　（二）结算和支付…………………………………………………（140）
　　　　1. 发包人能否以承包人未开发票为由拒付工程价款……………（140）
　　　　2. 工程竣工验收合格后发包人能否再以工程质量存在问题为由
　　　　　 拒付工程款…………………………………………………（142）
　　　　3. 建设工程施工合同中的工程价款结算依据…………………（146）
　　　　4. 发包人因承包人过错迟延支付工程款是否构成违约…………（149）
　　　　5. 工程款已结算且履行完毕时审计报告对结算协议效力的影响……（153）
　　　　6. 建设工程所涉施工合同均无效时工程价款的结算……………（157）

三、工程价款争议的处理……………………………………………（159）
1. 票据被拒兑时承包人可否以原法律关系主张权利…………（159）
2. 债务清偿期限届满后以物抵债协议的性质及履行……………（163）
3. 开工日期的认定及固定价款合同解除后合同价款的计算……（167）

四、工程造价鉴定……………………………………………………（170）
建设工程施工合同纠纷中司法鉴定的运用………………………（170）

五、优先受偿权………………………………………………………（173）
1. 基坑工程的承包人能否主张优先受偿权………………………（173）
2. 未竣工工程的承包人是否享有工程款优先受偿权……………（177）
3. 承包人存在过错是否影响其主张优先受偿……………………（179）
4. 以物抵债取得的所有权能否对抗承包人的优先受偿权………（182）
5. 建设工程价款优先受偿权的行使范围…………………………（184）
6. 建设工程价款优先受偿权的适用………………………………（188）
7. 关于建设工程价款优先受偿权的追及效力问题………………（191）
8. 审计结论作出的时间是否影响优先受偿权的起算时间………（193）
9. 建设工程价款优先受偿权行使起算时间与期限的确定………（195）

第八章　建设工程施工合同纠纷审理程序

一、诉讼管辖…………………………………………………………（199）
1. 仲裁机构约定明确的认定………………………………………（199）
2. 跨区诉讼中重复起诉及合并审理问题的处理…………………（201）
3. 建设工程施工合同纠纷的管辖认定……………………………（204）
4. 开庭后发现案件不属于本院管辖的处理………………………（206）
5. 适用合同概括约定是否产生仲裁协议并入的效力……………（208）
6. 反诉撤诉后基于同一事实提起的诉讼是否构成重复诉讼……（211）
7. 行使撤销权是否必然导致中止诉讼……………………………（213）
8. 另行起诉违反一事不再理原则的认定…………………………（216）

二、诉讼参加人………………………………………………………（218）
第三人撤销之诉中对调解书错误部分的处理……………………（218）

三、诉讼证据…………………………………………………………（221）
1. 鉴定机构因程序瑕疵作出的撤销决定能否作为再审新证据………（221）

  2. 建设工程中工程价款的举证责任分析……………………（224）
  3. 变更诉讼请求对举证期限的影响………………………（227）
 四、反诉与抗辩…………………………………………………（229）
  主张抗辩权后又以同一事实另行起诉的，应否审查抗辩权是否成立…（229）
 五、诉讼时效的认定与处理……………………………………（233）
  1. 申请再审的法定期限……………………………………（233）
  2. 建设工程施工合同纠纷中诉讼时效的中断与起算……（237）
 六、刑民交叉……………………………………………………（240）
  建设工程合同纠纷中的公司员工使用虚假公章是否构成表见代理…（240）
 七、其他…………………………………………………………（243）
  1. 检察院抗诉前当事人已达成和解协议并已履行完毕的，
   再审程序如何处理………………………………………（243）
  2. 先行判决时能否径直驳回剩余诉讼请求………………（245）
  3. 当事人申请撤回再审申请，抗诉机关不同意撤回抗诉时的处理…（248）

第九章　建设工程施工合同纠纷的执行

  1. 案外人的执行异议与原判决、裁定无关的理解…………（254）
  2. 被执行人不履行或不完全履行和解协议时能否恢复执行原判决…（256）
  3. 执行法院能否对以债务承担方式加入债权债务关系的
   第三人强制执行…………………………………………（259）
  4. 被执行人财产执行不便时能否执行一般保证人财产……（262）
  5. 执行异议之诉中能否对实际施工人进行认定……………（264）
  6. 仲裁裁决的执行管辖法院的确定…………………………（268）
  7. 履行生效裁判时产生的实体争议的解决…………………（270）
  8. 人民法院能否执行第三人为被执行人利益占有的财产…（273）

附录　建设工程施工合同纠纷相关规定……………………（276）

第一章　建设工程招标投标

1. 让利协议的效力认定

【案例】江苏省××建设集团股份有限公司诉江苏省××市中医院建设工程施工合同纠纷上诉案

案例来源

发布单位：最高人民法院《人民司法·案例》2023年第14期（总第997期）
审判法院：江苏省盐城市中级人民法院
判决日期：2021年9月18日
案　　号：（2021）苏09民终5737号

基本案情

江苏省××市中医院（以下简称市中医院）因建设院内住院楼工程依法对外公开招标，最终江苏省××建设集团股份有限公司（以下简称建设公司）成为唯一中标候选人。2018年1月，建设公司向市中医院承诺自愿在结算审计价80%工程款时主动减收工程款6 878 800元，并出具承诺书。后双方签订建设工程施工合同补充协议一份，约定建设公司承诺在备案合同总价上让利，按227 142 921.18元承建住院楼工程，并承诺让利后仍按备案合同的相关规定保质保量完成工程。同年3月，市中医院在向建设公司发出中标通知书后，双方签订了建设工程施工合同。2020年11月，该工程经竣工验收合格。

建设公司以双方签订的补充协议中让利后仍保质保量完成建设工程，变相降低工程款，背离中标合同实质性内容为由，提起诉讼，请求判令双方签订的补充协议中第4条、第5条内容无效。

市中医院辩称：为加快工程建设进度，建设公司自愿承诺让利。但让利金额占整个工程款的比例很小，不构成对整个工程实质性条款的改变。建设公司为自身利益主动作出让利，是其对民事权利的自愿处分行为，请求法院驳回建设公司的诉讼请求。

一审判决后，建设公司不服，提起上诉。

判决主文

一审法院判决：判决驳回原告建设公司的全部诉讼请求。

二审法院判决：驳回上诉，维持原判。

裁判要旨

建设工程招投标领域的让利协议并非一律无效，还要实际考虑让利金额占比以及让利原因的合理性。审查该协议时，在保障不违背招投标备案合同的同时，也要保障该协议不属于招标人和中标人之间背离合同实质性内容的其他协议，区分清楚正常合同变更与背离中标合同实质性内容变更，尊重当事人的正常合同变更。

重点提示

中标人在中标后为了能够成功签订建设工程施工合同，主动向招标人提出降低工程款并签订让利协议。建设工程施工合同中的让利协议，要求双方在保证工程质量的前提下，节省工程造价开支，并实现双方互利共赢。但让利协议是否具有法律效力存在一定争议。司法实践中，探究让利协议效力的认定的问题时，应当注意以下三点：（1）让利协议法律效力的判断。实务中应当从以下几个方面判断让利协议是否具有法律效力：一是让利协议必须真实，即中标人需出于其真实意思表示向招标人承诺减收工程款。若让利协议不真实，那么该协议无效，也不属于中标文件中的一部分。二是让利协议必须明确，即中标人必须明确承诺减收工程款的金额、方式等内容。未明确上述内容会导致该协议难以生效且无法保障招标人的合法权益。三是明确让利协议的法律性质。因让利协议既具有合同性质，又具有招标文件性质。故应当结合《民法典》合同编与《招标投标法》的相关规定认定让利协议是否具有法律效力。四是让利协议应当在中标后提出。若让利协议在中标前提出，其法律效力会受到质疑。（2）让利协议不能一律被认定为无效。对于建设工程领域中的让利协议是否有效的问题，实务中存在不同看法。一种观点认为，让利属于背离中标合同实质性内容的约定，因而让利协议无效。其认为根据《最高人民法院关于审理建设工程施工合同纠纷案件适用法律问题的解释（一）》第 2 条第 2 款的规定："招标人和中标人在中标合同之外就明显高于市场价格购买承建房产、无偿建设住房配套设施、让利、向建设单位捐赠财物等另行签订合同，变相降低工程价款，一方当事人以该合同背离中标合同实质性内容为由请求确认无效的，人民法院应予支持。"由此可知，中标人与招标人在中标合同以外签订让利协议，属于背离中标合同实质性内容的情形，应当被认定为无效。另一种观点认为，让利协议应当根据具体情况综合考虑让利协议的真实性、明确性、合理性等因素。若让利协议中的让利工程款金额占总工程价款的比例较低，不足以导致招标人与中标人之间的权利义务发生较大变化，同时也不会损害国家、社会以及他人利益的，那么就不属于背离中标合同实质性内容的情形，即让利协议有效。（3）建设工程领域中正常合同变更与背离中标合同实质性内容变更的辨析。合同变更系合同双方当事人的一项基本权利，当事人可对合同的相关内容进行修改。中标合同同样可以变更，但应注意不得就实质性内容进行变更。正确分辨正常合同变更与合同实质性内容变更，能够有效防止存在串通投标等损害国家、社会、他人利益的违法行为。保障了招投标合同效力，促进建筑市场的健康发展。一般来说，主要从以下两个方面分辨上述两种变更：一方面，可比较变更造成合同不一致的程度大小。变更使当事人的权利义务造成影响的，属变更了合同的实质性内容；变更仅造成合同轻微不一致的属正常的合同变更。另一方面，可比较合同内容变更的原因。若合同变更是为了提高施工效率与质量，且变更并不会影响双方利益的，即使出现工程价款与工程量的变更也属于正常的合同变更。

2. 承包人与发包人串通投标的合同效力认定

【案例】×工业金华建设工程公司诉信阳×××房地产开发有限公司建设工程施工合同纠纷案

案例来源

发布单位：最高人民法院第四巡回法庭：当庭宣判十大案例
审判法院：最高人民法院
判决日期：2017 年 3 月 28 日
案　　号：（2017）最高法民终 3 号

基本案情

2010年9月6日,信阳×××房地产开发有限公司(以下简称房地产公司)与×工业金华建设工程公司(以下简称建设公司)就××欧洲一期工程签订《建设工程承包协议》,约定按计价办法计算的本工程土建总造价及水电安装总造价优惠下浮6%及10%为工程最终结算价。上述协议签订后,房地产公司对案涉工程部分楼及地下车库分别进行了招投标,建设公司于2010年11月中标。当日双方分别签订了三份《建设工程施工合同》。其中约定建设公司向房地产公司支付工程质量保修金额为3%,质量保修金不计银行利息。第一年退1%,第二年退1%,期满后退剩余的1%。

案涉工程于2013年4月竣工验收后,房地产公司已付款数额为12 974万元。双方签订的案涉工程造价确认表中,确认案涉工程总造价为15 197万元。2013年11月建设公司与房地产公司又签订了《房屋抵偿工程款协议书》。

建设公司以房地产公司未按合同约定支付工程款,拖欠工程款至今未予偿还为由,提起诉讼,后变更诉讼请求,请求判令房地产公司支付下浮工程款1015万余元、拖欠工程款2856万余元及利息、消防配套费21万余元,退还质保金486万余元。

房地产公司答辩称:建设公司以合同无效为由请求房地产公司支付工程款系通过合同无效获取额外利益的行为,应当驳回;《建设工程施工合同》无效并不影响《房屋抵偿工程款协议》的效力,建设公司请求撤销该协议于法无据;建设公司至今未交付合格的工程,建设公司请求支付剩余工程款的利息缺乏法律依据;建设公司对案涉工程质量负有法定的保修义务,案涉工程仍未交付,质保金不应退还;消防工程配套费不属于工程价款,本公司无须支付消防工程配套费。

房地产公司以建设公司延期交工,违反合同约定为由提起反诉,法院判令请求建设公司承担延期交工违约金1945万元、延期办证违约金297万余元、维修费用8万元。

一审判决后,建设公司、房地产公司均不服,提起上诉。

后于开庭时,均申请撤回上诉。

判决主文

一审法院判决:被告(反诉原告)房地产公司支付给原告(反诉被告)建

设公司工程款2071.03万元及利息；被告（反诉原告）房地产公司支付给原告（反诉被告）建设公司消防工程施工配合费及承包管理费210 092元；驳回原告（反诉被告）建设公司的其他诉讼请求；驳回被告（反诉原告）房地产公司的反诉请求。

二审法院裁定：准许撤回上诉。

裁判要旨

对于承包人与发包人通过串通投标的方式中标发包人工程的行为，依据我国相关法律规定，投标人与投标人或者投标人与招标人有串通投标行为的，中标是无效的，签订的合同也无效。因此承包人与发包人串通投标的行为因损害他人的利益无效，且双方基于上述工程签订的例如《建筑工程施工合同》等的一系列合同也均无效。

重点提示

串通投标是指招标者与投标者之间或者投标者与投标者之间采用不正当手段，对招标投标事项进行串通，以排挤竞争对手或者损害招标者利益的行为。司法实践中，认定承包人与发包人串通投标后合同效力的问题，应当注意以下三点：（1）建筑工程施工合同中承包人与发包人串通投标行为的认定。招标投标是市场交易中常见的一种形式，也是建筑工程施工中常见的一种交易方法。近年来，串通投标现象层出不穷，主要有以下两种表现形式：一是投标者与投标者之间通过口头或书面协议、作出就投标报价互相约定，协议轮流在类似项目中中标等损害招标者或其他投标者利益的行为。二是投标者与招标者相互串通在招标投标前就已经进行了私下交易，使公开招标投标失去意义，同时也损害了国家、社会以及其他投标者的利益。投标者与招标者串通的不正当手段包括招标者向投标者透漏标底、招标者在公开招标前就与投标人签订好了合同、招标者差别对待其他投标人等情形。在建筑工程施工合同中，若发包人对其建筑工程进行公开招标前，就已与承包人签订了建筑工程施工合同，且双方就工程承包范围、形式、工程质量标准、工期、工程计价标准、合同价款及支付方法、违约责任等实质性内容进行了约定，那么上述行为就属于串通投标行为。（2）承包人与发包人串通投标后建筑工程施工合同无效。根据《招标投标法实施条例》第67条第1款的规定："投标人相互串通投标或者与招标人串通投标的，投标人向招标人或者评标委员会成员行贿谋取中标的，中标无效；构成犯罪的，依法追究刑事责任；尚不构成犯罪的，依照招标投标法第五十三条的规定处罚。投标人未中标的，对单位的罚款金额按照招标项目合同金额依照招标投标法规定的比例计算。"由此可知，投标人之间串通投标或与招标人串通投标的，中标无效。并应当依据法律规定对上述行为的当事人进行处罚。因此在建筑工程施工合同中，串通投标的承包人，与发包人在私下以非法手段中标，该中标无效，双方签订的合同也就当然无效。（3）建筑工程施工合同无效的，承包人也有协助发包人完成竣工验收的义务。发包人与承包人双方签订的建设工程施工合同被认定为无效，后工程已被交付使用，并且也收到了工程款，但最终因各种原因没有完成竣工验收，这与合同双方当事人均有关系。根据《房屋建筑和市政基础设施工程竣工验收备案管理办法》第4条"建设单位应当自工程竣工验收合格之日起15日内，依照本办法规定，向工程所在地的县级以上地方人民政府建设主管部门（以下简称备案机关）备案"的规定，建设单位即发包人在工程竣工验收备案的义务中处于主体地位，而施工单位即承包人则应当履行协助发包人办理和完备竣工验收备案的相关资料的附属义务。

3. 必须进行招标的工程项目的界定及施工合同效力

【案例】××建设集团股份有限公司诉中山市××实业开发有限公司建设工程施工合同纠纷案

案例来源

发布单位：最高人民法院《人民司法·案例》2018年第11期（总第814期）
审判法院：广东省中山市中级人民法院
判决日期：2016年10月20日
案　　号：（2016）粤20民终1542号

基本案情

2010年1月6日，中山市××实业开发有限公司（以下简称实业公司）与××建设集团股份有限公司（以下简称建设公司）签订施工合同，合同中约定建设公司承包实业公司位于中山市东区××广场工程的一幢双塔及地下室改建土建工程，工期为从2010年3月1日起至2012年12月止，共计635

天。合同价款为9000万元，工程变更的情况下将对合同价款进行变更，该调整以今后的补充协议为准。工程进度款支付期间以工程形象进度为准，具体以后约定的补充协议为准。

2012年5月，双方签订补充条款，约定：（1）竣工验收合格日期。中山市建设工程质量监督站（以下简称质量监督站）的建设工程竣工验收备案表签字合格的日期为竣工验收合格之日，若因其他分包配套工程验收影响总包方验收备案时，以质量监督站出具的土建分部竣工验收的房屋建筑工程质量验收监督意见书日期为竣工验收合格之日。（2）合同总价以及付款方式，该工程合同总价按照承包方报价及双方商议确定，下浮5%为92 310 815元，发包人不支付工程预付款，仅按照承包人完成的形象进度节点支付工程进度款，并约定了具体进度及工程款数额。（3）工程竣工验收完成验收备案并取得备案证的3个月内，实业公司须向建设公司支付工程总价款的5%。每次工程节点完成，建设公司须将进度上报，经批准后，实业公司须在10个工作日内支付工程进度款，若逾期，实业公司须以未支付工程款为基准按照每天万分之1.8的利率支付利息。补充条款还约定了其他事项。经建设公司确认，其已经收到至土建预验收部分的工程进度款，共计78 464 192.75元。

2012年12月17日，实业公司、建设公司、中外建××（北京）工程监理咨询有限公司（以下简称咨询公司）签署中山广场工程完成情况确认报告，该报告表明，2012年11月26日，质量监督站、实业公司、咨询公司对建设公司的工程进行验收，并达成以下意见，建设公司的工作内容已经基本完成，质量控制资料基本齐全，工程扫尾及验收未完成是因建设单位制定分包单位的原因，因此建设公司的所有工作内容已经基本完成。该收口工作，建设公司应在分包单位提供工作面15日内完成。实业公司将不会要求建设公司工期上延误的赔偿，建设公司也不可以因分包单位工期延误而追究实业公司的责任。

另查明，建设公司具有房屋建筑工程施工总承包一级资质、地基与基础工程专业承包一级资质、建筑装修装饰工程专业承包一级资质。该工程土建分部尚未办理竣工验收，尚未取得中山市建设工程质量监督站出具的房屋建筑工程质量验收监督意见书。该工程尚未经综合验收合格及办理工程竣工备案并取得建设工程竣工验收备案证。补充协议第1款第1项为"本工程承包人包人工、包材料……包税金、包竣工验收合格"。

建设公司以实业公司指定的分包单位不能按时完工，导致其验收条件无法成就,从而该工程不能办理竣工验收备案,其不能按照约定节点收取9 231 081.5元工程进度款为由,提起诉讼,请求判令实业公司支付工程款22 134 236.5元及利息,并且对该工程折价或拍卖的价款优先受偿。

后建设公司自愿将关于工程进度款的诉求变更为:请求判令实业公司支付工程进度款9 231 081.5元及其利息。

一审判决后,建设公司不服,提起上诉称:首先,本公司土建工程已于三年前完工,并由本公司、实业公司及监理单位三方书面确定。合同约定综合验收、工程竣工备案各支付5%工程款。但因实业公司股东变更、资金不到位以及另行制定的其他工程未按时完工等原因,导致实业公司的规划验收至今未能通过,引致综合验收合格,工程竣工备案没有完成。现因实业公司过错妨碍验收已达三年之久,应视为付款条件成就。其次,本案工程项目达9000万元,本公司与实业公司签订的标准施工合同应依"商品房住宅项目施工单项合同估价在200万元以上或总额在3000万元人民币以上,必须进行招标,否则认定合同无效"的规定进行招标,而该合同未经招标应认定无效。

实业公司辩称:双方在补充条款中约定,工程竣工验收的情况下以竣工验收作为结算依据,若是没有竣工验收则以土建工程的预验收作为结算标准,但是现在该工程并不符合上述任何一种的条件。且在确认报告中,双方达成一致意见,互相不追究逾期责任。另外,关于合同的效力,建设公司没有在一审起诉时提出,不属于本案诉求,而且即使商业住宅属于需要招投标的工程,也没有法律规定必须公开招投标,所以该通过邀请的方式进行招投标的方法有效。

判决主文

一审法院判决:驳回原告建设公司的诉讼请求。

二审法院判决:驳回上诉,维持原判。

裁判要旨

《招标投标法》第3条关于三类工程建设项目必须进行招标的规定属于效力性规范,违反该规定签订的建设工程施工合同应当认定无效,但具体在界定三类工程建设项目时不得随意扩大其范围,对于纯民营资本且不涉及社会公共利益、公众安全的建设工程应排除在外,依法认定有效。

重点提示

根据《民法典》的规定，合同有效的条件除当事人具有真实意思表示外，还应当遵守法律与行政法规的效力强制性规定，对于必须进行招标的项目的建设工程施工合同来说，其在司法实践中的效力认定应当注意以下两点：（1）必须进行招标的工程项目的建设工程施工合同应严格限定。根据我国《招标投标法》第3条的有关规定可知，下列工程建设项目以及项目的勘察、设计、施工、监理以及与工程建设有关的重要设备、材料等的采购，必须进行招标：①大型基础设施、公用事业等关系社会公共利益、公众安全的项目；②全部或者部分使用国有资金投资或者国家融资的项目；③使用国际组织或者外国政府贷款、援助资金的项目。同时，我国发展和改革委员会也在其下发的《必须招标的工程项目规定》中对必须进行招标的项目进行列举。由此可知，在涉及上述法律与行政法规中所提及的必须进行招标而未进行招标即签订建设工程施工合同的，应当认定该合同违反法律及行政法规的效力性强制性规定，视为合同无效。（2）认定合同效力时不应随意对《招标投标法》第3条作扩大解释。《招标投标法》第3条规定必须进行招投标的项目的目的：其一，规范与社会公众利益和公共安全相关的大型基础设施项目建设，保障民生；其二，在于规制国有资金，以及国际组织、外国政府借款、援助资金等公共资金的使用，以防止在民生工程中出现公共资金被滥用的情况，因此，对于《招标投标法》第3条中规定必须进行招投标的项目不应随意进行扩大解释。若合同订立双方均为民营企业，且所涉及的项目与公共利益、公众安全无关，则此类项目应当排除在前述规定之外，即使未进行招投标也应当认定合同合法有效。

4. 违反《招标投标法》签订的建设工程施工合同的法律效力

【案例】江苏南通××建设集团有限公司诉山西×××房地产开发有限公司建设工程施工合同纠纷案

案例来源

发布单位：最高人民法院民事审判第一庭《民事审判指导与参考》2015年第1辑（总第61辑）

审判法院：最高人民法院

判决日期：2014 年 7 月 5 日

案　　号：（2014）民一终字第 72 号

基本案情

江苏南通××建设集团有限公司（以下简称建设公司）与山西×××房地产开发有限公司（以下简称房地产公司）于 2004 年 11 月签订了一份《建设工程施工合同》，合同约定了建设施工的项目、暂定价款以及施工期限，合同履行期限是 385 天。该工程于 2005 年 3 月开工，第二月双方又对该工程签订了补充协议，房地产公司向建设公司先后支付 1000 万元的工程款后建设公司开始施工。

之后，由于相关手续问题，房地产公司在 2005 年 7 月 9 日先后两次以书面形式要求建设公司暂停施工，至 2005 年 8 月再次恢复施工。由于双方在签订上述合同时未履行招标程序，2005 年 9 月通过招投标程序，建设公司中标。次月，建设公司与房地产公司再次签订了《×××小区二期工程建设工程施工合同》，该合同除新增加了建设项目外，其他工程标的物均与原合同相同，双方均在合同上签字盖章。

建设公司以双方签订的合同无效为由提起诉讼，请求法院判令：确认建设工程施工合同无效；房地产公司支付建设公司工程款、利息损失及停工损失共计 53 233 865 元。

房地产公司辩称：建设公司的诉讼请求无依据，请求一审法院依法予以驳回。

房地产公司以建设公司延误工期构成违约为由提起反诉，请求法院判令：建设公司向房地产公司支付工期延误的违约金 11 540 万元并承担给房地产公司造成的损失。

建设公司辩称：房地产公司的反诉请求没有事实与法律依据，请求一审法院依法驳回房地产公司的反诉请求。

一审判决后，房地产公司与建设公司均不服，分别提起上诉。

房地产公司上诉称：建设公司应支付房地产公司延误工期的违约金 11 540 万元，一审判决确认了建设公司工期延误的责任，但是在确定延误工期的期限上有误；一审开庭时，房地产公司委托的两名代理人按时到达法庭，并提交了授权委托书等参加庭审，但让房地产公司代理人坐旁听席，一审程序存在严重错误；本案合同经过招投标，合法有效，招投标前，建设公司是已进场，但之后进行招投标，结果可能是建设公司中标，也可能是建设公司以外的人中标，不能因为中标人是建设公司就认为招投标有问题，退一步讲，即使认定合同无效，建设公司施工工程经其处理仍未合格，其主张工程款的请求根本不能得到支持，建设公司对于一个出现严重质量事故未经修复合格的工程，无权主张工程款；一审判决房地产公司支付建设公司工程款所主要依据的鉴定意见有严重缺陷，不能作为确定工程款的依据；一审判决确认房地产公司已支付工程款额有误；不合格的工程不能计价，在计算工程款时应当减少；一审判决超越了建设公司的诉讼请求，建设公司在一审的诉状中要求的是×××小区8、9、10、11号楼的工程款，一审判决的工程款包含了换热站和一期工程车道上的小房子。故请求二审法院依法改判建设公司支付房地产公司延误工期的违约金11 540万元；改判房地产公司不支付建设公司工程款。

建设公司辩称：房地产公司的上诉没有事实与法律依据，请求二审依法驳回其上诉请求。

建设公司上诉称：一审法院判决建设公司承担违约金认定事实、适用法律错误。一审法院判决双方签订的《×××小区二期工程建设工程施工合同》无效，却错误判决建设公司承担1630万元违约金；房地产公司曾在原一审中提出反诉请求，该案经双方当事人上诉，最高人民法院二审作出发回重审裁定，山西省高级人民法院重审时房地产公司未提出反诉，也未参加诉讼，应按撤诉处理。故请求二审法院依法撤销一审判决第三项、第四项；依法改判案件受理费为221 994元。

房地产公司辩称：一审判决支付违约金正确，但判决的数额过低；本案的审理有一个延续的过程，原一审中其提起了反诉，一审没有保障当事人基本的诉讼权利。

判决主文

一审法院判决：被告（反诉原告）房地产公司与原告（反诉被告）建设公司签订的《×××小区二期工程建设工程施工合同》无效；被告（反诉原告）房地产公司向原告（反诉被告）建设公司支付工程欠款21 570 559.04元；原告（反诉被告）建设公司向被告（反诉原告）房地产公司支付迟延竣工违约金1630万元；以上两项给付义务相抵，被告（反诉原告）房地产公司向原告（反诉被告）建设公司支付 5 290 559.04 元；驳回原告（反诉被告）建设公司其他诉讼请求。

二审法院判决：维持一审判决第一、二、五项；撤销一审判决第三、四项；驳回上诉人房地产公司的反诉请求。

裁判要旨

建设工程施工合同的有效应当符合《招标投标法》等法律效力性强制性规定以及《民法典》和相关司法解释的规定，合同内容违反其规定的，应当认定合同无效。合同无效后，工程验收合格的，应当参照合同价款的约定折价补偿承包人；验收不合格的，发包人有权要求承包人承担修复费用，修复后仍不合格的，承包人无权请求参照合同价款的约定折价补偿。

重点提示

发包人与承包人签订建设工程施工合同时应当遵循行政法规效力性强制性规定以及《民法典》和相关司法解释的规定，在司法实践中，对于就应当进行招投标而未进行招投标的建设工程项目所签订的建设工程施工合同的效力认定及法律后果问题，应当注意以下两点：（1）建设工程项目应当招标而未招标的，其建设工程施工合同无效。根据《最高人民法院关于审理建设工程施工合同纠纷案件适用法律问题的解释（一）》（以下简称《解释》）第 1 条的有关规定可知，建设工程施工合同无效的法定情形包括：①承包人未取得建筑业企业资质或者超越资质等级的；②没有资质的实际施工人借用有资质的建筑施工企业名义的；③建设工程必须进行招标而未招标或者中标无效的。此外，对于承包人因转包、违法分包建设工程与他人签订的建设工程施工合同，也应当依据《民法典》第 153 条第 1 款以及第 791 条第 2 款、第 3 款的规定，认定无效。《招标投标法》以及《必须招标的工程项目规定》对《解释》中必须进行招标投标的项目进行了详细规定，承包人与发包人在签订合同时，合同所涉及的工程项目属于法定必须进行招标而未招标的，应当认定合同无效。（2）建设工程施工合同无效的法律后果。首先，《解释》规定了承包人主体资格的补救措施，建设工程施工合同因承包人未取得建设工程规划许可证等规划审批手续、超越资质等级许可的业务范围等问题导致无效的情况下，在起诉前取得相应资质的，应当认定合同有效。其次，根据《民法典》第 157 条以及第 793 条规定可知，建设工程施工合同无效后，建设工程验收合格的，应当参照合同价款的约定折价补偿承包人；验收不合格的，修复后发包人有权要求承包人承担修复费用，经修复仍然验收不合格的，承包人无权请求参照合同关于工程价款的约定折价补偿，同时，因建设工程不合格造成的损失，应依照双方的过错程度承担相应责任。

5. 对《招标投标法》中"低于成本"的理解

【案例】仁×公司诉中×公司建设工程施工合同纠纷案

案例来源

发布单位：最高人民法院民事审判第一庭《民事审判指导与参考》2014年第4辑（总第60辑）

审判法院：××人民法院

基本案情

2006年3月10日，中×公司与仁×公司签订《建设工程施工合同》，将工程以25 036元的价格承包给仁×公司。随后，中×公司公开招投标，于2006年5月10日通知仁×公司中标。2007年，工程依约竣工，交付中×公司。双方就工程款结算方式发生争议。

仁×公司以按照工程成本结算低于实际成本为由，提起诉讼，请求判令中×公司按照实际成本定额结算工程款。

一审判决后，仁×公司不服，提起上诉。

判决主文

一审法院判决：双方按照合同约定结算工程款。

二审法院判决：驳回上诉，维持原判。

裁判要旨

《招标投标法》第33条规定，投标人不得以低于成本的报价竞标。承包人以低于成本的价格竞标的建设工程施工合同涉嫌串通招标投标，应当依法认定为无效；合同虽被认定为无效，但建设工程已经竣工且已验收合格时，承包人可以请求参照实际履行的合同关于工程价款的约定折价补偿。

重点提示

《招标投标法》第33条规定："投标人不得以低于成本的报价竞标，也不得以他人名义投标或者以其他方式弄虚作假，骗取中标。"在司法实践中，对于低于成本价应当如何理解与认定，以及当事人签订低于成本价的合同内容效力及法律后果的问题，应当注意以下三点：（1）成本价的组成以及低于成本价的认定标准。不同的工程种类所需的技术、材料、施工能力也有所不同，因此其付出的成本也不尽相同。目前根据评标委员会评标规则规定，成本价一般包含三个部分：其一，不可竞争费用，包括国家、省财政、物价部门规定的，投标人为承担该招标工程施工应缴的各种规费，施工现场安全文明施工措施费用，税金等；其二，有限竞争费用，包括人工工资、材料费、机械使用费等；其三，完全竞争费用，如施工利润、企业管理费等。一般而言，判断投标人是否属于低于成本报价，主要参考不可竞争费用和有限竞争费用作为认定依据。其中第二部分的有限竞争费用需要由投标人提供有关书面证明材料以说明相应投标文件的编制依据，而后评标委员会结合市场供求关系及竞争情况等确定实际费用。在司法实践中，投标价格是否低于成本价更多从投标人为完成投标项目所支出的企业个别成本判断，原因在于，企业可以通过降低个别成本的方式提高自身的市场竞争力，且司法鉴定意见有可能会忽略不同承建主体之间的特殊性，所得出的结论属于社会的平均成本。（2）低于成本价订立的建设工程施工合同应当认定为无效。尽管《招标投标法》第33条规定禁止低于成本价中标，但于低价中标所订立的建设工程施工合同的效力如何认定法律未予以明确。最高人民法院2011年发布《全国民事审判工作会议纪要》第24条第1款规定："对按照'最低价中标'等违规招标形式，以低于工程建设成本的工程项目标底订立的施工合同，应当依据招标投标法第四十一条第（二）项的规定认定无效。"结合相关裁判案例，均认定违反本条规定的合同无效。从社会公共利益角度来看，禁止投标人以低于成本价格进行投标，一方面为了限制市场不良竞争，维护招标投标市场秩序；另一方面也防止中标人因降低成本而导致使用低劣材料或偷工减料等情况，降低工程质量，损害社会公共利益。因此，投标人以低于成本价中标的，既违反了法律的禁止性规定，也损害社会公共利益，中标后的建设工程施工合同也应当认定为无效。（3）建设工程施工合同归于无效后工程价款的结算。前文已述，投标人以低于成本价格投标并中标，以此订立的建设工程施工合同均归于无效。因合同无效，建设工程竣工且验收合格时，工程价款应当如何结算？《最高人民法院关于审理建设工程施工合同纠纷案件适用法律问题的解释（一）》第24条第1款规定："当事人就同一建设工程订立的数份建设工程施工合同均无效，但建设工程质量合格，一方当事人请求参照实际履行的合同关于工程价款的约定折价补偿承包人的，人民法院应予支持。"在实践中，如果允许承包人突破合同的约定主张高于原合同标准的工程款，则有可能导致发包人恶意主张合同无效，以此获得高额利润。违背了诚信原则，也与司法解释处理无效合同工程价款结算原则的初衷相悖。因此，应当提醒施工企业公平竞争，防止形成低价竞争的恶性循环，加强项目合规管理，杜绝低于成本价报价行为。

第二章　建设工程施工合同的主体

一、转包与分包

1. 转包与挂靠的区分

【案例】合肥建工××集团有限公司诉安徽省×××茶场建设工程合同纠纷案

案例来源

发布单位：最高人民法院第四巡回法庭：当庭宣判十大案例

审判法院：最高人民法院

判决日期：2017年6月16日

案　　号：（2017）最高法民提183号

基本案情

2010年，合肥建工××集团有限公司（以下简称集团公司）中标安徽省×××茶场（以下简称茶场）的工程，双方于次年10月签订建筑工程施工合同。约定合同价款为固定价13 754 953.86元，风险范围外的合同价款调整方法以及设计变更、实际工程量签证导致的工程量变更情况；工程质保期为两年；合同还对违约、争议解决方式等作了约定。工程竣工后，双方就支付工程款产生争议。2011年2月，集团公司分别与孙×、吴×杏签订《工程承包合同》，将案涉工程交由孙×、吴×杏实际施工。

集团公司以茶场未按合同约定给付工程款为由提起诉讼，请求判令茶场给付尚欠工程款2 583 310.72元及利息。

一审判决后，集团公司与茶场均不服，提起上诉。

茶场答辩称：本案实质上的权利义务关系发生在茶场与实际施工人孙×、

吴×杏之间；本茶场代集团公司支付农民工工资的事实，有多方面的证据予以佐证；吴×杏从本茶场领取工程款的事实，属于工程款的有效支付；集团公司印章过多，本茶场无能力审查集团公司印章的对外效力和真伪，集团公司无证据证明实际施工人私刻印章。茶场在应付工程款范围内直接向实际施工人付款，符合法律规定。

集团公司答辩称：孙×出具的借条中虽名为支付工程款。但同时约定了借款利息为月利率2%，与实际施工人向发包人借钱垫付工程款的行为不符；吴×杏应当个人承担给付责任，质保金应当由本公司享有，茶场协助法院执行的行为错误。

二审判决后，茶场不服，申请再审。

集团公司辩称：对方没有实际支付该款项。法庭为查明案件事实通知刘某出庭作证。

判决主文

一审法院判决：被告茶场给付原告集团公司余欠工程款 825 947.72 元及利息；驳回原告集团公司的其他诉讼请求。

二审法院判决：维持原审判决第二项；上诉人茶场给付上诉人集团公司工程款 1 435 018.62 元及利息。

再审法院判决：维持二审判决第一项；变更二审判决第二项为再审申请人茶场给付再审被申请人集团公司工程款 59 519.5 元及利息。

裁判要旨

挂靠，是指有资质的施工企业允许其他单位或个人在一定时间内使用该施工企业的名义从事投标、订立合同、办理有关施工手续、从事施工等承揽工程的行为。转包，是指施工单位承包工程后，不履行合同约定的责任和义务，将其承包的全部工程或者将其承包的全部工程肢解后以分包的名义分别转给其他单位或个人施工的行为。一般来说，区分转包和挂靠应当从实际施工人（挂靠人）是否在投标和合同订立等缔约磋商阶段的活动中起到主导作用而进行判断。

重点提示

在建设工程施工合同纠纷中，转包与挂靠是常见的会导致建筑施工合同无效的行为。实务中，对于转包与挂靠行为的处理不同，但上述两种行为很容易发生混淆。司法实践中，对于转包与挂靠的区分，应当注意以下两点：（1）转包与挂靠的区分与判断。建筑工程纠纷中的一些行为看起来既像转包，又像挂靠。因此，明确区分转包与挂靠，在理论与实践中都十分必要。转包是承包人承接工程后不履行合同义务，而将其承包的工程转移给实际施工人的行为；而挂靠则是承包人出借资质给实际施工人。因此，应当从实际施工人是否就合同事宜与发包人进行磋商以及对外表现关系上区分挂靠还是转包。①实际施工人在投标、订立合同、办理有关施工手续等从事承揽工程活动中的地位不同。挂靠中，挂靠人在投标、订立合同、办理有关施工手续等从事承揽工程活动中处于主导地位。其在投标和合同订立阶段一般就已经参与，甚至就是以被挂靠人的委托代理人的名义与发包人签订建筑工程施工合同的；转包中，实际施工人承接工程后进行施工，并未参与到承揽工程活动中，且其承接工程的意愿一般是在总承包合同签订之后。②在对外关系上的表现不同。挂靠关系中，在对外关系上表现为发包人与被挂靠人之间的关系。挂靠人对外是以被挂靠人的名义从事施工中的对外交易、再分包等行为；而转包则在对外关系的表现为转包人与发包人的关系、转包人与转承包人的关系，上述两个关系均是独立的。（2）转包与挂靠的法律后果。①对于转包。首先，根据《最高人民法院关于审理建设工程施工合同纠纷案件适用法律问题的解释（一）》第1条规定，承包人因转包、违法分包建设工程或没有资质的实际施工人借用有资质的建筑施工企业名义与他人签订的建设工程施工合同，应当被认定为无效。因此，转包合同无效且人民法院可以收缴当事人因转包建设工程而已经取得的非法所得。其次，虽然转包合同无效，但根据相关司法解释规定，若建设工程经验收质量合格的，转承包人仍然有权向发包人主张工程价款。最后，转包人可能会受到行政处罚。②对于挂靠。首先，双方签订的施工合同无效。其次，根据《建筑法》第66条规定："建筑施工企业转让、出借资质证书或者以其他方式允许他人以本企业的名义承揽工程的，责令改正，没收违法所得，并处罚款，可以责令停业整顿，降低资质等级；情节严重的，吊销资质证书。对因该项承揽工程不符合规定的质量标准造成的损失，建筑施工企业与使用本企业名义的单位或者个人承担连带赔偿责任。"因此，被挂靠企业还应在出现工程质量时对质量损失承担连带责任。最后，虽然挂靠签订的合同无效，但根据相关司法解释规定，若建设工程经验收质量合格的，挂靠人作为实际施工人，其有向工程发包人与被挂靠人主张工程款的权利。

2. 行政处罚能否作为工程非法转包人免于司法制裁的依据

【案例】中国建筑第一局（××）有限公司诉××（河南）房地产有限公司建设工程分包合同纠纷案

案例来源

发布单位：《人民法院报》2013年7月18日刊载
审判法院：最高人民法院
判决日期：2012年10月31日
案　　号：（2012）民一复字第1号

基本案情

2000年12月，中国建筑第一局（××）有限公司（以下简称中建一局）与××（河南）房地产有限公司（以下简称房地产公司）约定，××花园×区小高层工程施工框架的工程由中建一局承建，并签订了该工程施工框架协议。该协议约定以每平方米950元作为合同价款，不得转包，以420个日历天作为合同工期。中建一局与房地产公司于2001年5月根据相关部门下发的中标通知书签订了建设工程施工合同，约定以固定价格作为合同约定价款的方式，固定价款为人民币3390.88万元，该合同经相关部门存档。同年5月，中建一局与房地产公司又签订了工程价款为每平方米950元的补充协议书。同年11月，中建一局与江苏××建筑工程有限公司（以下简称建筑公司），将中建一局承建的××花园×区小高层工程施工框架的工程转包给建筑公司施工，合同价款为每平方米795元，双方签订了施工协议书。房地产公司施工过程中，支付中建一局工程款2617.5576万元，该笔款项为分批支付。中建一局于2004年8月向另案法院提起诉讼，要求建筑公司退回其多付的工程款。郑州市建委于2005年8月对该项目工程的竣工验收备案。2007年3月，另案法院判决中建一局作为涉案工程的承建方，其将施工义务全部转包给建筑公司，违反了有关法律的禁止性规定，其与建筑公司签订的施工协议书应为无效，但考虑到协议书已实际履行，根据双方都认可的工程量，计算得出建筑公司实际施工的工程总造价为 2530.164 05 万元。

中建一局以房地产公司拖欠其工程款以及相应利息、违约金为由，提起诉讼，请求判令房地产公司支付拖欠的工程款以及相应利息、违约金等。

房地产公司提起反诉，请求判令中建一局支付本公司墙改基金及利息、违约金等。

一审判决后，中建一局不服，提出上诉称：其与建筑公司之间系劳务分包关系。

二审判决后，中建一局不服，申请复议称：其虽存在非法转包行为，但已经受到郑州建委的行政处罚。

判决主文

一审法院判决：原告中建一局返还被告房地产公司多付的工程款 87.393 55 万元。

二审法院判决：对上诉人中建一局非法所得款项 87.393 55 万元予以收缴。

复议法院决定：维持二审法院判决，驳回复议申请人中建一局的复议申请。

裁判要旨

人民法院作出的民事制裁，是根据法律法规采取的司法制裁，其与行政处罚的性质和法律依据不同。建设单位因其非法转包行为，受到行政机关的行政处罚，不能成为其豁免司法制裁的依据。

重点提示

法律制裁是指由国家司法机关对责任主体的法律行为所实施的惩罚性或保护性强制措施，根据违法行为和法律责任的性质不同，法律制裁可以分为民事制裁、刑事制裁、行政制裁等。司法实践中，认定行政处罚能否作为工程非法转包人免于司法制裁的依据的问题时，应当注意以下两点：（1）非法转包与劳务分包的区分。根据《最高人民法院关于审理建设工程施工合同纠纷案件适用法律问题的解释（一）》第 5 条的规定，具有劳务作业法定资质的承包人可以与总承包人或分包人签订劳务分包合同，法院也会依法支持该合同的有效性。由此可知，劳务分包是在法律允许范围内的合法行为，其是指承包将其承揽工程中的劳务作业发包给具有相应资质的劳务分包单位完成的活动。而非法转包则是指承包人在承包建设工程后，不履行合同中约定的责任与义务，将其承包的全部工程转包给第二个承包人或将其承包的全部工程肢解后以分包名义分别转给其他承包人的行为。故非法转包与劳务分包存在多处不同点：首先，两者的主体不同。转包发生在总承包人和转承包人之间，而分包则发生在总承包人与分包人之间。其次，两者的对象不同。劳务分包的对象是工程中具体的劳务，具体包括提供劳务、小型机具和辅料等，其他设备采购等内容则不属于劳务分包的范畴。最后，两者的合同效力不同。非法转包属于法律法规所明确禁止的无效行为，而劳务分包则属不被法律所禁止的合法行为。掌握劳务分包与非法转包之间的区别，有利于确保建设工程领域合同的合法性，且维护了市场的秩序稳定与健康发展。（2）行政处罚不能成为非法转包人免于司法制裁的依据。《建筑法》第67条规定："承包单位将承包的工程转包的，或者违反本法规定进行分包的，责令改正，没收违法所得，并处罚款，可以责令停业整顿，降低资质等级；情节严重的，吊销资质证书。承包单位有前款规定的违法行为的，对因转包工程或者违法分包的工程不符合规定的质量标准造成的损失，与接受转包或者分包的单位承担连带赔偿责任。"由此可知，在建设工程中，承包人在实施非法转包行为后，因该行为属于法律法规所明令禁止的行为，故有关行政部门应予以其行政处罚。但承包人不能因其上述行为已经受到行政机关的行政处罚而主张豁免司法制裁。人民法院作出的司法制裁，其与行政处罚的性质和法律依据不同。故法院和行政机关各自采取制裁措施并不违反法律规定，承包人非法转包行为，受到行政机关的行政处罚，仍应受到司法制裁，以此稳定建筑市场，减少违法转包行为，提高工程的质量。

3. 违法分包的建设工程施工合同案件中对合同相对性原理的坚持

【案例】余×明诉姚×军等建设工程分包合同纠纷案

案例来源

发布单位：《人民法院报》2011年5月5日刊载

审判法院：浙江省衢州市中级人民法院
判决日期：2010 年 11 月 5 日
案　　号：（2010）浙衢民终字第 487 号

基本案情

2003 年 5 月，浙江××建设集团有限公司（以下简称建设公司）与浙江××房地产开发有限公司（以下简称房地产开发公司）签订建设工程施工合同，约定建设公司承包某高尚住宅社区工程的土建安装工程。同年 8 月，建设公司又与姚×军签订经济责任制承包合同，将其承包的涉案工程中的部分土建安装工程承包给姚×军。同年 10 月，姚×军又与余×明签订承包合同，将其承包的涉案工程中的部分以包工包料形式承包给余×明，并约定了工程款决算方式。之后，余×明按照合同约定进行实际施工。2005 年 4 月，涉案工程总体通过竣工验收。经计算，姚×军至今尚欠余×明 918 972.78 元未支付。

余×明以姚×军拖欠工程款为由，提起诉讼，请求判令姚×军支付欠付工程款，并由建设公司承担连带责任。

一审判决后，建设公司、姚×军均不服，提起上诉。

余×明辩称：一审判决确认的事实和依据是充分的、正确的。建设公司明确知晓本人的情况，其应当承担相应工程款支付责任；建设公司未提供有关工程款数额的证据。姚×军在一审时放弃了自己的权利，上诉缺乏事实和法律依据。

判决主文

一审法院判决：被告姚×军支付原告余×明工程款，被告建设公司对上述工程款经执行未能清偿部分承担补充赔偿责任。

二审法院判决：上诉人姚×军支付被上诉人余×明工程款。

裁判要旨

在建设工程施工合同纠纷中，如果存在多次转包、违法分包的，在没有法律明确规定的情况下，合同责任的承担应当坚持合同相对性原理，有特别规定时才能突破。

重点提示

相对性原则是合同法律关系中应当遵循的一项基本原则，在建设工程领域中，也多以坚持合同相对性为原则，以突破合同相对性为例外。司法实践中，对于多次转包、违法分包的建设工程施工合同案件中合同相对性的坚持的问题，应当注意以下三点：（1）合同相对性的表现内容。合同相对性又称债的相对性，能够在债权人与债务人之间产生法律约束力。主要是合同双方中，一方请求另一方为或不为一定行为的法律关系，仅能对特定的人产生法律效力。一般来说，合同相对性主要包括以下三个方面：①主体的相对性。主体的相对性指合同关系只能发生在特定的主体之间，只有合同当事人双方之间才能提起诉讼或请求，无任何关系的第三人不能依据合同提起诉讼或请求。②内容的相对性。除另有规定外，合同当事人享有合同权利并承担该合同规定的义务。第三人无权主张合同上的权利，且无须承担该合同规定的义务。③责任的相对性。违约责任只发生在特定的合同双方当事人之间，合同关系外的第三人无须承担违约责任，合同双方当事人也无须对合同关系外的第三人承担违约责任。（2）建设工程施工合同中的合同相对性。合同相对性原则是指只有合同当事人一方能依据双方签订的合同向合同当事人另一方提出请求或提起诉讼，而不能向与其无合同关系的他人提出合同上的请求，也不能另行要求第三人完成合同上的义务。建设工程施工合同是承包人承包发包人的工程进行施工建设，并由发包人支付工程价款的合同。发包人将工程发包给承包人，承包人应当依据合同约定完成发包人事先交付的施工任务，待工程竣工并经验收合格后，发包人应按照合同约定支付承包人工程价款。一般来说，建设工程施工合同同样适用《民法典》中关于合同的相关规定，需要同其他合同一样严格遵守合同相对性原则。依据前述关于合同相对性内容的规定可知，建设工程施工合同仅对发包人与承包人产生法律约束力，即其他任何人不得请求享有建设工程施工合同上的权利，无须履行合同约定的义务，也无须承担合同上的责任。（3）多次转包、违法分包时也应依据合同相对性原则承担责任。根据前述可知，合同中认定由谁承担合同责任时应当坚持合同相对性原则，除非存在法律特别规定。在建设工程施工合同纠纷中同样适用，根据合同相对性原则，发包人系应当支付工程价款的建设工程施工合同中的一方，并应当履行向承包人支付工程价款的合同义务。当建设工程中存在分包情形时，分包人合法分包的，依据合同相对性原则，总承包人应当向发包人主张建设工程价款，分包人应当向总承包人主张建设工程价款。甚至当存在非法转包、违法分包的情形时，非法转包合同、违法分包合同关系中的实际施工人亦应当坚持合同相对性原则向与其签订合同的转包人或违法分包人主张建设工程价款。也就是说，无法律特别规定时，仍不准突破合同相对性原则。

二、内部承包

个人承包经营企业期间对外转移债权的限制

【案例】张×诉李×松、新疆××建筑工程有限公司建设工程施工合同纠纷案

案例来源

发布单位：最高人民法院《人民司法·案例》2022年第5期（总第952期）
审判法院：新疆维吾尔自治区高级人民法院
判决日期：2021年6月3日
案　　号：（2021）新民再30号

基本案情

2016年7月，张×向李×松出具其欠新疆维吾尔自治区伊犁州××建筑安装工程有限责任公司（以下简称安装公司）及李×松欠款7 947 035.77元的欠条。同日，安装公司、张×、新疆××建筑工程有限公司（以下简称建筑公司）三方签订还款协议书，约定："张×欠安装公司款经对账，张×实欠安装公司本息7 947 035.77元。还款协议为：1.张×欠安装公司7 947 035.77元，张×自2016年12月前还300万元，至2017年4月前一次性还清。逾期不还，张×承担应还款额3%的利息；2.建筑公司承担连带清偿责任；3.张×、建筑公司在约定时间内不能按期还款，安装公司有权进行诉讼，相关费用由张×、建筑公司承担；4.本协议由三方共同协商签字生效。"

2016年10月，安装公司与李×松签订债权转让合同，约定安装公司将替张×垫付的大约1000万元案款债权转让给李×松，在合同签订后10日内将

原始凭证交付李×松，并通知张×以上债权转让事宜。但是，安装公司、李×松未能举证证明将双方签订债权转让合同一事通知了张×或者建筑公司。2016年12月，李×松、张×与安装公司签订公司经营承包终止协议书，约定双方根据2007年7月签订的公司经营承包合同，现双方公平公正自愿提前终止经营权。2016年12月，双方达成协议，就李×松承包经营期间的相关事务也进行了约定。

李×松以张×拖欠其欠款，且建筑公司应当对上述欠款承担连带责任为由，提起诉讼，请求判令：张×偿还欠款7 947 035.77元；张×承担截至2019年8月的利息4 402 657.80元；张×支付自2019年8月起按月利率2%直至付清为止的利息；建筑公司承担连带责任。

一审判决后，张×、李×松均不服，提起上诉。

二审判决后，张×不服，申请再审。

判决主文

一审法院判决：被告张×向原告李×松偿还剩余欠款4 819 408.77元；被告张×向原告李×松支付利息；被告张×向原告李×松支付保全申请费5000元；被告建筑公司对被告张×给付前述款项承担连带清偿责任；驳回原告李×松其他诉讼请求。

二审法院判决：维持一审判决第三项；撤销一审判决第一项、第二项、第四项、第五项；上诉人张×向上诉人李×松偿还剩余欠款7 587 035.77元；上诉人张×向上诉人李×松支付利息；被上诉人建筑公司对上诉人张×给付前述款项承担连带清偿责任；驳回上诉人李×松的其他诉讼请求。

再审法院裁定：撤销一审、二审判决，驳回再审被申请人李×松的起诉。

裁判要旨

企业股东委托给个人进行经营管理，收取固定金额承包费，不违反法律规定和公序良俗，应是合法事项。个人在承包经营期内将企业的对外债权转让给自己或者利害关系人，人民法院应当依法严格审查是否存在真实交易基础事实或者合法事由，以避免个人借机非法侵害企业及其他合同关联人的合法权益。

重点提示

以个人名义承包经营是公司内部经营的一种方式，系我国在经济体制改革时期，为解决一些企业经营管理不善、严重亏损的问题而采取的解决措施。虽然个人承包经营能够使一些企业的经营状况有所好转，并加快市场经济的发展，但由于一些个人为了追求利益，混乱管理，侵害了公司及其他利益人的合法权益。司法实践中，对于个人承包经营公司期间对外转移债权的认定问题，应当注意以下三点：（1）个人承包经营公司的认定及效力。个人承包经营公司是指公司与个人承包经营者签订承包经营合同，将公司经营管理权在一定期限内承包给个人进行管理并由其承担相应的公司经营风险，公司固定收取收益的行为。个人承包经营者在公司经营中有着较大权利且制约较少，其在经营权限内可以直接决定公司实施何种民事法律行为或者如何实施民事法律行为，因此个人承包经营者管理公司的积极性较高。但个人承包经营者其只是将公司的所有权与经营权相分离，故并不会因其享有的经营权而拥有所有权。个人承包经营公司作为企业的一种经营方式，不违反法律以及行政法规的强制性规定，亦不违反公序良俗，属于合法有效的经营方式，在实务中应当对其效力进行认可。（2）个人承包经营公司期间对外转移债权的限制。依照《民法典》第546条的规定，债权转让应当通知债务人，未经通知，该转让对债务人不发生效力。因此，个人承包经营者在承包经营期间对外转让公司债权的也同样应当通知债务人。若出现个人承包经营者将承包期间的公司对外债权直接转让给自己的情形，人民法院在审查此类案件时，不能仅对个人承包经营者的行为作出形式审查，更应当依法严查交易是否合法与真实，避免个人伙同他人危害企业及相关利益人的合法权益。（3）个人承包经营者经营公司的风险规避。由前述分析可知，个人承包经营具有较大权利，其掌控着公司的公章、财务专用章以及在职人员。因此，为了避免个人承包经营者随意侵占公司财产、对外随意签订合同、公司亏损时个人承包经营者将责任归给公司的现象，公司应当注意以下三点：①要求个人承包经营者事先提供合法、有效的担保手段；②完善公司用印审批、登记、备案制度，有效区分法律行为的实施者，即制定管理公司印监制度，双方可以委托行政和财务人员管理公司印章；③公司法定代表人不予变更，个人承包经营者对外签订合同需获得公司及法定代表人同意。

三、借用资质

1. 借用施工资质的实际施工人与被挂靠方及发包人之间的法律关系

【案例】朱×军诉四川××建设工程有限公司、××县自然资源局建设工程施工合同纠纷案

案例来源

发布单位：最高人民法院中国应用法学研究所《人民法院案例选》第4辑

审判法院：最高人民法院

判决日期：2019年11月29日

案　　号：（2019）最高法民再329号

基本案情

2015年8月，朱×军与四川××建设工程有限公司（以下简称建设公司）签订《挂靠协议》，挂靠期间为二年，从2015年8月起至2017年8月止。挂靠期间，朱×军以建设公司的名义承包了××县自然资源局（以下简称县自然资源局）发包的案涉工程并进行施工，现已竣工验收。之后，建设公司向县自然资源局出具《工作联系函》载明："我公司中标的由贵单位2016年发包的'××县柯柯镇托海村土地开发（占补平衡）项目'工程，一直由挂靠在我单位的朱×军先生与贵局实际联系并承包本项目……"

朱×军以建设公司欠付其工程款为由提起诉讼，请求判令建设公司支付其工程款4 058 300元，县自然资源局在未付款范围内承担连带责任，利息1 025 800元由建设公司承担。

一审判决后，建设公司不服，提起上诉。

二审判决后，建设公司不服，申请再审。

判决主文

一审法院判决：被告建设公司向原告朱×军支付拖欠的工程款4 058 300元，被告县自然资源局在未付清建设公司工程款范围内承担连带责任；被告建

设公司向原告朱×军支付欠付工程款 4 058 300 元的利息。

二审法院判决：驳回上诉，维持原判。

再审法院判决：撤销一审判决及二审判决；再审被申请人县自然资源局向再审被申请人朱×军支付工程款 4 058 300 元；驳回再审被申请人朱×军的其他诉讼请求。

裁判要旨

实际施工人作为挂靠方借用被挂靠方的资质与发包人签订建设工程施工合同，因被挂靠方与发包人之间并无订立合同的真实意思表示，即双方不存在实质法律关系，故被挂靠方无须承担支付工程价款的责任。但实际施工人在与发包人签订建设工程施工合同并履行的过程中，实际上已经形成了事实上的法律关系，故实际施工人有权直接向发包人主张工程款。

重点提示

建设工程行业中，挂靠是指一公司允许不具有资质的他人在一定期间内使用自己公司的名义对外承接工程的行为。允许他人使用自己名义的企业为被挂靠方，相应地，使用被挂靠企业名义从事经营活动的企业或个人则为挂靠人。司法实践中，认定借用施工资质的实际施工人与被挂靠方及发包人之间的法律关系，应当注意以下三点：（1）借用资质的挂靠方与发包人之间是否存在合同关系的认定。对于借用资质的挂靠方与发包方之间是否存在合同关系的问题，挂靠方作为实际施工人，以被挂靠方名义与发包人签订施工合同，被挂靠方是名义上的承包人，故两个承包人与发包人系同一建设工程施工合同的双方当事人，即实际施工人与发包人之间存在合同关系。事实上，是挂靠人实际进行了工程建设并完成承包人义务。因此，挂靠人比被挂靠人更符合法律关于承包人的规定，比被挂靠人更应当享有工程价款请求权和优先受偿权。（2）发包人已经知道实际施工人存在的，双方之间形成的是事实上的施工合同关系。发包人是否知道施工中存在挂靠行为，将会影响挂靠方与发包人之间关系。如果在签订建设工程施工合同前或开始施工后，发包人早已知道实际施工人的存在，或者双方直接进行工程价款结算、付款至其账户，则可证明双方已经全面实际履行了施工合同。若发包人知道或应当知道或曾认可挂靠人是实际签订施工合同及履行施工合同的主体，那么双方之间形成事实上的施工合同关系。（3）实际施工人借用被挂靠方的资质与发包人签订建设工程施工合同,实际施工人有权直接向发包人主张工程款。实际施工人作为挂靠方借用被挂靠方资质与发包人签订建设工程施工合同,被挂靠方作为被借用资质方,因欠缺与发包人订立施工合同的真实意思表示,故双方不存在实质性的法律关系。挂靠方作为案涉工程的实际施工人与发包人在订立和履行施工合同的过程中,形成事实上的法律关系,实际施工人有权直接向发包人主张工程款。

2. 挂靠或出借名义的效力及内、外部法律责任

【案例】山西××路桥有限责任公司西安分公司诉湖南省××公路桥梁建设有限公司建设工程施工合同纠纷案

案例来源

发布单位:最高人民法院《人民司法·案例》2019年第26期(总第865期)

审判法院:最高人民法院

判决日期:2017年12月13日

案　　号:(2017)最高法民再220号

基本案情

2007年11月,山西××路桥有限责任公司西安分公司(以下简称路桥公司西安分公司)与湖南省××公路桥梁建设有限公司(以下简称建设公司)签订工程联营协议书(以下简称联营协议),约定双方合作建设延安市西过境公路路基工程L03合同段,由建设公司派员担任项目部经理及财务会计。2007年11月6日,建设公司延安市西过境公路路基工程L03合同段项目部收取路桥公司西安分公司履约保函保证金22万元和工程履约保证金2 146 363元后,向路桥公司西安分公司出具两张收款收据,并加盖了该项目部财务专用章。

工程即将竣工前,2009年7月8日,建设公司副总经理于××以建设公司延安西过境项目部的名义,向业主延安西过境公路管理处作出退场承诺一份,内容为"经与业主双方协商,业主同意我公司退场,我项目部人员从2009年7月18日离开现场,剩余工程量按清单价由业主重新安排施工队施工,费用在我标段扣除。即日起我项目部所有债权债务由我公司负责,出现的工人上

访、阻工由我公司全部承担，否则愿意接受处罚。业主给予借款70万元用于支付撤退费用，并在近日把项目所有变更批复完毕，其中隧道加固变更按监理批复（138万元左右）进行批复。原业主批复的奖金予以兑现"。该退场承诺有建设公司副总经理于××的署名。

同日，建设公司又以湖南××路桥项目部（以下简称项目部）的名义向路桥公司西安分公司作出退场决定一份，内容为：（1）路桥公司西安分公司协助项目部做好工程资料的交付、变更申报及工程结算等工作；（2）项目部与业主签订的退场承诺及单方面与隧道队开出的结算单皆与路桥公司西安分公司无关，项目部承担全部责任；（3）建设公司保证在工程结算完成后，退付路桥公司西安分公司在该项目中交付的保函保证金和工程履约保证金合计236.6万元；（4）原双方协议书自即日起终止。路桥公司西安分公司对退付履约保函保证金和工程履约保证金若有异议，可在工程所在地法院诉讼解决双方争议。

路桥公司西安分公司收到上述退场决定后，即按退场决定要求完成了资料移交等工作并退场。建设公司完成了工程决算等事宜，但未退还路桥公司西安分公司保证金。

路桥公司西安分公司以其退场后建设公司未返还保证金为由，提起诉讼，请求判令建设公司返还保函保证金22万元以及履约保证金2 146 363元。

建设公司以路桥公司西安分公司的行为对其造成了损失为由，提起反诉，并在反诉中追加山西××路桥有限责任公司（以下简称路桥公司）作为反诉被告，请求判令路桥公司西安分公司、路桥公司赔偿建设公司损失14 512 031.04元。

一审判决后，建设公司不服，提起上诉，请求撤销一审判决，改判驳回路桥公司西安分公司的诉讼请求，改判路桥公司、路桥公司西安分公司赔偿其损失9 058 480.73元。

二审判决后，建设公司不服，申请再审称：本案所诉退场承诺系本公司出具给业主方的，而不是出具给路桥公司西安分公司的，是本公司在与业主解除合同，处理的是外部关系，而非本公司与路桥公司西安分公司之间就工程债权、债务达成的内部约定，不能以此作为认定双方权利、义务关系的证据；项目部实际由路桥公司西安分公司控制、管理和支配，本案中的退场决定实际是路桥公司以项目部的名义伪造，本公司负责人未在退场决定上签字，不能作为本公司真实的意思表示，不能作为证据；路桥公司西安分公司实际已取得4155

万余元工程款，但在实际施工过程中对外发生的剩余债务高达1300余万元，若其只取得工程款而不负担施工期间的损失有悖于权责相统一原则；路桥公司西安分公司实际上从项目部支取资金414万余元，不仅提前收回保证金，还侵占了项目资金。故本公司申请再审。

路桥公司西安分公司辩称：退场决定是双方在路桥公司退场当时协商一致的结果，项目部印章由建设公司实际控制，加盖有项目部印章的退场决定和退场承诺均是建设公司的真实意思表示，应当作为双方权利义务的依据；建设公司实际负责了工程的后续结算事宜，结算的后果应当由建设公司承担。原审判决认定事实清楚，适用法律正确，请求驳回建设公司的再审请求。

路桥公司辩称：路桥公司西安分公司与建设公司签订的联营合同未告知本公司，本公司不知情，依法不应承担责任。请求驳回建设公司的再审请求。

判决主文

一审法院判决：被告（反诉原告）建设公司退还原告（反诉被告）路桥公司西安分公司履约保函保证金22万元及履约保证金约214.6万元，两项合计约236.6万元；驳回被告（反诉原告）建设公司的反诉请求。

二审法院判决：驳回上诉，维持原判。

再审法院判决：撤销一审、二审判决；申请人建设公司退还被申请人路桥公司西安分公司履约保函保证金22万元及履约保证金约214.6万元；被申请人路桥公司、路桥公司西安分公司赔偿申请人建设公司损失10 341 810.16元；驳回申请人建设公司其他反诉请求。

裁判要旨

名为联营实为借用资质的系挂靠行为，协议效力应根据《民法典》第155条的规定予以审查。协议被认定无效的，挂靠人与被挂靠人之间应当互负返还义务，一方有损失的，应根据双方的过错确定赔偿责任；除非相对人明知或因重大过失不知挂靠之存在，挂靠人与被挂靠人应对相对人的损失承担连带责任。

重点提示

司法实践中，建设工程施工合同中的挂靠行为比较常见，认定是否构成挂靠以及因挂靠产生纠纷的责任承担问题，应当注意以下三点：（1）挂靠或名义出借合同的效力。就建筑业而言，挂靠是指一个施工企业允许他人在一定期间内使用自己企业的名义对外承接工程的行为。在实务中经常有以联营为名，实为借用资质的情况出现，对于此类行为，我们应当认定其为挂靠行为。我国现行法律及行政法规对于名义出借的效力未作出明确规定，在司法解释中也仅否定了无资质的挂靠行为的效力，因此对于出借名义的合同不宜一概认定为无效，而应结合案件的实际情况来进行判断。但若实际无资质的挂靠人借用有资质一方的名义进行对外施工的，则应认定该合同无效。（2）挂靠人与被挂靠人之间的内部责任。挂靠方和被挂靠方之间有挂靠协议，内容上通常对管理费、利益分配、债务清偿、违约责任等进行规定，在协议有效的前提下，该部分约定应当遵循意思自治原则，产生纠纷时依照约定处理。而当挂靠协议无效时，双方之间就约定部分内容发生争议时应当如何处理，成为司法实践中争议较大的问题。而该部分争议中，结合司法实践，焦点问题在于管理费的分配，被挂靠人是否在挂靠协议无效的情况下请求挂靠人支付管理费。主流观点认为，若挂靠协议因违反强制性规定而无效，管理费不应予以支持。《最高人民法院关于审理建设工程施工合同纠纷案件适用法律问题的解释（一）》第1条规定，没有资质的实际施工人借用有资质的建筑施工企业名义的，应当认定协议无效。在此种情况下，若支持被挂靠方取得管理费，则显然允许被挂靠人因违法而获利，不符合公平原则。另外，管理费在实质上属于挂靠人的劳动收入，在挂靠协议无效的情况下，应当归属于挂靠人。（3）在建筑行业中，因挂靠对第三人造成损失时的责任主体。根据《建筑法》第66条规定："建筑施工企业转让、出借资质证书或者以其他方式允许他人以本企业的名义承揽工程的，责令改正，没收违法所得，并处罚款，可以责令停业整顿，降低资质等级；情节严重的，吊销资质证书。对因该项承揽工程不符合规定的质量标准造成的损失，建筑施工企业与使用本企业名义的单位或者个人承担连带赔偿责任。"《最高人民法院关于审理建设工程施工合同纠纷案件适用法律问题的解释（一）》第7条规定："缺乏资质的单位或者个人借用有资质的建筑施工企业名义签订建设工程施工合同，发包人请求出借方与借用方对建设工程质量不合格等因出借资质造成的损失承担连带赔偿责任的，人民法院应予支持。"由上述法律规定可知，在建筑行业中，因挂靠致使第三人受到损害时，挂靠方和被挂靠方应当承担连带责任。

3. 建设工程领域挂靠关系下的责任承担

【案例】李×静诉云南××工程建设有限公司等建设工程施工合同纠纷案

案例来源

发布单位：最高人民法院《人民司法·案例》2017年第2期（总第769期）
审判法院：重庆市第五中级人民法院
判决日期：2015年6月15日
案　　号：（2015）渝五中法民终字第02219号

基本案情

2010年5月，云南××工程建设有限公司（以下简称建设公司）与尹×正签订建设工程施工合同，约定：由建设公司承建云南省××监狱迁建项目监狱指挥中心建设工程1标段；任命尹×红为该项目部经理；尹×正作为代表并签字，经办人为尹×红。之后，尹×红向建设公司提交了刻"建设公司××监狱项目部"及"建设公司××监狱项目"资料章的申请。次年8月，建设公司与尹×正签订内部承包合同，约定：由建设公司承建新建花城警苑（一期）桩基础二标段项目；尹×红为该项目经理；尹×正委托尹×红办理相关财务事宜；尹×正代表履行本合同。双方在两份合同中都约定：尹×正按照工程结算总价的2%向建设公司上交承包费用。

2012年6月，建设公司××监狱项目部给李×静出具《工资结算单》1份，内容为建设公司××监狱项目部欠李×静工资60 000元，预计于次年5月前付清，经手人系尹×红。该结算单加盖了建设公司××监狱项目部印章，该印章注明缔结合约无效。尹×正对该《工资结算单》予以认可，建设公司对证据内容的真实性不予认可，但对印章的真实性无异议，且申请对《工资结算单》的形成时间进行司法鉴定。建设公司怀疑该结算单的形成时间是2013年8、9月份，而不是2012年6月，但双方当事人都未能向法庭提交落款时间与怀疑时间形成的印章作为鉴定样本。2014年11月，西南政法大学司法鉴定中心因双方当事人迟迟未提交鉴定样本，将本次鉴定退回。

李×静以其曾多次向建设公司及尹×正要求支付所欠工资，但均予以拒绝为由，提起诉讼，请求判令二者连带给付其60 000元，并支付资金占用损失。

一审判决后，建设公司不服，提起上诉。

判决主文

一审法院判决：被告尹×正与被告建设公司连带给付原告李×静60 000元及资金占用损失。

二审法院判决：驳回上诉，维持原判。

裁判要旨

挂靠人以被挂靠人名义对外从事民事行为，相对人有理由相信挂靠人有代理权且主观上善意无过失的，应当认定构成表见代理，发生与有权代理相同的法律后果，被挂靠人应当向相对人承担责任；挂靠关系下，实际施工人以有施工资质的公司名义对外实施的，双方应当连带承担农民工工资的责任；若存在拖欠农民工工资行为的，也应当按照中国人民银行发布的同期同类贷款利率赔偿农民工被占用工资的损失。

重点提示

挂靠关系中的两个组织之间原来并没有从属性，但双方基于一定的利益关系，临时约定由有施工资质的组织出借资质给另一组织，并存在依附关系。对于上述出借资质方与借用资质方的关系与对外责任承担，实务中一直存在一定争议，司法实践中，认定建设工程领域的挂靠关系及责任承担时，应当注意以下三点：（1）工程挂靠与委托代理的区分。工程挂靠是指有资质的被挂靠方允许挂靠方在一定期间内使用其名义，并用其公章对外与他人签订建设工程施工合同的行为；而委托代理则是指根据被代理人的委托授权，代理人在代理权限范围内以被代理人的名义进行的民事法律行为。故工程挂靠类似于但并不等同于委托代理，双方有着以下三点不同：①挂靠关系中，挂靠方借用被挂靠方资质后是为自己完成事务，而委托代理中，代理人则是为被代理人完成事务；②挂靠关系中，挂靠方需要向被挂靠方支付一定的管理费，而代理人则不需要向被代理人支付费用，甚至有可以请求被代理人支付报酬或支付垫付费用的权利；③挂靠关系中，双方签订挂靠协议的标的是建筑资质等级，而委托代理中，双方签订委托合同的标的则是履行委托事务。（2）建设施工中存在挂靠关系时的责任承担。实务中，对于建设工程中的挂靠方未能按约履行合同、逾期交付工程或经验收工程质量与约定不符给交易相对人带来一定损失的，被挂靠方是否应当连带承担责任一直存在分歧。根据《建筑法》第66条的有关规定可知，建筑施工企业转让、出借资质证书或者以其他方式允许他人以本企业的名义承揽工程，对因该项承揽工程不符合规定的质量标准造成的损失，建筑施工企业与使用本企业名义的单位或者个人承担连带赔偿责任。而《最高人民法院关于审理建设工程合同纠纷案件适用法律问题的解释（一）》第7条中作出规定，缺乏资质的单位或者个人借用有资质的建筑施工企业名义签订建设工程施工合同，发包人请求出借方与借用方对建设工程质量不合格等因出借资质造成的损失承担连带赔偿责任的，人民法院应予支持。因此，在判定挂靠关系中责任问题时，应当审慎地看待合同相对性原则，同时，也应当恪守法律规定要求被挂靠方承担连带责任。（3）实际施工人拖欠农民工工资的，应当赔偿农民工占用其工资的利息。由前述分析可知，建设工程领域下的挂靠方与被挂靠方承担连带责任，因此在出现挂靠方拖欠工人工资的情况下，被挂靠方也应当就此承担连带责任。但对于赔偿责任的范围，除实际拖欠的农民工工资外，还应向农民工承担赔偿占用其工资的利息。根据《民法典》关于合同违约责任的规定可知，当事人一方不履行或履行合同义务不符合约定的，应当承担继续履行、采取补救措施或者赔偿损失等违约责任，该损失赔偿额应当相当于因违约所造成的损失，以及未来履行合同可以获得的收益，但不得超过订立合同时预见或应当预见的损失。因此，实际施工人未履行向农民工支付工资的合同义务的，应当继续履行向农民工偿还工资的义务并赔偿其合理损失。另根据《最高人民法院关于审理建设工程施工合同纠纷案件适用法律问题的解释（一）》第26条规定："当事人对欠付工程价款利息计付标准有约定的，按照约定处理。没有约定的，按照同期同类贷款利率或者同期贷款市场报价利率计息。"故农民工可以要求实际施工人在支付工资的同时，按照银行同期贷款利率赔偿占用其工资的利息。

四、实际施工人

1. 转包人破产是否影响实际施工人向发包人主张其工程价款

【案例】沈××标诉太仓××城乡一体化建设发展有限公司、江苏××建设集团有限公司建设工程施工合同纠纷案

案例来源

发布单位：最高人民法院《人民司法·案例》2020年第20期（总第895期）
审判法院：江苏省苏州市中级人民法院
判决日期：2020年3月12日
案　　号：（2019）苏05民再92号

基本案情

2011年5月，太仓××城乡一体化建设发展有限公司（以下简称发展公司）与江苏××建设集团有限公司（以下简称建设公司）签订建设工程施工合同，约定发展公司将某安置房工程发包给建设公司施工，合同价款为104 769 548.74元。后建设公司与沈×标签订内部承包协议，约定建设公司将安置房工程交由沈×标施工，合同价款为97 293 219.73元。该安置房工程于2011年6月开工，于2014年9月竣工。2016年2月，沈×标与建设公司、发展公司达成工程结算协议，确认工程价款为102 350 195.66元。

沈×标以建设公司、发展公司拖欠工程款为由，提起诉讼，请求法院判令建设公司、发展公司支付其工程款9 440 482.66元。

一审判决后，国产实业（××）新兴建材有限公司不服，申请再审称：建设公司隐瞒人民法院已冻结在先的事实，使得法院错误地认定发展公司未付工程款金额，损害其利益。

再审一审判决后，沈×标不服，提起上诉称：再审一审判决事实认定错误，判决书认定本人系案涉项目的实际施工人，确认建设公司欠付本人工程款，但只认定发展公司对部分工程款承担连带责任，违背了基本事实；建设公司已经申请破产，法院已经裁定受理了建设公司的破产清算申请；只要发展公司提出执行异议，法院就应当停止执行，一审判决回避了发展公司在法定期限

内提出执行异议的事实；一审判决适用法律错误，建设公司已经申请破产，在申请破产后继续执行是违反《企业破产法》有关规定的，但一审判决认定具有法律效力。

国产实业（××）新兴建材有限公司辩称：原审判决认定沈×标为实际施工人有误，其余请依法判决。

建设公司辩称：沈×标就是实际施工人。

发展公司辩称：一审法院查明事实清楚、适用法律正确，请求驳回上诉、维持原判。

判决主文

一审法院判决：判令被告建设公司向原告沈×标支付工程款9 440 482.66元；被告发展公司在欠付的9 440 482.66元范围内承担连带责任。

再审一审法院判决：撤销一审法院判决；确认被告建设公司欠付原告沈×标工程款9 440 482.66元；被告发展公司在306.4万元范围内向原告沈×标承担清偿责任。

二审法院判决：驳回上诉，维持原判。

裁判要旨

实际施工人突破合同相对性向发包人主张权利，系司法解释为保护农民工权益而作出的特殊制度安排，是实际施工人的法定权利。转包人破产的，不影响实际施工人行使上述权利。在确认转包人工程款债务的前提下，由发包人在欠付转包人工程款范围内对实际施工人承担清偿责任。

重点提示

在建设工程施工合同类纠纷的司法实践中，常有承包人将其承包的项目转包给他人进行施工的情况，在此类情况下出现欠付工程款的情况时，实际施工人应当如何保障自身的合法权益就成了争议的焦点。对于欠付工程款的转包人已经破产，实际施工人是否有权直接向发包人主张其工程价款的问题，人民法院在审理过程中应当注意以下三点：（1）实际施工人的认定。为了区分有效施工合同中的承包人、施工人、建筑施工企业等法定概念，我国相关法律文件明确将无效施工合同中实际完成建筑工程的施工企业、施工企业分支机构、工头等法人、非法人团体、公民个人的主体认定为实际施工人。同时，根据《最高人民法院关于审理建设工程施工合同纠纷案件适用法律问题的解释（一）》中关于实际施工人的规定可知，实际施工人具有以下表现形式：①对整体或部分工程施工的主体均可成为实际履行建设工程施工合同承包人义务的主体；②与发包人之间并不存在直接的合同关系，但却因实际上完成了建筑工程而与之产生事实上的权利义务关系；③建设工程施工合同无效，包括挂靠、转包、违法分包等情况。（2）实际施工人突破合同相对性的适用。合同相对性原则是合同得以建立的前提和基础，《民法典》中明确了"突破合同相对性原则"应当以法律另有规定为前提。在建筑工程施工合同纠纷中，根据《最高人民法院关于审理建设工程施工合同纠纷案件适用法律问题的解释（一）》第43条第1款规定："实际施工人以转包人、违法分包人为被告起诉的，人民法院应当依法受理。"上述规定明确了实际施工人有权突破合同相对性提起诉讼。由此可知，建设工程施工合同不仅涉及双方当事人的利益，还涉及其他主体以及社会公共的利益，以赋予实际施工人对发包人提起诉讼的权利的方式对合同相对性进行的例外规定，意在为因转包、违法分包导致建设工程施工合同无效时，对投入了大量劳力、材料、资金等要素的施工主体给予特殊保护。（3）转包人破产并不影响实际施工人向发包人主张其工程价款。《企业破产法》第124条规定，破产人的保证人和其他连带债务人，在破产程序终结后，对债权人依照破产清算程序未受清偿的债权，依法继续承担清偿责任。同时根据《最高人民法院关于审理建设工程施工合同纠纷案件适用法律问题的解释（一）》第43条第2款规定："实际施工人以发包人为被告主张权利的，人民法院应当追加转包人或者违法分包人为本案第三人，在查明发包人欠付转包人或者违法分包人建设工程价款的数额后，判决发包人在欠付建设工程价款范围内对实际施工人承担责任。"由此可知，实务中，法院多依据上述规定在判决时要求发包人在欠付工程价款范围内对实际施工人承担连带责任。故转包人破产后，实际施工人不仅有权依照破产清算程序未受清偿的债权要求转包人支付工程价款，亦有权要求发包人在其欠付转包人工程款的范围内承担相应的清偿责任。

2. 建设单位和施工单位并存债务承担的责任范围

【案例】江苏××装饰有限公司诉××地产投资（南通）有限公司、××炜达（南通）房地产开发有限公司、上海××建设（集团）有限公司建设工程施工合同纠纷案

案例来源

发布单位：最高人民法院《人民司法·案例》2018年第5期（总第808期）

审判法院：江苏省南通市中级人民法院

判决日期：2017年8月28日

案　　号：（2017）苏06民终1251号

基本案情

××炜达（南通）房地产开发有限公司（以下简称房地产公司）是南通××尚海湾的发包单位，上海××建设（集团）有限公司（以下简称建设公司）是总承包单位，江苏××装饰有限公司（以下简称装饰公司）分包了建设公司承包的南通××尚海湾四项工程，并且签订了多份采购、安装施工合同，合同约定：建设公司在工程竣工结算后，向装饰公司支付工程款的95%；工程款的5%的作为质量保修金，保修期2年，待保修期满后3个月内一次性支付装饰公司。

南通××尚海湾的其中一项工程在2013年10月28日竣工验收，另外三项工程在2014年8月1日均已竣工并验收完毕。经装饰公司与建设公司结算，工程款分别为7 526 075元、183 308元、257 749元、2 695 447元。建设公司已向装饰公司支付的工程款4 468 702元。2015年5月经装饰公司的代理人签字确认，因飘窗及厨房推拉窗质量问题扣除11 056元。

另外，作为建设单位的房地产公司于2015年2月向装饰公司出具一份承诺书，承诺：在2015年2月8日向装饰公司支付已审批未支付的工程款351万元，到期不能支付的，自2015年2月8日起按月息1.5%（年利率18%）计息；在2015年3月30日完成对初审未审批工程款223万元的复审审计报告，按照复审审计报告向装饰公司支付工程款，到期不能支付的，自2015年6月30日起按月息1.5%（年利率18%）计息；××地产投资（南通）有限公司

（以下简称投资公司）作为担保单位对上述款项承担连带责任保证。

装饰公司以其未收到工程款为由，提起诉讼，请求判令：建设公司、房地产公司、投资公司支付工程款 3 643 877 元及逾期利息 911 069 元。

在诉讼过程中，装饰公司变更诉讼请求，请求判令：建设公司支付工程款 3 643 877 元；房地产公司支付工程款 3 643 877 元及逾期利息；投资公司对房地产公司的给付义务承担连带责任。房地产公司于 2016 年 1 月 13 日将对装饰公司的 8 笔借款本息 2 817 573 元（其中借款本金 255 万元、利息 267 573 元）的债权转让给建设公司，建设公司用该债权抵销欠付装饰公司的 255 万元工程款。

一审判决后，房地产公司不服，提起上诉称：因装饰公司当庭变更诉讼请求，而法院未重新给予答辩期和举证期，一审法院程序错误，且一审法院的判决超出了装饰公司诉讼请求的范围；其出具的承诺书不具有生效的条件，所以不能加入案涉工程款债务；合同中明确约定了可以在工程款或质保金中扣除工程质量问题的扣款，并且已确定质量问题的扣款金额，所以不应该再通过反诉确定；因装饰公司放弃追究建设公司逾期付款责任，其不应当再主张 18% 的逾期利息，并且加入的债务应是原债务，而不应当包括 18% 的逾期利息；因工程竣工验收日期不同，即质保期也不同，质保金的给付期限当然不同，与一审法院按照未达给付期限的保证期限计算利息相矛盾。因此，请求撤销一审法院判决，发回重审或依法改判。

装饰公司辩称：在一审庭审中未变更诉讼请求，而是明确了诉讼请求并放弃对部分利息的诉求，不影响房地产公司的实体权利及诉讼权利。要求房地产公司对建设公司应付工程款承担连带责任。房地产公司承诺书的意思表示明确，承诺加入建设公司欠本公司工程款的债务中，本公司放弃的是对建设公司的利息主张，房地产公司自愿承担本公司的利息损失是合法有效的。本案中，关于 11 056 元的款项，本公司已确认完毕，关于对其他质量问题的维修，既不符合对质量问题处理的习惯，又不符合行业处理规则，质量问题维修的扣款没有依据。房地产公司承诺支付建设公司的工程款应包含质保金，其自愿承担逾期利息是真实有效的。

判决主文

一审法院判决：被告建设公司一次性支付工程款 3 632 821 元给原告装饰

公司；被告房地产公司对工程款3 632 821元承担连带责任；被告房地产公司一次性支付原告装饰公司自2015年6月30日计算至判决确定的给付之日的逾期利息，逾期利息按照年利率18%计算；被告投资公司对被告房地产公司的给付义务承担连带责任。

二审法院判决：维持一审法院判决第一项、第二项、第四项；变更一审法院判决第三项为上诉人房地产公司按年利率18%一次性支付被上诉人装饰公司逾期利息。

裁判要旨

建设单位向实际施工单位出具承诺书，明确对施工单位已审批未支付的工程款承担还款义务，并未免除债务人即总承包单位的债务负担，成立并存的债务承担。该债务承担合同有利于债务人，无须取得其同意即可成立生效。债务加入人承诺承担逾期付款利息，该利息承担与本债务承担并非同一法律关系，与本债务是否约定利息无关，第三人自愿向债权人承担违约责任不违背债的内容同一性。

重点提示

债务承担，是指在不改变合同的前提下，债权人、债务人通过与第三人订立转让债务的协议，将债务全部或者部分转移给第三人承担的法律现象。在司法实践中，对于第三人承诺加入债务的行为是否有效，以及在债务承担的情况下的责任划分问题，在具体审理时应当注意以下三点：（1）债务承担的形式与效力。对于债务承担的效力问题，我国《民法典》第551条规定："债务人将债务的全部或者部分转移给第三人的，应当经债权人同意。债务人或者第三人可以催告债权人在合理期限内予以同意，债权人未作表示的，视为不同意。"但债务承担还存在一种特殊的形式，即并存的债务承担，其主要是指第三人加入债务后，原债务人不被免除责任，而是与第三人共同负担同一债务的情形。在实务中，并存的债务承担通常具有以下形式：①第三人以签订三方协议的方式加入债权人、债务人的债权债务关系中；②第三人向债权人单方承诺或与债权人约定加入；③债务人与第三人约定加入，并通知债权人。无论是哪一种形式，并存的债务承担本质上都是有利于债权人的行为，因此，原则上不需要取得债权人的同意就可以发生法律效力。（2）并存的债务承担中第三人债务承担的范围。一般而言，并存的债务承担中，第三人所负担的债务与原债务的内容应当具有同一性，即不应当负担超出原债务以外的债务。超出原债务范围的债务，若当事人作出的意思表示可以认定其自愿负担，则可基于意思自治原则判令第三人承担，但若当事人未作出相关的意思表示，则应当将其承担的债务范围限缩至原债务范围内。（3）并存的债务承担和连带保证的区别。虽然从形式上来看，债务承担与连带保证都是除债权人与债务人以外的第三人承担还款责任的情形，但结合司法实践，债务承担和连带保证有以下区别：其一，债务承担没有主次合同之分，即第三人直接加入到原债权债务关系之中，具有无因性的特点，而连带保证则依附于主合同，主合同的变更会影响保证责任的承担；其二，债务承担适用诉讼时效制度，其不享有保证期间的期限利益，保证受履行期限和保证期间的限制，如没有约定保证期间，则对于超过履行期限6个月的，保证人不承担保证责任；其三，债务承担中，在第三人加入债务后，原债务人继续转移债务的，无须经过加入人的同意，而在连带保证中，债务人转移债务需要经过保证人的书面同意。

3. 违法发包的业主应否承担实际施工人欠付的农民工劳务费

【案例】梁×诉察右后旗××××大酒店有限责任公司、郑×和、张×利建设工程合同纠纷案

案例来源

发布单位：最高人民法院《人民司法·案例》2017年第8期（总第775期）

审判法院：内蒙古自治区察哈尔右翼后旗人民法院

判决日期：2015年1月28日

案　　号：（2014）察后民初字第666号

基本案情

2011年5月，察右后旗××××大酒店有限责任公司（以下简称酒店公司）与郑×和的合伙承包人杨×明签订工程劳务承包合同，约定将酒店公司框架结构工程发包给均无施工资质的郑×和及杨×明承建。2013年6月，郑×和、杨×明与张×利签订工程劳务承包合同，将酒店公司框架结构工程分包给无施工资质和用工主体资格的张×利施工并约定了承包价款及付款方式。

之后，张×利雇佣梁×等42人在酒店公司建筑工地工作。次年11月，察右后旗人事劳动和社会保障局向酒店公司送达《劳动保障行政执法限期整改指令书》，认为酒店公司在建设施工过程中存在违法分包、层层转包问题，郑×和无施工资质、无挂靠企业，张×利拖欠梁×等42名工人工资356 220元，要求酒店公司整改。

另查明，酒店公司系工程的建设单位，自2011年5月至2014年10月，酒店公司向郑×和、杨×明共计支付工程款10 251 352元。郑×和共计支付张×利工程款615 000元。从2013年3月至2014年11月，张×利共计拖欠梁×劳务费131 750元，酒店公司框架结构工程至今未完工。

梁×以酒店公司、郑×和和张×利拖欠劳务费，其是42名工人的带班班长，代表42名工人起诉具有诉讼主体资格为由，提起诉讼，请求判令酒店公司、郑×和和张×利支付拖欠劳务费356 220元。

酒店公司辩称：梁×只能以其自身名义参加诉讼，不能代表其他农民工主张权利。本酒店与梁×无直接法律关系，只对杨×明、郑×和享有权利、履行义务，且工程价款已全部支付给郑×和和杨×明，不拖欠任何费用。杨×明、郑×和和张×利之间的法律关系以及张×利与农民工之间的法律关系均属于另一层法律关系，与本酒店无关。

郑×和辩称：集体诉讼中应列明所有原告，再由所有原告推举3~5名诉讼代表人参加诉讼，本案不符合集体诉讼的法律规定。首先，梁×只能以其自身的名义参加诉讼，不能代表其他农民工主张权利。其次，本人与梁×无直接法律关系，只对张×利享有权利、履行义务，并且已支付张×利625 800元，多支付30余万元。

张×利辩称：拖欠劳务费事实属实，察右后旗劳动局让梁×作为42名农民工代表主张权利，但酒店公司和郑×和也拖欠工资（具体拖欠数额不清）。本人和酒店公司结过账但未结清，向郑×和借款60万元但无结账事实，目前已无支付能力。

判决主文

法院判决：被告张×利支付原告梁×劳务费131 750元；被告酒店公司、郑×和对上述债务承担连带清偿责任；驳回原告梁×的其他诉讼请求。

裁判要旨

建设单位将建设工程发包给没有施工资质的总承包人（个人），该个人又将工程分包给没有施工资质的实际施工人（个人），虽然建设单位已将工程款支付给了总承包人，但因建设单位将工程发包给没有施工资质和用工主体资格的个人，其在发包工程上违反了法律的禁止性规定，存在一定的过错，故应当承担清偿实际施工人拖欠的农民工劳务费的连带责任。

重点提示

发包是指在建筑工程中，发包人将建设工程的勘察、设计、施工中的一部分或全部交由承包单位完成。司法实践中，认定违法发包的发包人是否应当连带支付农民工的劳务费的问题时，应当注意以下两点：(1) 发包人只能将建设工程发包给具有相应资质条件的承包单位。建设工程发包过程中，根据《建筑法》第 22 条、第 65 条的规定，发包人需对承包单位是否符合发包工程要求的资质条件进行考察。考察必须遵守"谁招用谁负责"的原则，由发包单位的安监部门严格按审批程序进行，对承包单位除要求其提供各种书面资料外，必要时还要对承包单位人员的技术素质、施工器具等进行综合鉴定。故发包人只能将工程发包给具备相应资质条件的承包单位，否则属于违法发包。此处的相应资质条件，是指承包单位已经取得了从事建筑活动的资质证书，并允许其在该资质证书中许可的范围内从事业务。综上，发包人无论采取何种发包方式均应当审查承包单位的资质条件，确定该承包单位是否具有资格承包该工程。若存在违反法律这一规定的行为，则应依照法律规定由行政执法机关作出决定，要求发包人改正违法发包行为，收回违法发包给不具备相应资质条件的承包单位的工程，且双方签订的建筑工程承包合同也会因违法而无效并终止。(2) 违法发包的业主应当连带支付实际施工人拖欠农民工的劳务费。发包人将工程发包给无相应资质的承包单位后，该承包单位又将工程分包给无相应资质的实际施工人，此种情况下，承包单位应当对实际施工人拖欠农民工劳务费之债务承担连带清偿责任，在实务中并无异议，但发包人对于拖欠的农民工劳务费也应当承担相应的清偿责任。首先，由前述分析可知，建筑工程中进行发包活动的，发包单位应当将建筑工程发包给具有相应资质条件的承包单位，否则会因为违反相关法律规定而依法承担相应的民事责任以及行政责任，由不具有相应资质条件的承包单位建设工程，很难保障最终工程验收的质量，且也容易发生拖欠农民工劳务费的问题，不利于民生。其次，根据《最高人民法院关于审理建设工程施工合同纠纷案件适用法律问题的解释（一）》第43条第2款规定："实际施工人以发包人为被告主张权利的，人民法院应当追加转包人或者违法分包人为本案第三人，在查明发包人欠付转包人或者违法分包人建设工程价款的数额后，判决发包人在欠付建设工程价款范围内对实际施工人承担责任。"由此可知，承包单位拖欠实际施工人工程款或者农民工工资的，发包人仅需在欠付工程价款范围内承担责任。但是，上述司法解释中规定了发包人仅需在欠付工程价款范围内承担责任的前提条件，即发包人发包工程的承包单位应当具有相应资质，因此未将工程发包给具有建设资质的发包人则需要连带承担实际施工人拖欠农民工的劳务费。

第三章　建设工程施工合同的效力

一、合同效力的认定

1. 建设工程施工合同中乘人之危的认定

【案例】 吴××诉李××、××建设有限公司建设工程施工合同纠纷案

案例来源

发布单位：最高人民法院《人民司法·案例》2019年第17期（总第856期）

审判法院：江西省吉安市中级人民法院

判决日期：2018年9月29日

案　　号：（2018）赣08民终1942号

基本案情

2015年1月2日，吴××与李××签订一份水电清包合同，约定吴××承包××中心城心家泊一期水电清包工程，承包方式为包工不包料，李××每月支付吴××所完成工程款的70%的劳务工资。合同约定工程全部完工并经被告、监理单位、质检验收合格，李××应支付吴××结算工程款的95%，工程款的5%作为质保金，自本工程备案验收之日起2年内无质量问题一次性支付给吴××。

合同签订后，吴××组织25名农民工进行施工，于2016年10月通过了××县建设局、有关监理及气象部门等多个部门的综合验收，并发放了验收合格报告。吴××向李××追讨约定的报酬，李××以各种理由拖欠不付。2017年春节前，为解决农民工工资，安置农民工回家过年，经有关政府部门多次协调，吴××与李××在2017年1月17日签订了一份协议，明确：（1）剩余总工程款46万元；（2）扣除18万元（含质保金8万元）；（3）剩余

28万元，其中20万元在2017年1月25日支付给农民工；（4）剩余8万元在3个月内付清，但吴××必须将施工工程整改完毕并通过业主验收合格。协议签订后，李××只履行了20万元，剩余8万元至今未付。

吴××以李××乘吴××处于危难之际牟取不正当利益，在协议中扣除10万元工程款，严重损害了吴××利益，属乘人之危，条约显失公平，应予以撤销为由，提起诉讼，请求撤销双方于2017年1月17日签订的协议第2条约定；判令李××支付工程款18万元及利息。另外，李××与××建设有限公司（以下简称建设公司）之间系挂靠关系，李××并没有建筑工程施工的资质，建设公司同意李××挂靠系违反《建筑法》的强制性规定，应当依法对李××应付的工程款承担连带支付责任。

一审判决后，吴××、李××均不服，分别提起上诉。

一审重审判决后，李××不服，提起上诉。

判决主文

一审法院判决：被告李××支付原告吴××工程款8万元并赔偿利息损失，被告建设公司负连带责任；驳回原告吴××的其他诉讼请求。

二审法院裁定：撤销一审法院判决，发回重审。

一审法院重审判决：被告李××支付原告吴××工程款18万元及利息；被告建设公司对原告李××上述欠款及利息负连带责任。

二审法院判决：驳回上诉，维持原判。

裁判要旨

一方当事人乘对方处于危难之机，为牟取不正当利益，迫使对方作出不真实的意思表示，严重损害对方利益的，可以认定为乘人之危。一方以欺诈、胁迫的手段或者乘人之危，使对方在违背真实意思的情况下订立的合同，受损害方有权请求人民法院或者仲裁机构变更或者撤销。

重点提示

在建设工程施工合同纠纷类案件的司法实践中，人民法院对合同内容是否存在乘人之危情形的认定始终是争议焦点，认定该问题时应当注意以下两点：（1）乘人之危是民事法律行为可撤销的法定情形。根据《民法典》第147条至

第151条的规定可知，民事法律行为存在重大误解、显失公平、欺诈、胁迫、乘人之危的情形时，当事人可主张撤销。以上规定的立法目的在于充分尊重当事人的意思表示，体现了我国民事法律关系中的意思自治原则。同时《民法典》还规定，在法定可撤销的情形出现的情况下，当事人有权选择和决定是否行使撤销权，若当事人自愿接受这种行为的后果，放弃行使撤销权，则应当承认合同的效力，也就是说，可撤销的民事法律行为在当事人行使撤销权之前属于有效行为。（2）乘人之危的认定标准。在民事法律关系的概念里，乘人之危的民事法律行为指的是一方利用对方处于危困状态、缺乏判断能力等情形，致使民事法律行为成立时显失公平的情形，实务中，认定当事人构成乘人之危应当符合以下标准：①一方处于急迫需要或紧急危难之境；②对方明知其处于急迫需要或紧急、危难之境，而迫使其作出违背真实意思的表示；③一方实际作出了违背真实意思的行为；④一方因为接受对方乘人之危的行为而蒙受了重大不利。但应当注意的是，在认定乘人之危的过程中不应以受害方的意思表示作为要素，受害一方的意思表示是否存在瑕疵或欠缺并不影响乘人之危行为的成立与否，在乘人之危行为中，应当更注重行为结果是否公平。

2. 已备案建设工程施工合同转让的效力及责任认定

【案例】××建筑安装集团有限责任公司诉朱××、海南××房地产开发有限公司建设工程施工合同纠纷案

案例来源

发布单位：最高人民法院《人民司法·案例》2017年第5期（总第772期）
审判法院：海南省高级人民法院
判决日期：2016年11月10日
案　　号：（2016）琼民终171号

基本案情

朱××作为发包人、××建筑安装集团有限责任公司（以下简称建筑公司）作为承包人，双方签订某酒店施工总承包合同，并顺利在住建局进行了备案；之后，在还未进行施工开发的情况下，朱××又将施工项目整体转让给海南××房地产开发有限公司（以下简称房地产公司），房地产公司与建筑公

司重新签订新施工合同并约定了新的合同内容，但由于相关报建手续等不完备，新成立的施工合同无法进行备案。后因房地产公司未按工程进度给付工程款，建筑公司与房地产公司又签订一份补充协议，协议对工程款支付进度、违约责任等重新进行了约定。现项目主体工程均已完工，而房地产公司仍无法如约按工程进度支付工程款。

建筑公司以工程款未获清偿为由，提起诉讼，请求判令朱××与房地产公司共同支付建筑公司拖欠的工程款1046万元，停、窝工费用1 574 300元，违约金133万元，以及其处理违约事件而产生的律师费80万元（按诉讼标的5%计算）；朱××与房地产公司对上述诉求承担连带责任；继续履行与建筑公司签订的建设工程施工合同。

一审法院委托鉴定机构对已完工工程量及造价进行鉴定，得出造价总额为20 627 871.97元。

一审判决后，朱××与房地产公司不服，提起上诉称：一审判决遗漏重要事实，采信伪证，认定工程款数额错误；房地产公司与朱××并未违约，一审认定房地产公司与朱××违约错误。故请求撤销一审判决第一、二、三、四项；判决驳回建筑公司全部诉讼请求。

建筑公司辩称：一审中的鉴定意见书合法有效，一审判决依据该鉴定意见确定工程款数额是正确的；根据总承包合同、施工合同和补充协议的约定，朱××与房地产公司并未按工程进度支付工程款，确属违约，一审判决认定无误；朱××与房地产公司以同一份上诉状上诉，程序违法。

二审期间，房地产公司提交了15份工程量签证单，并认为该证据系经过三方签章确认的，拟证明涉案项目工程款应为299 238.25元。二审期间，鉴定机构对这15份签证单进行了重新鉴定，双方当事人一致认可鉴定意见。房地产公司认为建筑公司一审提交的32份工程量签证单有15份系造假，这32份签证单内容相似，部分造假足以证明其余签证亦造假，且监理公司无权确认工程量，二审新证据15份工程量签证单足以推翻其余工程量签证单。

为核实签证所涉工程量的问题，二审法院于2012年10月21日组织了现场勘验。鉴定机构根据现场勘验情况重新作出了鉴定报告，载明：涉案项目已完工部分的工程量及造价总额为19 791 382.26元。

判决主文

一审法院判决：被告房地产公司与朱××共同向建筑公司支付拖欠的工程款 8 608 989.84 元及利息；被告房地产公司与朱××共同支付给建筑公司违约金 860 898.98 元及利息；被告朱××与房地产公司对上述第一、二项债务互负连带责任；解除双方签订的总承包合同与施工合同；驳回原告建筑公司其他诉讼请求。

二审法院判决：维持一审判决第四项、第五项；撤销一审判决第一项、第二项、第三项；改判上诉人房地产公司支付被上诉人建筑公司工程款 7 178 758.66 元及利息；上诉人房地产公司支付被上诉人建筑公司违约金 50 万元。

裁判要旨

因法律无禁止性规定，备案后的建设工程合同仍然可以转让；根据当事人意思自治原则，在合同转让后，新的合同当事人可以对权利义务重新进行约定，但是需经备案监管且涉及工程质量、安全等方面的内容仍要以备案合同为准；合同转让后的责任承担，应当根据合同转让时的工程进度确定。

重点提示

在司法实践中，发包人将已备案的建设工程施工合同中的权利义务进行概括性转让的情况并不少见，对于此类转让的效力以及责任划分的问题就成了争议的焦点，人民法院在审理此类案件的过程中应当注意以下三点：（1）已备案建设工程施工合同转让的效力。关于合同权利义务转让的问题，《民法典》第 545 条规定："债权人可以将债权的全部或者部分转让给第三人，但是有下列情形之一的除外：（一）根据债权性质不得转让；（二）按照当事人约定不得转让；（三）依照法律规定不得转让。当事人约定非金钱债权不得转让的，不得对抗善意第三人。当事人约定金钱债权不得转让的，不得对抗第三人。"建设工程合同转让的条件与一般合同的区别在于，建设工程合同转让应当经过政府相关部门备案，至于在转让前后备案并不做要求。我国现行法律以及行政法规并未规定已备案的建设工程施工合同不得转让，而且从要求建设工程施工合同进行备案的目的来看，其主要是为了保证工程的安全、质量，因此只要不涉及工程安全与质量等方面的问题，不损害国家利益、社会公共利益或第三人利益,根据契约自由、意思自治等原则,即使是已经经过备案的建设工程施工合同,当事人仍有权将项目转让。(2)合同转让后当事人之间的权利义务的确认依据。在建设工程施工合同发生转让后,转让前后的两份合同虽然都为有效合同,但两份合同的约定内容则有可能存在差异,在产生纠纷的情况下,以哪一份合同作为确认双方权利义务的依据就会存在争议。通常来讲,根据当事人的意思自治原则,在合同转让后,当事人可以对权利义务进行重新约定,但应当注意的是,需要经过备案监管的,即涉及工程质量、安全等方面的内容仍要以备案合同为准,不得随意变更。因此,对于可由当事人的意思自治决定的内容,即工程款数额、进度、违约责任等内容,应当以当事人最新的意思表示为主,而对于涉及公共利益或第三人利益的须经备案监管的内容,则仍应以经过备案的合同为依据。(3)转让人的责任划分。对于转让人是否应当承担责任的问题,通常也应当根据法律规定或当事人的约定来进行判断,但在法律未作相关规定,当事人也未进行约定的情况下,则应审查是否涉及工程质量、安全,国家利益、社会公共利益及第三人利益等问题,若不存在此类问题,那么在审查转让方是否承担责任的问题上,应当根据转让时施工的进度来确定,如果转让方在项目未开发的情况下将整个合同项目进行转让,则转让方不承担责任,相反,如果有证据证明转让方已经完成一部分建设项目,后将其转让的,则有可能共同承担相应责任。

3. 合同履行过程中的正常变更与"黑白合同"的认定

【案例】××建设建筑(集团)有限责任公司诉唐山××房地产开发有限公司建设工程施工合同纠纷案

案例来源

发布单位:最高人民法院民事审判第一庭《民事审判指导与参考》2016年第1辑(总第65辑)

审判法院:最高人民法院

判决日期:2016年1月15日

案　　号:(2015)民一终字第309号

基本案情

××建设建筑（集团）有限责任公司（以下简称建设公司）向唐山××房地产开发有限公司（以下简称房地产公司）承包××西二里城中村改造工程1—11#～16#住宅楼、1—d#～f#商业楼及一区人防库工程，双方于2007年12月18日签订《建设工程施工合同》，载明：工程面积约103 710.14平方米；采用可调价格合同，双方在竣工后计算工程量，按照2003年《河北省建设工程计价依据》计价，按照唐山市建设局（2006）152号通知执行人工费调增，在《河北省建筑、安装、市政、装饰装修工程费率》基础上下浮8%作为结算价款。同年12月25日，房地产公司委托建设公司设计××西二里住宅小区1—11#～16#楼的复合地基cfg桩（桩基工程）的工程项目并施工，双方签订《协议书》。建设公司当月即进场施工。建设公司因拆迁户堵门、材料供应等问题导致停工，向房地产公司索赔3577万元。

2010年7月10日，建设公司与房地产公司双方就赔偿事项签订《补充协议书》，约定：房地产公司以现金的方式赔偿1100万元；协议签订之日起7日内先支付300万元，建设公司收到后开始施工；剩余800万元，每个月支付400万元，如到期不付，用住宅楼抵顶（房价2850元/m^2）；采用固定单价结算；此后工程进度款由建设公司垫付，房地产公司折取均价2850元/m^2的住宅楼给建设公司，双方于协议签订后7日内办理网签，折抵后不足部分以现金方式付清；房地产公司妥善解决"钉子户"问题，保证不影响施工。协议签订后，房地产公司分数次共支付了1100万元补偿款。双方因以房折抵建设公司垫付的工程款一事发生纠纷。为此，双方签订《补充协议书二》，载明：房地产公司在市建设局和房管局的监督下销售抵顶给建设公司的房屋，未经建设公司书面认可不得办理产权手续；房地产公司补偿建设公司2000万元；如房地产公司违约给建设公司施工造成损失，按每日50 000元计算误工费。

由于房地产公司未支付2000万元补偿款，双方发生纠纷，建设公司再次停工。后当地有关部门介入，在其协调之下，双方形成《会议纪要》：以市住建局房产部门测算为准，住宅面积为76 864.24平方米，商业建筑面积总计18 603.7平方米，如有异议，可以现场测算为准；原协议约定以楼房344套抵顶工程款，其中111套已被房地产公司出售，共计3200万元，剩余233套楼房在核查账目时一次性过户给建设公司；不再扣押质保金。房地产公司梅总在会议上表示不同意扣押质保金。2013年2月1日，双方签订《补充协议》，由双方预算人员及工程师核算工程量及完成产值，房地产公司垫付400万元先行解决农民工工资。房地产公司履行了协议，2013年3月，建设公司恢复施工。同年4月，居民强行拉闸导致施工停止。同年7月26日，房地产公司以建设公司违约为由，向其发出《解除建设工程施工合同通知》，7月28日，建设公司在《关于房地产公司解除建设工程施工合同通知的回复》中表示不同意解除合同。

建设公司已完成工程主体的施工，收到房地产公司的补偿款1100万元、奖励款30万元及工程款96 790 904.48元。

建设公司以房地产公司违约导致施工停止且拒绝履行协议为由，提起诉讼，请求判令：房地产公司以11 729.43平方米查封房产抵顶工程款33 429 174.5元，退还保证金30万元，返还私自售房款5 656 806元及利息，支付停工补偿费2000万元、5000万元借款利息1119.02万元、使用电梯和架子管等费用277 834.79元，赔偿财物损失43 873元、停工损失及误工费共3035万元、解除合同实际损失3 351 540.70元。

房地产公司辩称：其他公司已经完成施工，已无可能继续履行合同；建设公司未完成工程，不符合用住宅抵扣工程款的前提条件；本方已向建设公司支付96 243 875元工程款，其无权要求工程款；财物损失并非本公司造成的，本公司无须赔偿损失；建设公司迟迟无法交工系其自身资金不到位等原因造成，与本公司无关；建设公司未向本公司开具建筑业专用发票，导致本方无法抵销税费。

一审判决后，房地产公司不服，提起上诉称：一审法院委托河北××工程造价咨询有限责任公司出具的字（2015）001号《工程造价鉴定意见书》未将返工、返修工程量扣除，结果远超过实际造价；应当按照《工程造价鉴定意见书》扣减质量不合格的部分，计算实际的已完成工程造价；本公司迫于压力签订《补充协议》，不应据此采纳固定价结算工程；《会议纪要》缺少双方签名，并非双方核对的结果。以固定价结算工程款比合同约定的1.25亿元多出4000多万元系计算错误；无证据证明本公司造成财物损失，本案工程未经验收合格，无须退换保证金。双方签订的《建设工程施工合同》约定了计价的标准和方法，应当按照合同约定计算造价。

建设公司辩称：河北××工程造价咨询有限责任公司是由双方当事人摇

号选取的，鉴定人员遵循法定流程，鉴定过程合法，结论有效，不存在法律规定应重新鉴定的情形；《补充协议》系双方真实意思表示，《会议纪要》及2013年的《补充协议》均能确定以固定单价作为结算方式；对未完成工程采用按比例折算的方式是实践中的普遍做法；《会议纪要》系由遵化市住建局的局长主持，真实有效；根据双方2011年签订的《补充协议》，房地产公司应当按照5万元/天支付停工损失；房地产公司作出的返还保证金约定合法有效；房地产公司不应再扣押质保金的约定合法有效。本案工程是尚未全部完工的工程，应当通过鉴定确定工程款。

判决主文

一审法院判决：解除涉案建设工程施工合同及补充协议；被告房地产公司向原告建设公司支付工程款 33 773 215.93 元；赔偿原告建设公司停工损失 2450 万元、财物损失 2000 万元、退还保证金 30 万元。

二审法院判决：驳回上诉，维持原判。

裁判要旨

当事人之间在中标对合同进行备案后，基于合同履行过程出现的问题而对内容进行多次变更，应当视为合同变更而非"黑白合同"。当事人之间签订的多个协议都出自双方当事人的真实意思表示，且内容不违反法律法规的强制性规定的，均合法有效。

重点提示

"黑白合同"，又称阴阳合同，是指发包方与承包方就同一建设工程签订两份不同版本的合同，其中一份是中标合同，另一份是内容与中标合同不一致的合同，前者称为"白合同"，后者称为"黑合同"。但在实践中也时常存在对建设工程施工合同的正常变更，如何对二者进行区分，在司法实践中应当注意以下两点：（1）"黑白合同"与合同变更的区别。从产生原因上看，"黑白合同"是为了规避市场监管而产生的，而合同变更则是基于正常履行过程中因客观条件变化而引起的合同内容变动。从产生阶段看，"黑白合同"主要产生于招标投标过程中，而合同变更则产生于实际履行过程中。从适用法律上看，"黑白合同"主要受到民法以及行政法规的调整，合同变更则主要适用民法的调整。

（2）"黑白合同"与合同变更的认定。如何认定一份合同为"黑白合同"或合同变更，系审理案件的问题之一，结合司法实践，可以从以下几点进行考量：其一，涉及的建设工程须为招标投标工程。其二，建设工程经过招标投标流程，并以中标合同备案。其三，针对同一项目工程，实际履行的合同与备案合同实质内容不一致，具体有以下两方面表现：①工程质量不一致，即实际履行的合同所要求的工程质量低于备案合同；②合同内容变化差距过大，一般而言，招投标时，因已经过专业评标、发布招标公告、投标人编制投标文件等程序，一般工程范围、工程量大致已定，即使有细微改变，工程价款的变化也不会有过大差距，实践中一般以合同履行中工程项目、工程量、工程的质量要求、工程的安全生产要求、工程价款或计价方式、工程款支付方式、工期、违约责任和解决争议方式等方面的变化是否超过备案合同的 1/5 为认定是否差距过大的标准。其四，实际履行合同一般涉及垫资、让利、加重违约责任、指定分包等内容。

4. 建设工程"会议纪要"的性质认定

【案例】××××（北京）石油化工有限公司诉史×伟、龙×珠侵权责任纠纷案

案例来源

发布单位：最高人民法院中国应用法学研究所《人民法院案例选》2017 年第 1 辑（总第 107 辑）

审判法院：北京市大兴区人民法院

判决日期：2015 年 10 月 14 日

案　　号：（2015）大民初字第 10925 号

基本案情

××××（北京）石油化工有限公司（以下简称石油化工公司）与北京××消防工程有限责任公司（以下简称消防工程公司）签订项目工程施工合同，合同约定由消防工程公司负责石油化工公司××期围堰项目的工程施工，后双方又签订《补充协议》，约定增加一期防油渗地面项目，两份协议合计固定总价为 432.9544 万元。全部工程均已于当年竣工验收合格。2014 年 5 月，

石油化工公司召开了"关于一、三期围堰工程竣工款结算事宜会议",并与消防工程公司相关人员史×伟、龙×珠形成了会议纪要,史×伟在该会议纪要上签字。该会议纪要载明:石油化工公司与消防工程公司工程最终结算额为408万元;基于本次达成的共识,双方应在2周内签订补充协议。但之后消防工程公司认为前述与会人员不能代表其意思表示,不认可此份会议纪要内容并向仲裁委申请仲裁,要求石油化工公司按照合同固定总价支付工程款。仲裁委支持了消防工程公司的主张,认为石油化工公司未提供签字人员的相关授权文件,会议纪要也未得到消防工程公司的追认,该会议纪要对消防工程公司不发生法律效力,裁决石油化工公司向消防工程公司支付固定总价下的剩余未支付工程款、逾期支付违约金、仲裁费等。

石油化工公司以史×伟与龙×珠互相串通,实施无权代理行为,对其造成了巨大的损失,该双方的共同侵权行为损害了石油化工公司的权益为由,提起诉讼,请求判令该双方赔偿前述费用及因此而产生的其他费用。

史×伟与龙×珠辩称:会议纪要本身不产生任何法律效力,会议仅是开会商讨并不存在任何无权代理的情形。此外,石油化工公司主张侵权责任不符合侵权责任法承担侵权责任的构成要件。石油化工公司主张的损失系其自身违约行为所致,与他人无关,故请求驳回石油化工公司的诉请。

判决主文

法院判决:驳回原告石油化工公司的诉讼请求。

裁判要旨

在建设工程中,会议纪要要想构成合同,就应当同时满足双方意思表示一致、双方意思表示具体确定以及有受约束的意思表示这三方面条件,其中任意一项不符的,均不应认定会议纪要构成合同。在认定会议纪要构成合同后,也可对发包方工作人员在会议纪要上签字的行为是否构成无权代理进行判断。

重点提示

在建设工程中,合同的签订与履行是十分重要的,其中发包人与承包人或其他有关人员组织开展的会议并记录行程的会议纪要是否属于合同范畴,在理论和实务界均存在一定争议。司法实践中,认定建设工程会议纪要的性质及效力等问题时，应当注意以下三点：(1) 建设工程中，会议纪要的效力及性质认定。会议纪要是发包人与承包人双方等就一些特定问题，如工程量、工程价款变更，工程价款及其他费用的支付，建设工程施工进度管理，最终损失承担等组织开展会议并记录后形成的重要书面文件。合同形式多样，一些合同虽未在表面称为合同或协议等，但因其满足合同构成要件同样也会拥有合同的法律约束力。会议纪要要想构成合同就要满足以下合同的构成要件：一是主体适格，即签订合同的当事人双方具备权利能力和行为能力；二是意思表示真实一致，即双方对合同的主要条款达成一致意思表示，且不存在胁迫、欺诈等情形；三是具备要约和承诺，即一方向对方发出要与对方订立合同的意思表示，另一方发出同意该要约的意思表示。因此，建设工程会议纪要应当同时满足以下三个条件才能构成合同：①该会议纪要系发包人与承包人双方共同的意思表示，即意思表示一致且并不违反法律、行政法规中的禁止性规定；②发包人与承包人双方共同的意思表示明确且具体确定；③发包人与承包人双方针对会议中协商的具体事宜并不缺乏受约束的意思表示。会议纪要中包含发包人与承包人权利义务关系的内容，在经过上述双方签字认可后，就会对发包人与承包人双方产生约束力，该会议纪要可以看作对建设工程施工合同有关内容作出的补充或变更协议。(2) 建设工程会议纪要仅有参会人签字但缺少公司盖章的并非一定无效。会议纪要由公司相关工作人员参会签署，但并未加盖公司公章的，因上述公司相关工作人员在会议纪要中签字的行为属于代表其公司从事相关经营活动的行为，且我国现有法律并未明确规定民事行为须当事人在签字的同时加盖印章方能发生法律效力，故上述行为状态下会议纪要仍有效，即建设工程会议纪要仅有参会人签字，公司并未盖章的，并非当然无效。参会人基于职务或合同的履行等因素从事的民事行为，一般都能够认定为其代表参会公司，其签字也属于职务行为，会议纪要应认定为有效。(3) 发包方工作人员在会议纪要上签字的行为是否构成无权代理的判断。根据我国《民法典》关于无权代理人责任承担的规定可知，因无权代理而订立合同的无权代理人承担民事责任，应具备以下条件：①无权代理人欠缺代理权，欠缺代理权，是指代理人未经被代理人授权，或超越代理权限，或在代理权消灭后而行使的代理行为；②无权代理人以被代理人名义与相对人订立合同，且合同已成立；③被代理人拒绝追认无权代理人订立合同的行为，无权代理行为是一种效力待定的行为，若被代理人对该行为予以追认，则该代理即构成有权代理，产生有权代理的法律效果，反之,代理人的无权代理行为不具有法律效力;④相对人为善意,即相对人对行为人实施无权代理行为需不知情,若相对人知道或应当知道行为人系无权代理,则相对人自身也应承担责任。综上,根据上述关于建设工程会议纪要能够视为合法有效的合同的规定,会议纪要想构成合同就应当同时满足上述三个条件并结合合同成立的一般要件进行具体认定。当会议纪要缺少双方达成合意的条款等合同成立的要件时,不构成合同,而以合同成立作为前提的无权代理也就不能构成。

5. 审计部门对建设资金的审计在建设工程施工合同纠纷中的效力

【案例】河北××集团有限公司诉呼和浩特××公路建设开发有限责任公司建设工程施工合同纠纷案

案例来源

发布单位:最高人民法院民事审判第一庭《民事审判指导与参考》2012年第4集(总第52集)

审判法院:最高人民法院

基本案情

河北××集团有限公司(以下简称集团公司)经过招投标中标呼和浩特市××路工程第19标段路面标,分别对应四个路基标段:17、18标段和21、22标段。后呼和浩特××公路建设开发有限责任公司(以下简称公路公司)与集团公司签订了一份《建设工程施工合同》,约定合同价款为67 874 420元,施工范围为绕城公路19标段。在施工过程中,因公路公司存在工程款未能按期支付、工程设计发生变更、路基标段不能按期交接、公路公司提供的材料不能满足集团公司施工要求等原因,致使集团公司各项工作未能按计划完成,对集团公司施工工期产生了影响,路面工程工期顺延。

公路公司作出《关于调整绕城路路面工程施工段落的通知》,决定将3标段剩余路面工程交由集团公司施工。嗣后,公路公司作出《关于路面标三标有关问题的通知》,决定将3标段的部分路面工程交由集团公司施工。尔后公路公司作出《会议纪要》,决定将20标段520米范围的基层面交由集团公司施工。

集团公司向公路公司递交集团公司《关于十九标申请工程竣工交验的报告》，集团公司施工工程除扎达盖大桥外，其他工程按照公路公司工期要求全部完工，且经初步验收工程质量合格。此后，集团公司出具《关于十九标申请工程竣工复验并交验报告》，说明扎达盖大桥已于2006年7月完成，集团公司施工的工程全部完成并实际交付使用，该报告上具有公路公司及监理单位的印章，并标注同意验收。在该竣工交验复验报告递交公路公司后，至今公路公司未给集团公司发送过有关质量问题的维修通知。

集团公司以公路公司长期拖欠巨额工程款，已构成恶意拖欠，根据法律规定和施工合同约定，公路公司已构成违约，应当承担逾期款的违约责任为由，提起诉讼，请求人民法院依法判令：公路公司支付集团公司工程款33 879 967.55元，并支付逾期付款违约金；公路公司返还集团公司履约保证金250万元，并支付逾期返还违约金。庭审中，集团公司明确诉讼请求：判令公路公司支付工程款36 379 967.55元及利息。

公路公司辩称：根据贷款方的政策以及国家重点项目需经审计部门进行审计的要求，呼和浩特市审计局对二环路工程进行了专项审计，故集团公司在二环路施工的工程总额应以审计部门的审计数字为准，即总工程款为79 384 873元。因该工程正处于审计阶段，根据审计部门的意见，在审计期间工程款暂停支付，由于其是被审部门，必须执行审计部门的意见。综上，鉴于合同中未约定质保期，不再主张扣留质保金，但尚欠工程款应按照审计初审值进行核减。公路公司尚欠集团公司的工程款为10 521 553元，利息应按照中国人民银行同期存款利率计算。

一审判决后，公路公司不服，提起上诉称：首先，涉案建设工程应当以审计结果作为支付工程款的依据。该工程属于国有投资项目，按照相关法律和政府财政支付的规定和要求，确需先行经过审计部门审计并将其作为支付依据，一审法院判令公路公司支付工程款缺乏法律和事实依据。其次，公路公司对工程量的确认不等同于认可工程价款，本公司应呼和浩特市审计局对报审材料的要求出具了《工程量汇总表》，只是为了配合呼和浩特市审计局审计之用，并不是对工程量的确认，一审判决将《工程量总表》直接作为认定工程量的依据属于认定事实不清，证据不足。故请求二审法院撤销原判，发回重审或依法改判。

集团公司辩称：以审计结果作为工程款的支付依据没有合同上的依据，审计部门是国家对建设单位的一种行政监督，对承建单位并无约束力，也不影响双方签订的合同效力。此前双方共同确认了工程量为 10 524.3288 万元，该价款对双方有拘束力。故一审判决认定事实清楚，证据确实、充分，应驳回公路公司的上诉请求。

判决主文

一审法院判决：被告公路公司给付原告集团公司尚欠工程款 36 379 967.55 元及利息。

二审法院判决：驳回上诉，维持原判。

裁判要旨

审计部门对建设资金的审计是国家对建设单位基本建设资金的监督管理，并不会对建设单位与承建单位的合同效力及履行构成影响。若双方当事人在合同中明确约定将审计结果作为计算工程款的依据，或建设单位提交的相关材料不全面以至于无法出具客观真实的审计报告的，此种情况下，才能依据审计结论计算工程价款。

重点提示

审计是国家对建设单位的一种行政监督，由审计机关对政府投资和以政府投资为主的建设项目的预算执行情况和决算进行审计监督。司法实践中，认定审计部门对建设资金的审计是否影响合同的效力及履行的问题时，应当注意以下两点：（1）审计部门对建设资金的审计不影响建设单位与承建单位的合同效力及履行。建设工程中，应按照发包人与承包人双方在合同中约定的结算方式进行。双方就工程款总价以及支付方式达成合意，系双方真实意思的表示，且没有违反法律的禁止性规定，对双方均具有约束力，即建设工程施工合同合法有效，发包人与承包人双方均应依约履行。最高人民法院曾对建设工程承包合同案件中双方当事人已确认的工程决算价款与审计部门审计的工程决算价款不一致时的法律适用问题作出过批复，即审计作为行政监督，不影响建设单位与承建单位的合同效力。只有在合同明确约定以审计结论作为结算依据或者合同约定不明确、合同约定无效的情况下，才能将审计结论作为判决的依据。由此可知，审计部门对建设资金的审计是国家对建设单位建设项目的预算执行情况和决算的监督管理，系行政管理关系。而建设单位与施工单位的合同效力及履行则属于双方平等主体间的民事关系,故该审计并不会影响建设单位与承建单位的合同效力及履行。双方当事人未在建设工程合同中明确应当依据审计结果计算工程价款或建设单位提交的相关材料存在瑕疵无法出具客观真实的审计报告的,就不能将审计结论作为工程价款结算的依据。(2)建设工程施工合同中约定依据审计结果作为工程价款计算依据,但审计部门未能作出审计结果的认定。实务中,也会有审计部门长期未出具审计结论或审计结论明显不当,导致承包人没有主张工程价款的依据或存在不公的现象出现,从而一方承包人会申请工程造价司法鉴定。此时,就会出现工程价款的结算依据应该适用鉴定意见还是审计结论的问题。由前述分析可知,在建设工程合同中,发包人与承包人基于双方真实意思表示明确约定以审计结果作为工程价款计算依据的,人民法院应当予以支持,审计部门应当行使其审计监督权对建设工程提出审计意见并出具审计结果。若审计部门未能出具审计结果的,人民法院应当对审计部门未能出具审计结果的原因进行审查,并得出审查结论:①若发现系承包人原因导致审计部门未能及时进行审计的,如承包人未按约向审计部门送达审计所需的资料等。此时,一方承包人请求司法鉴定并以鉴定意见确定工程价款的,人民法院应当不予支持。②若发现系发包人原因导致审计部门未能及时进行审计的,如发包人在收到资料后未能向审计部门及时提交或有瑕疵的提交等,可看作为因发包人的原因阻止了条件的成就。此时,一方承包人请求司法鉴定并以鉴定意见确定工程价款的,人民法院应当予以支持。③若发现系审计部门原因导致其未能及时进行审计的,人民法院可以向审计部门进行催告并要求其在合理期间内出具审计结论。审计部门无合理理由又未能在合理期间内出具审计结论的,此时,一方承包人请求司法鉴定并以鉴定意见确定工程价款的,人民法院应当予以支持。

二、合同无效后的处理

建设工程合同无效时管理费的处理

【案例】四川××建筑工程有限公司诉重庆××建设有限公司、毕节××能源有限责任公司建设工程施工合同纠纷案

案例来源

发布单位:最高人民法院《人民司法·案例》2018年第5期(总第808期)

审判法院：最高人民法院
判决日期：2017年11月15日
案　　号：（2017）最高法民申4383号

基本案情

2010年3月16日，××招标集团有限公司受贵州××矿业公司委托，对××煤矿矿建工程项目进行公开招标。重庆××建设有限公司（以下简称建设公司）进行了投标并中标。贵州××矿业公司于2010年4月21日成立毕节××能源有限责任公司（以下简称能源公司），并与建设公司就中标工程签订建设工程施工合同及C标段补充协议。后建设公司又将部分工程分包给无建筑施工企业资质的四川××建筑工程有限公司（以下简称工程公司），双方于2010年8月23日签订项目合作补充协议。合同约定：案涉工程洞外一切临时设施、炸药库等由建设公司负责提供，施工人员基本保险费用由建设公司负责支付；建设公司按工程造价的15%向工程公司收取管理费。

2012年6月，因案涉项目部资金缺位、管理混乱等原因，能源公司要求建设公司本部接收此工程，责令分包、转包等单位退出。建设公司遂与工程公司签订退场协议，就停工损失补偿及工程价款支付等问题进行了约定。工程公司按约退场，建设公司接收了工程项目，并按退场协议支付了部分款项，工程公司未按协议约定向建设公司支付管理费。

工程公司以建设公司未按照合同约定支付工程款为由，提起诉讼，请求判令建设公司支付剩余工程款、停工损失等费用，并由能源公司在欠付工程款范围内承担连带清偿责任。

建设公司辩称：认可尚欠工程公司部分工程款，但建设公司按协议约定提供了炸药库、购买了保险，项目部经理、副经理、技术负责人等均是建设公司派遣担任，上述人员的工资费用亦由建设公司承担，因此应参照协议约定在应付工程款中扣除管理费。

能源公司辩称：能源公司不拖欠建设公司应付款，不应对其所负债务承担连带清偿责任。

一审法院判决后，工程公司、建设公司均不服，分别提起上诉。

建设公司上诉称：本公司将案涉项目分包给案外公司进行施工，杨×水系该公司派驻的项目经理，与工程公司系合伙关系，与本公司无关；案涉工程尚未竣工验收合格,不具备工程款支付条件;案涉项目为国有投资项目,工程款须经政府审计后确定,一审法院将工程进度表作为结算依据属事实认定错误;一审法院认定由于案涉工程合同无效因此质保金的约定也无效,本案不应扣除质保金存在错误,按照最高人民法院公布的指导案例,即使合同无效也应当按照合同约定扣除质保金;一审法院不支持本公司收取管理费的请求缺乏事实和法律依据,工程公司应当依照与本公司的约定向本公司缴纳15%的管理费;一审法院对案涉工程产生的客观费用不予认定,但却以能源公司提供的证据作为认定工程公司完成的工程量的依据,显失公平,二审法院应予纠正;工程公司并未举示证据证明其在施工期间存在停工损失,一审法院不应支持其针对停工损失的诉求;一审法院对已付款金额认定错误;本公司与其分包工程的案外公司签订过《劳务分包合同》,该公司派驻杨×水担任案涉项目的项目经理,其作为本案的必要共同诉讼人,一审法院并未通知杨×水参加庭审,故一审存在程序性错误,应将本案发回重审或驳回工程公司的上诉请求。

工程公司辩称:依据合同的相对性原则,本案合同只涉及本公司与建设公司双方,并不包括案外人或第三人,本公司与建设公司分包的案外公司之间不存在合同关系,且现有证据可以证明案外公司并未参加案涉工程的施工,本公司作为实际施工人有权要求建设公司和能源公司支付欠付的工程款;建设公司提交的《劳务分包合同》不具有真实性,案外公司并非本案的必要共同诉讼人;电费应按照实际发生金额计算,租赁费本公司应和案涉项目部进行结算,不与能源公司直接发生租赁关系,本公司对于罚款是否实际发生并未签字认可,但本公司也已补签上述费用;建设公司在一审中承认本公司的实际施工人的身份,也承认向本公司支付了1000万元工程款,现要求二审法院驳回本公司的上诉请求没有事实及法律依据。故请求依法驳回建设公司的上诉请求,并支持本公司的上诉请求。

杨×水辩称:案涉工程每个月产生大量的费用不可能不收取管理费,故15%的管理费应予扣除,应予支付;对于具有事实依据的电费、租赁费以及罚款,工程公司应当分担;案涉保证金是300万元,50万元款项财务上记载的是借款,但应该是出资款。450万元居间费不应该扣除一半,没有任何依据。

工程公司上诉称:一审法院认定建设公司尚欠本公司工程款1000余万元,而本公司在一审中的诉讼请求仅为480余万元,一审法院在审理工程中忽视了本公司增加的诉讼请求,本公司要求建设公司退还管理费,实为要求建设公司支付工程款；一审法院以能源公司与建设公司均认可能源公司已支付案涉工程进度款为由驳回了本公司要求能源公司在欠付工程款范围内承担责任的诉讼请求，但实际上能源公司尚欠本公司质保金1021万余元，质保金是工程价款的组成部分，能源公司应当在欠付质保金的范围内向本公司承担责任。

建设公司辩称：工程公司的上诉请求不能成立，案涉工程是由建设公司在实际管理，相关费用也是建设公司实际支付，该管理费应归还本公司案涉项目部所有，本公司不认可一审法院的认定。

杨×水辩称：管理费应予扣除，不应付给工程公司。

二审判决后，工程公司不服，向最高人民法院申请再审称：案涉合同补充协议无效，其中与管理费相关的条款自然无效，建设公司无权依据协议扣除15%的工程款作为管理费，因无效合同取得的财产应当予以返还，故建设公司应当退还管理费；案涉合同补充协议无效，质保金条款同样无效，案涉工程中本公司的施工部分已实际投入使用至今，该部分工程的质保金应于质保期结束后返还；依据建设公司与本公司之间的记账凭证，以及案涉工程的交易习惯可知，建设公司一直按项目部产生的电费的1/3对本公司应当承担的电费进行扣除，二审认定本公司应当承担电费、租赁费、罚款的一半，与事实不符；能源公司应在未付工程款范围内承担连带支付责任。

判决主文

一审法院判决：被告建设公司支付原告工程公司尚欠工程款相关费用4 805 179.15元及利息；被告建设公司退还原告工程公司尚欠工程款保证金200万元及利息；被告建设公司支付原告工程公司停工损失59.8万元；被告建设公司支付原告工程公司退场补偿费用225万元；驳回原告工程公司的其他诉讼请求。

二审法院判决：维持一审判决第二项、第三项、第四项；撤销一审判决第五项；变更一审判决第一项为"上诉人建设公司给付上诉人工程公司工程款等费用3 827 019.43元及利息"；驳回上诉人工程公司的其他诉讼请求。

再审法院裁定：驳回申请人工程公司的再审申请。

裁判要旨

建设工程施工合同被确认无效后，已履行的合同内容无法直接返还，应折价补偿。建设工程经竣工验收合格，实际施工人可参照合同约定主张工程款；发包人实际参与了管理，亦可参照合同约定主张管理费。

重点提示

项目建设管理费是在建设工程施工过程中存在的一项基本费用，其主要是指承担工程项目建设任务的单位自工程筹建至竣工验收及后评估全过程所需的管理费用。在司法实践中，对于因承包人不具有相关资质而导致转包合同无效后管理费应当如何收取的问题时常成为争议的焦点，在解决相关问题的过程中应当注意以下两点：（1）基于无效合同收取的管理费的效力。人民法院在审判过程中判断基于无效合同收取的管理费是否有效，就应当先对管理费是否构成非法所得进行审查。非法所得，就是指通过非法或不正当的行为与方法，在损害他人利益的情况下取得的利益。承包方不具有资质虽然会导致转包合同无效，但并不意味着当事人依据无效合同所取得的利益均为非法所得。主流观点认为，法官应当根据双方当事人提供的证据来审查认定"管理费"是否属于工程价款的组成部分，或者转包方、违法分包方或被挂靠人是否真实参与施工组织管理协调，若其确实已按合同约定进行实际管理，则在建设工程施工合同无效后，转包方、违法分包方或被挂靠人主张合同内约定的管理费的，法院应当予以支持；反之，转包方、违法分包方或被挂靠人纯粹通过转包、违法分包或出借资质牟利，未实际参与施工组织管理协调，合同无效后主张"管理费"的，则应不予支持。（2）根据管理成果收取管理费的性质。《民法典》第157条规定："民事法律行为无效、被撤销或者确定不发生效力后，行为人因该行为取得的财产，应当予以返还；不能返还或者没有必要返还的，应当折价补偿。有过错的一方应当赔偿对方由此所受到的损失；各方都有过错的，应当各自承担相应的责任。法律另有规定的，依照其规定。"就建设工程施工合同而言，一旦开始履行，当事人所投入的财产与资源就会转化为建设项目本身，即使随后合同无效，已履行的合同内容也无法直接返还，若强制返还，也会造成极为严重的资源浪费，因此只能折价返还。发包人对于建设项目负有管理义务，在建设工程施工合同的履行过程中，若发包人实际履行了管理义务，其自然可以按照合同约定向施工人主张管理费或在工程款中予以扣除，此时根据管理成果支付的管理费是一种对发包人的折价补偿。

三、合同无效的结算

1. 无法确认实际履行的"阴阳合同"的工程价款结算

【案例】 江苏省××建筑安装集团股份有限公司诉唐山市××房地产开发有限公司建设工程施工合同纠纷案

案例来源

发布单位：《最高人民法院公报》2018 年第 6 期（总第 260 期）
审判法院：最高人民法院
判决日期：2017 年 12 月 21 日
案　　号：（2017）最高法民终 175 号

基本案情

唐山市××房地产开发有限公司（以下简称房地产公司）与江苏省××建筑安装集团股份有限公司（以下简称建筑公司）签订《金色和园基坑支护合同》，房地产公司为发包方，建筑公司为承包方，合同未载明签约时间。2009 年 9 月 28 日，建筑公司、房地产公司、设计单位及监理单位对案涉工程结构和电气施工图纸进行了审查，建筑公司进行了案涉工程部分楼栋的定位测量、基础放线、基础垫层等施工内容。同年 12 月 1 日，经招投标，房地产公司确定建筑公司为中标人，房地产公司的招标文件载明合同价款采用固定总价方式。当月 8 日，双方签订《备案合同》约定由建筑公司承包涉案工程，承包范围为施工图纸标识的全部土建、水暖、电气、电梯、消防、通风等工程的施工安装；合同价款为 131 839 227.62 元。在合同专用条款部分原载明"合同价款采用可调价格合同，合同价款调整方法为按施工图纸结算，材料价格调整、设计变更洽商现场签证按实调整，执行 2008 年河北省建筑安装工程预算定额及双方协议或约定"，后双方将该约定改为"合同价款采用固定总价方式确定""除设计变更现场签证之外，均包括在合同总价之内""风险范围以外合同价款调整方法为由发包人、承包人及监理单位三方签证按总价下浮 3% 进行调整"，在上述修改处均加盖有双方公章；并约定，"承包人采购的材料、设备均应符合国标及设计要求，主要材料及新型材料由发包人认质认价"。同月 28

日，双方签订《补充协议》约定："对涉案工程施工合同的有关补充条款进行的明确，作为主合同附件，与主合同具有同等法律效力。"同时约定了结算方式、价格调整、工程款支付、违约责任等内容。

2009年12月30日，双方将《备案合同》在唐山市建设局进行了备案。2011年7月20日，建筑公司联系并请求房地产公司及监理单位确认因房地产公司原因导致工程窝工81日，应给予顺延工期81日及合理补偿。监理单位卢××予以签认。2011年11月30日，建筑公司所承建的工程全部竣工验收合格。2012年8月底，建筑公司向房地产公司上报了完整的结算报告，房地产公司已签收。

另查明，房地产公司已向建筑公司付清工程款124 939 155元；基坑支护部分工程款数额为700 963.84元，已全部付清，但因基坑支护工程为单独合同，并不在本案造价审计范围内，因此该700 963.84元亦不计入本案已付款中。

建筑公司以房地产公司拖欠工程款43 152 301元并应当赔偿停工、窝工损失为由，提起诉讼，请求判令房地产公司支付其拖欠工程款以及停工、窝工损失375万元。

房地产公司提出反诉称：建筑公司应赔偿超拨工程款的利息128.2万元；交付工程竣工备案资料；赔偿因逾期交付竣工验收资料造成本公司融资等损失1206.12万元。

审理过程中，建筑公司申请工程造价审计，经法院依法选定的河北×××工程造价咨询有限责任公司审计，审计结果为按备案合同，鉴定工程总造价为117 323 856.47元；按补充协议，鉴定工程总造价为150 465 810.58元。

一审判决后，建筑公司不服，提起上诉称：判决房地产公司支付该工程款数额和利息认定错误，案涉《备案合同》因违反法律的禁止性规定而无效，双方实际履行的是《补充协议》，是双方的真实意思表示，并且按照比例承担损失的认定不当；2011年11月20日案涉工程竣工验收合格并交付使用，根据规定，工程应在60日内完成结算规定，房地产公司最迟应于竣工日期之后60日（2012年1月30日）开始支付利息；房地产公司并未对窝工损失的证据予以反驳，法院一审未进行鉴定，故应当对此事实予以确认。据此，请求撤销一审法院判决，改判房地产公司给付欠付工程款25 914 315.58，支付停工、窝工损失375万元，并在支付全部欠款之日起15日内交付全部施工资料。

房地产公司辩称：《备案合同》是主合同，《补充协议》是对《备案合同》

的细化，并未进行实质性变更，双方实际履行的是《备案合同》，故应以《备案合同》作为工程价款结算依据；对于窝工的事实，本公司未曾签字确认，故该事实的认定证据不足，故请求驳回建筑公司的诉讼请求。

判决主文

一审法院判决：被告（反诉原告）房地产公司给付原告（反诉被告）建筑公司欠付的工程款 10 297 320.69 元，并自 2013 年 10 月 9 日起按照中国人民银行同期同类贷款利率支付利息至付清之日止；被告（反诉原告）给付原告（反诉被告）建筑公司停工、窝工损失 70 万元；原告（反诉被告）建筑公司向被告（反诉原告）房地产公司交付全部施工资料；驳回原告（反诉被告）建筑公司其他诉讼请求；驳回被告（反诉原告）房地产公司其他反诉请求。

二审法院判决：维持一审判决第二、三、五项；撤销一审判决第四项；变更一审判决第一项为被上诉人房地产公司给付上诉人建筑公司欠付的工程款 10 297 320.69 元，并自 2012 年 1 月 30 日起按照中国人民银行同期同类贷款利率支付利息至付清之日止。

裁判要旨

在当事人存在多份施工合同均无效的情况下，一般应参照符合当事人真实意思表示并实际履行的合同作为工程结算依据；在无法确定实际履行合同时，可以根据两份争议合同之间的差价，结合工程质量、当事人过错、诚信原则等予以合理分配。

重点提示

在建设工程的实务中，常有当事人在按照法律规定必须进行招投标的项目领域，单独签订与中标合同的实质性内容存在差异的合同出现，即所谓的"阴阳合同"。在"阴阳合同"下，以哪一份合同作为工程价款的结算依据就成为司法实践中的争议焦点，人民法院在审理过程中应当注意以下两点：（1）"阴阳合同"下结算依据的确定。《最高人民法院关于审理建设工程施工合同纠纷案件适用法律问题的解释（一）》的第 2 条中对于建设工程中"阴阳合同"的适用问题作出了明确规定，该解释第 2 条第 1 款规定："招标人和中标人另行签订的建设工程施工合同约定的工程范围、建设工期、工程质量、工程价款等实质性内容，与中标合同不一致，一方当事人请求按照中标合同确定权利义务的，人民法院应予支持。"也就是说，经过备案的中标合同相较于当事人自行签订的合同具有更强的法律效力，应当优先予以适用。但分析是建立在多份合同均有效的前提条件下，若非全部有效则自然应当以有效合同作为工程价款结算的适用依据。（2）多份合同均无效情形下结算依据的确定。根据我国《招标投标法》第3条的有关规定可知，在法定的领域内的建设工程项目，必须经过招投标，否则应当认定合同无效。根据《最高人民法院关于审理建设工程施工合同纠纷案件适用法律问题的解释（一）》第24条的规定可知，在当事人就同一建设项目订立的多份合同均无效的情况下，人民法院应当依据当事人提交的证据以及案件的实际情况，判断当事人实际履行的是哪一份合同，并以实际履行的合同中有关工程价款的约定折价补偿承包人；但若实际履行的合同也难以确定，当事人请求参照最后签订的合同关于工程价款的约定折价补偿承包人的，人民法院应予支持。此外也可以根据两份合同之间的差价，结合工程质量、当事人过错情况以及诚信原则进行分配。

2. 转包无效但工程竣工验收合格时工程款的结算问题

【案例】××市××区城乡基础建设工程处诉××市××区建筑安装工程公司第十分公司、××市××区建筑安装工程公司建设工程施工合同纠纷案

案例来源

发布单位：中国裁判文书网

审判法院：最高人民法院

判决日期：2013年8月8日

案　　号：（2013）民提字第59号

基本案情

2003年10月，××市××区城市建设综合开发公司（以下简称开发公司）与××市××区建筑安装工程公司第十分公司（以下简称建安十分公司）签订《建设工程施工合同》，约定了工程项目的范围，工程的合同价款为5 101 236元，以及工程款的结算方式等。同年，建安十分公司与××市××区城乡基础建设工程处（以下简称工程处）签订了《工程施工协议书》，约定：

涉案工程由工程处负责具体施工，工程处享有并承担建安十分公司在《建设工程施工合同》项下的全部权利和责任；涉案工程所需招投标费用均由建安十分公司负担，其余施工企业承担的费用均由工程处负担；建安十分公司从工程总造价中扣除9%，剩余款项归工程处作为最终结算值。

嗣后，工程处与韩×师签订《工程施工协议》一份，约定由韩×师负责涉案工程的施工任务。上述三份协议签订之后，开发公司与山东××建筑设计有限公司（以下简称设计公司）共同出具了涉案工程的设计变更说明。涉案工程于2003年11月开工，并于2005年1月通过验收合格。建安十分公司于同年9月向工程处发送《结算通知书》，向工程处通知可以办理结算。次年，××正义有限责任会计师事务所受开发公司委托出具了《基建工程结算审核报告书》，审定工程造价为4 357 232.91元。

另查明，建安十分公司系××市××区建筑安装工程公司（以下简称建安公司）的下属分公司。

工程处以建安十分公司在涉案工程已竣工验收合格后尚欠工程款2 155 799.32元，该公司系非法人分支机构，故建安公司应承担相应责任为由，提起诉讼，请求判令建安公司、建安十分公司支付工程欠款2 155 799.32元及延期利息。后工程处变更诉讼请求为建安十分公司与建安公司支付工程欠款3 547 734.42元及延期利息。

建安十分公司辩称：本公司仅与"工程处三处"签订了《工程施工协议书》，工程处不具有本案原告的诉讼主体资格。本公司实际已经超额支付工程款947 473.6元，请求驳回工程处的诉讼请求。

一审判决后，工程处不服，提起上诉。

建安十分公司辩称：依据我国相关法律规定，建设工程施工合同虽无效，但建设工程经竣工验收合格的，工程价款仍参照合同约定结算。由于本公司与工程处及开发公司均约定涉案工程按照固定单价包死结算工程款，且涉案工程量并未发生重大变更，故工程款仍应参照本公司与开发公司签订的《建设工程施工合同》约定内容结算。因此，一审法院认定事实清楚，适用法律正确，请求驳回工程处的上诉请求。

建安公司辩称：本公司同意建安十分公司的答辩意见。

开发公司述称：本公司与工程处、建安十分公司、建安公司之间的法律纠纷无关，且一审判决正确。

二审判决后，建安十分公司不服，向检察机关提出抗诉申请。

检察机关依法提出抗诉。

二审判决后，工程处不服，申请再审。

建安十分公司辩称：徐×德等人系工程处的工作人员，徐×德等人签收工程款系履行职务行为，故本公司应当向工程处支付的工程款数额应扣除该笔款项。

建安公司辩称：本公司同意建安十分公司的答辩意见。

二审法院再审判决后，建安公司、工程处均不服，分别申请再审。

工程处辩称：本公司与建安十分公司签订的《工程施工协议书》无效，而且施工图纸发生设计变更，造成工程量增加，故工程款不应参照合同约定结算，而应当据实结算。二审法院再审判决认定事实清楚，适用法律正确，请求驳回建安公司的再审请求。

建安公司、建安十分公司辩称：徐×德代为签收工程款系履行职务行为，相关法院生效判决结果对此已经确认，故其收取的工程款应当视为工程处已经收取的工程款，该部分款项应当扣除。至于建安十分公司收取的9%固定收益系合同约定内容，该部分款项亦应扣除。综上，请求驳回工程处的再审请求。

判决主文

一审法院判决：被告建安十分公司向原告工程处支付工程欠款427 777.97元；被告建安十分公司赔偿原告工程处以274 833.16元为基数自2006年4月28日起，以152 944.81元为基数自2007年4月28日起，至判决生效之日止，按中国人民银行同期贷款利率计算的利息；被告建安公司对被告建安十分公司的上述债务承担连带清偿责任；驳回原告工程处的其他诉讼请求。

二审法院判决：维持一审判决第三、四项；变更一审判决第一项为被上诉人建安十分公司向上诉人工程处支付工程款1 485 180.03元；变更一审判决第二项为被上诉人建安十分公司赔偿上诉人工程处以1 300 513.14元为基数自2006年4月28日起，以184 666.89元为基数自2007年4月28日起，至判决履行之日止利息（按中国人民银行同期贷款利率计算）；驳回上诉人工程处其他上诉请求。

检察机关审查认定，二审法院适用法律错误。

最高人民法院裁定：指令二审法院再审本案，对申请人工程处的再审申请一并处理。

二审法院再审判决：撤销二审法院判决；维持一审法院判决第三、四项；变更一审判决第一项为申请人建安十分公司向申请人工程处支付工程欠款 2 173 960.12 元；变更一审判决第二项为申请人建安十分公司赔偿申请人工程处以 1 968 629.85 元为基数自 2006 年 4 月 28 日起，以 205 330.27 元为基数自 2007 年 4 月 28 日起，至判决履行之日止利息（按中国人民银行同期贷款利率计算）。

最高人民法院判决：撤销二审法院再审判决、二审法院判决；维持一审法院判决。

裁判要旨

发、承包方签订建设工程施工合同约定工程款计算方式后，承包人作为转包人将建设工程整体转包给施工单位，由实际施工人进行施工的，双方签订的转包合同因违反法律禁止性规定而无效。但建设工程已经施工完毕，经竣工验收合格的，施工单位有权要求承包人支付工程款。对于工程结算方式，除双方另行协商达成新的结算合意外，均应当参照建设工程施工合同所约定的结算方式计算。承包人不应获得比合同有效时更多的工程价款，并超出发包人签订合同时的预期。

重点提示

违法转包是指承包人在承包工程后，又将其承包的工程建设工程一部分或全部转让给第三人，转让人退出承包关系，受让人成为承包合同的另一方当事人的违法行为。违法转包行为会使建设工程在质量、安全、进度等方面都难以得到有效的保证，并造成一定安全隐患，扰乱市场秩序，故我国法律明确禁止非法转包行为。司法实践中，认定转包无效但工程竣工验收合格时施工单位可否按约结算工程款的问题时，应当注意以下三点：（1）违法转包的效力及法律后果。根据《民法典》第 791 条的有关规定可知，我国法律明确禁止承包人将其承包的全部工程或将工程肢解后转包给第三人，禁止将工程转让给无相关资质的单位，禁止分包后再次分包。承包人的上述行为会造成转包行为因违反法律强制性规定而无效，从而造成签订的转包合同无效，承包人作为转包人因非法转包建设工程从中所获取的非法利益也将会被有关机关予以没收。（2）合法分包的方式。《建筑法》第 29 条规定："建筑工程总承包单位可以将承包工程中的部分工程发包给具有相应资质条件的分包单位；但是，除总承包合同中约定的分包外，必须经建设单位认可。施工总承包的，建筑工程主体结构的施工必须由总承包单位自行完成。"由此可知，建设工程合法分包需具备以下四个条件：①需在发包人同意后进行分包；②分包只能一次，即分包单位不得再将工程再次分包；③需分包给具备相应资质条件的单位；④总承包人可以将承包工程中的部分工程发包给具有相应资质条件的分包单位，但不得将工程整体分包。故在司法实践中，承包人将建设工程项目分包给第三人时，应该在发包人同意后分包给具有资质条件的单位，未经发包人同意，禁止私下分包。（3）转包无效但竣工验收合格的可参照有效合同约定计算工程价款。由前述分析可知，承包单位不得将其承包的全部建设工程转包给他人，承包人违反法律规定转包、分包建设工程的行为无效，双方为此签订的转包合同也无效。此外，又根据《民法典》第 793 条第 1 款规定："建设工程施工合同无效，但是建设工程经验收合格的，可以参照合同关于工程价款的约定折价补偿承包人。"故建设工程施工合同被确认无效，但建设工程经竣工验收合格的，承包人可以要求参照合同约定支付工程款，承包人不应获得比合同有效时更多的工程价款，并超出发包方签订合同时的预期。

3. 存在串通投标行为的建设工程施工合同的价款结算

【案例】清 × 公司诉 × 红山公司建设工程施工合同纠纷案

案例来源

发布单位：最高人民法院民事审判第一庭《民事审判指导与参考》2011 年第 4 集（总第 48 集）

审判法院：最高人民法院

基本案情

× 红山公司（以下简称红山公司）与清 × 公司签订建设工程施工合同，约定由清 × 公司承包红山公司"红山 × 苑"一项目工程，合同总价款暂定 6000 万元。合同签订后，经招投标后清 × 公司中标，中标价 6000 万元。在中标通知发出前，"红山 × 苑"工程陆续开工。清 × 公司施工的"红山 × 苑"

一标段经发包人、施工人、设计人、监理人和规划单位五方验收合格,确认为合格工程。后红山公司向其业主发出办理入住通知。双方当事人在建设工程项目竣工资料移交证明上盖章确认,红山公司确认收到清×公司施工的全部单项工程的完整竣工资料。红山公司就"红山×苑"一标段工程已支付给清×公司工程款5000万元。

清×公司以双方在招标之前签订建设工程施工合同,属于串标行为,违反了招投标相关法律规定,合同应属无效,应按实结算工程价款为由,提起诉讼,请求红山公司支付欠付的工程款2200万元及利息。

红山公司辩称:建设工程施工合同的签订并不违反法律的效力性强制性规定,应为合法有效,故应当按照合同约定进行结算。即使合同无效,也应当参照合同约定的结算方式确定的工程价款并支付。

一审判决后,红山公司不服,以合同有效,即使无效也应当参照合同约定的结算方式确定的工程价款进行支付为由,提起上诉,请求撤销一审判决,依法改判。

判决主文

一审法院判决:被告红山公司应向原告清×公司支付2414万元工程折价补偿款。

二审法院判决:上诉人红山公司还应向被上诉人清×公司支付工程价款1165万元。

裁判要旨

发包人与承包人存在串通投标行为并导致双方签订的建设工程合同无效,但承包人已经按照合同约定完成项目工程并经竣工验收合格的,发包人应参照合同约定对工程进行结算并向承包人支付工程价款,且不应扣除承包人应获利润和相应的税款。

重点提示

串通投标是招投标过程中容易发生的违法行为,并对建设工程造成一定的法律后果。在司法实践中,对于建设工程施工合同签订过程中存在串通投标行为时,工程价款应当如何结算的问题,应当注意以下三点:(1)串通投标行为的认定。招投标制度是我国建设工程领域常见的工程承包发包形式。串标是指在招投标过程中存在的骗取中标的恶意投机行为，一般来说，建设工程中常见的串标行为包括以下两种：①招标人与内定中标人串通投标。招标人派出进行招标的代表大多是建设单位的负责人，其与工程价款的多少并无利益关系。因而当投标人在招投标过程中给予其相当可观的利益报酬情况下，就很容易产生招标人与投标人串通投标的行为。具体包括招标人向投标人透露投标相关重要信息；根据内定中标人特色设置门槛，排除其他投标人等造成不公平竞争的现象。②投标人之间串通投标。具体包括投标人之间联合起来，私下勾结，协商一致投标价格，抬高或者压低投标报价，影响其他正常投标人的投标报价，导致其他投标人不能中标；投标人之间轮流以高价中标，以获得高额利润，从而使招标人无法从投标人中选出能够胜任的最优人选，造成招标人的巨大损失等造成不公平竞争的现象。（2）串通投标行为的法律后果。在建设工程中，招标人与投标人互相串通进行违法招投标行为的，应当依据相关法律规定承担相应的法律责任。串通投标行为的法律责任主要涉及行政责任、民事责任、刑事责任三方面。首先，串通投标应当承担行政责任。我国《招标投标法》第53条规定："投标人相互串通投标或者与招标人串通投标的，投标人以向招标人或者评标委员会成员行贿的手段谋取中标的，中标无效，处中标项目金额千分之五以上千分之十以下的罚款，对单位直接负责的主管人员和其他直接责任人员处单位罚款数额百分之五以上百分之十以下的罚款；有违法所得的，并处没收违法所得；情节严重的，取消其一年至二年内参加依法必须进行招标的项目的投标资格并予以公告，直至由工商行政管理机关吊销营业执照；构成犯罪的，依法追究刑事责任。给他人造成损失的，依法承担赔偿责任。"由此可知，我国法律对于串通招标行为的行政处罚表现为对于参与串通行为的投标人，其中标无效，并应当对单位和相关主管人员进行罚款，取消其近两年的投标资格；对于参与串通行为的招标人，其存在排除其他投标人以及泄露招投标信息等不正当招标行为的应当及时改正并对其进行罚款。其次，串通投标应当承担民事责任。串通投标侵害其他投标人的合法权益以及国家、集体的利益并导致市场秩序混乱。我国法律对于串通招标行为的民事处罚表现为投标人的中标行为无效；其他投标人有权以其合法权益受损为由主张损害赔偿。最后，串通投标应当承担刑事责任。我国《刑法》第223条规定："投标人相互串通投标报价，损害招标人或者其他投标人利益，情节严重的，处三年以下有期徒刑或者拘役，并处或者单处罚金。投标人与招标人串通投标，损害国家、集体、公民的合法利益的，依照前款的规定处罚。"因此，我国《刑法》中对于串通投标行为作出了明确规制，即建设工程招投标的过程中，出现串标行为并构成犯罪的，可依据《刑法》中串通投标罪的相关规定进行处罚。（3）建设工程施工合同无效，但建设工程经竣工验收合格，承包人请求参照合同约定支付工程价款的，人民法院应当予以支持。《民法典》第793条第1款规定："建设工程施工合同无效，但是建设工程经验收合格的，可以参照合同关于工程价款的约定折价补偿承包人。"由此可知，在建筑工程施工合同无效的情况下，基于对承包人以及实际施工人的保护，在认定工程价款时可以参考无效的建设工程施工合同中关于工程价款的约定，即建筑工程施工合同无效，但建设工程经竣工验收合格的，双方应当按照承包人施工完毕的工程量并参照合同中工程价款的约定支付工程价款。

四、农村建房合同的效力

将农村房屋发包给具有施工技能的承包人，应否对雇员担责

【案例】江×军诉陈×明、邹×明提供劳务者受害责任纠纷案

案例来源

发布单位：最高人民检察院民事行政检察厅《人民检察院民事行政抗诉案例选》第18集

审判法院：浙江省衢州市人民法院

判决日期：2011年5月19日

案　　号：（2011）浙衢民再字第5号

基本案情

2008年1月，邹×明承包陈×明房屋的建造工程。嗣后，邹×明雇佣江×军、江×楚等人负责具体施工。同年5月，江×楚在施工过程中，不慎将水泥翻斗车推翻，进而将正在作业的江×军撞落地面。事故发生后，江×军被及时送往医院进行治疗。在此期间，邹×明共支付医疗费2万余元，

江×楚支付医疗费用 300 元。

江×军以邹×明没有建房资质，在安全、防护设施上未加落实，致使其损伤应承担赔偿责任，陈×明将房屋发包给未取得相应建房资质的邹×明施工，应与邹×明承担连带赔偿责任为由，提起诉讼，请求判令邹×明、陈×明支付已发生的医疗费用。

邹×明辩称：江×军提出的赔偿数额过高。请求法院依职权查明，依法判赔。

陈×明辩称：本人不清楚邹×明是否有资质，本人在经济上无偿还能力。

一审判决后，陈×明不服，提出上诉。

陈×明辩称：江×军的损伤应由雇主来承担，本人没有选任过失，也没有安全管理责任。

江×军辩称：本人的雇主是邹×明。本人系因施工现场没有安全措施而受到损害。陈×明将房屋交由无安全产生条件的邹×明建设，且搭建脚手架的毛竹不足。陈×明应承担连带赔偿责任。

二审判决后，陈×明不服，提出抗诉申请。

检察机关审查后，提起抗诉称：首先，《最高人民法院关于审理人身损害赔偿案件适用法律若干问题的解释》第 9 条规定："雇员在从事雇佣活动中因安全生产事故遭受人身损害，发包人、分包人知道或者应当知道接受发包或者分包业务的雇主没有相应资质或者安全生产条件的，应当与雇主承担连带赔偿责任。"根据该规定的内容可知，发包人在明知雇主无施工资质时，仍违反规定将特定工程发包给雇主，并因此发生雇员受损的结果时，发包人就应与雇主承担连带赔偿责任。上述要件均为法定要件，一项不满足发包人即无须承担连带责任。而在本案中，建设工程是陈×明的自有农村住房建设工程，承包该工程的邹×明属于村镇建筑工匠，根据《浙江省村镇规划建设管理条例》的规定，村镇建筑工匠具备相应的建筑施工技能，即可承建农村村民住房，因此，应当认定邹×明具备相应的建筑施工资质，陈×明将房屋建造工程发包给邹×明不存在过错，其无须承担连带赔偿责任。其次，我国法律尚无明确规定，在村镇建筑工匠承包的农民房屋建设工程中，应当建立何种安全生产条件，因此，陈×明在发包时，就不再具有确定承包人是否具备安全生产条件的审查义务；同时，法律亦没有规定发包人应当就未履行监督义务的行为承担连带责任，因此，陈×明不因其未尽到监督职责而承担连带赔偿责任。故应认定二审法院认定事实错误，判决缺乏法律依据。

判决主文

一审法院判决：被告邹×明、被告陈×明、被告江×楚连带赔偿原告江×军医疗费用64 854.68元。

二审法院判决：撤销一审判决；被上诉人邹×明赔偿被上诉人江×军医疗费64 854.68元，上诉人陈×明对该款项承担连带责任。

二审法院裁定：对本案进行再审。

二审法院再审判决：撤销一审、二审民事判决；被申诉人邹×明赔偿被申诉人江×军医疗费64 854.68元；驳回被申诉人江×军的其他诉讼请求。

裁判要旨

农村自建房屋的承包人大多为从事该工作多年的工匠，此类承包人未取得相应的施工资质，但具有施工技能，发包人将农村房屋的建设工作发包给此类承包人的，不应当认定其行为存在过失；在施工过程中，发包人对房屋建造工作负有相应的监督义务，但在其没有过失的情况下，不能要求其对承包人雇员的人身损害承担连带赔偿责任。

重点提示

随着农村经济以及农村建设的不断发展，农村自建房的数量也在不断增加，但由此而产生的纠纷也在不断增加。在司法实践中，对于发包人将农村房屋的建设工作发包给具有施工技能但未取得施工资质证书的承包人时，是否应对承包人雇员的人身损害承担赔偿责任的问题，应当注意以下两点：（1）农村建房发包人将工程发包给没有相应建筑资质承包人的不存在过失。要认定发包人是否应对承包人雇员的人身损害承担赔偿责任，就应当认定其将农村房屋发包给具有施工技能但未取得施工资质证书的承包人的行为是否存在过失。农村建房不同于城市房屋建设工程，其建设者大多是从事多年建设工程项目的工匠，此类承包人虽并未取得相应的建筑施工资质证书，但必然已具备相应的施工技能，相当于具有建设房屋的资格。发包人存在过失并应当承担责任的前提，是发包人明知承包人没有相应建筑资质或生产条件，因此发包人将农村房屋发包给从事多年建筑经验的农村建筑工匠，已经尽到相应的义务，不存在过失也无须承担赔偿责任。（2）发包人对承包人承建农村房屋具有一定安全监督义务，但无须对施工人的人身损害承担监督过失责任。建设农村房屋时，应当严格按照建设程序执行工程建设，落实建筑许可、工程发包与承包、工程监督、施工安全、工程质量、竣工验收等监督管理要求。农村房屋建设工程的施工安全应由承包人负责，即承包人应当对其雇佣的施工人的施工安全提供保障，对工程安全进行审查管理，确保安全措施已经到位。而对于发包人，其具有一定的监督义务，但不能要求其拥有专业监管单位的监督水平。若发包人已经履行了相应的监督义务，并对安全生产履行了相应的注意义务，那么就无权要求其承担监督过失责任并进行赔偿。

第四章　建设工程施工合同的履行

一、当事人的合同义务

1. 工程项目负责人以公司名义实施民事法律行为的性质认定及责任承担

【案例】西安××网架工程有限公司诉西安××实业有限公司建设工程施工合同纠纷案

案例来源

发布单位：最高人民法院《人民司法·案例》2020年第23期（总第898期）
审判法院：陕西省西安市中级人民法院
判决日期：2019年11月7日
案　　号：（2018）陕01民终8631号

基本案情

2015年4月22日，西安××网架工程有限公司（以下简称工程公司）与西安××实业有限公司（以下简称实业公司）签订的施工承包合同约定：工程公司承包实业公司工程；工程公司派史×库为驻实业公司代表，负责日常管理、协调工作；工期为2015年4月至5月；如工程超期完成，工期每拖延一天罚款1000元，在工程款中扣除；支付方式为钢网架构件运至工地，实业公司向工程公司付工程造价的50%，钢网架安装完成付工程造价的35%，工程全部完工或投入使用后1月内付至工程总造价的95%，剩余5%为质保金，一年后无质量问题一次付清。合同双方加盖印章，史×库在工程公司负责人处签字。

2015年5月，实业公司向工程公司支付105 000元；2015年8月，因工程公司工期拖延5天，按合同约定扣除5000元后，实业公司向工程公司支付68 500元。实业公司向工程公司实际支付173 500元。2016年2月，工程公司驻实业公司代表史×库与实业公司签订的情况说明载明：截至2016年2月实业公司已支付工程款178 500元，尚欠31 500元，经双方协商，实业公司支付工程公司10 500元后，此项施工合同工程尾款就全部结清，工程公司承诺不会就此施工合同和实业公司有任何经济纠纷。同月，实业公司给史×库个人账户转款10 500元。实业公司实际支付工程公司173 500元，工程公司认可收到178 500元。

工程公司以实业公司拖欠工程款为由，提起诉讼，请求判令实业公司向工程公司支付剩余工程款31 500元，并向工程公司支付欠款利息。

实业公司辩称：本公司与工程公司签订的施工承包合同属实，每次付款均是史×库向其提供账号，将工程款打入史×库指定账户，本公司已将全部余款支付工程公司，故请求驳回工程公司的诉讼请求。

一审判决后，工程公司不服，提起上诉。

二审过程中，工程公司提出撤回上诉申请。

判决主文

一审法院判决：驳回原告工程公司的诉讼请求。

二审法院裁定：准许上诉人工程公司撤回上诉。

裁判要旨

职务代理是依照劳动或雇佣关系取得的代理权，依据职权对外执行法人工作任务，其自然享有相应的代理权，无须法人再次单独授权；承包方的项目经理作为其公司负责人以承包方的名义与发包方签订施工合同后，按约履行义务，项目经理应视为执行承包方工作任务的人员；项目经理与发包人签订的工程造价结算凭证属职务代理行为，民事责任应由承包方承担。

重点提示

职务代理人，即根据代理人所担任的职务而产生的代理人员，职务代理人一般包括法人或其他组织的成员以及主要工作人员。在司法实践中，对于职务代理人在其职权范围内以公司名义实施的民事法律行为的性质认定以及责任承担的问题,应当注意以下三点:(1)职务代理系委托代理的一种特殊形式。委托代理是基于被代理人授权而发生的代理行为,而《民法典》第170条第1款规定:"执行法人或者非法人组织工作任务的人员,就其职权范围内的事项,以法人或者非法人组织的名义实施的民事法律行为,对法人或者非法人组织发生效力。"由此可知,职务代理实际上系委托代理的一种特殊形式,都是在被代理人授权后,在授权范围内以被代理人的名义对外进行民事活动。但职务代理也有着不同于委托代理行为的以下特征:①职务代理的代理人是被代理人的工作人员;②代理人与被代理人之间实际上受劳动法律关系或行政法律关系的约束;③职务代理具有一定的稳定性与持续性,除非代理人职权发生变动。(2)职务代理的法律后果承担。根据上述《民法典》中关于职务代理行为的规定可知,职务代理行为是代理人的职务,代理人在其职权范围内进行代理。因代理人的职务、依职权本身就能证明已经得到被代理人授权,故无须被代理人作出明确授权,其行为应参照委托代理的规定,法律后果由被代理人承担。即职务代理作为强化代理人意思自治的重要方式,代理实施的是民事法律行为,而非侵权行为,只是在法律后果上,无论是职务代理行为还是执行工作任务导致他人损害的法律后果都应该由被代理人承担。(3)越权职务代理行为的后果。《民法典》第171条是有关无权代理的规定,根据该条规定可知,在越权职务代理的情况下,代理人在职务代理权的范围外从事的代理行为属于无权代理,其法律后果应由代理人自行承担;如果代理人的代理行为中只有一部分属于越权代理,其余的部分仍然在代理权的范围之内,那么其余部分仍应认定为有权代理;且如果越权代理行为造成被代理人损害,越权代理人则应当对被代理人和第三人承担赔偿责任。

2. 约定以审计结论作为支付工程款条件的效力

【案例】沈阳××建筑安装工程公司诉沈阳××置业房地产开发有限公司建设工程施工合同纠纷案

案例来源

发布单位:最高人民法院中国应用法学研究所《人民法院案例选》2017年第5辑(总第111辑)

审判法院:辽宁省沈阳市中级人民法院

判决日期：2016 年 11 月 18 日
案　　号：（2016）辽 01 民终 8598 号

基本案情

2011 年 4 月，沈阳××置业房地产开发有限公司（以下简称置业公司）向沈阳××建筑安装工程公司（以下简称工程公司）发出中标通知书。同月，工程公司、置业公司签订施工合同，约定：工程于 2011 年 4 月开工，2012 年 7 月竣工；承包金额暂定为 38 148 396 元，最终工程承包金额以置业公司审核工程公司认可的工程决算为准；本工程无预付款，工程达到 10 层后，置业公司向工程公司支付已完工程量造价的 70% 工程款，工程竣工并移交档案后 28 日内，置业公司向工程公司支付至工程总造价的 80%；结算完毕，从竣工验收之日起，6~15 个月内，经物业公司、置业集团总部客服部确认无质量问题后，陆续付款至结算价的 95%，保留 5% 质量保证金按要求支付。合同签订后，工程公司于 2011 年 4 月开工。2013 年 9 月经工程公司、置业公司及设计单位、勘察单位、监理单位竣工验收，完成了合同约定的工程内容。

2013 年 11 月，置业公司将涉案工程移交给沈阳××新城物业管理有限公司（以下简称物业公司），工程公司、置业公司及该物业公司签订涉案工程移交协议。2014 年涉案工程投入使用。置业公司已支付工程款 37 423 618.56 元。2013 年 7 月，置业公司与工程公司又签订了一份建设工程施工合同，约定：开工日期 2013 年 7 月，竣工日期 2014 年 7 月；合同价款 35 799 192 元，采用固定单价方式确定，因设计变更或签证调整合同价款。该合同已经备案。

工程公司以置业公司欠付其工程款及资金占用利息为由提起诉讼，请求法院判令置业公司向工程公司支付工程款 12 828 433 元；置业公司支付工程公司利息损失暂计 186 310 元（2012 年 7 月 30 日至 2016 年 1 月 6 日，按照中国银行同期贷款利率计算）。

一审判决后，置业公司不服，提出上诉称：根据双方签订的《补充协议》的约定，工程款的给付必须以政府审计部门审计为前提，因目前政府审计部门还没有对案涉工程进行审计，故置业公司不应向工程公司给付相应的工程款。2013 年 7 月 4 日签订的施工合同系经过备案的中标合同，双方应依据该合同结算工程款。但无论依据哪一份施工合同，置业公司均已足额支付了工程款。原审判决将辽宁××工程造价咨询事务所有限责任公司（以下简称造价公司）

出具的《尚盈·丽城项目工程五标段（39#、45#）结算书》（以下简称《结算书》）中的结算值作为案涉工程结算价款的依据，属于认定事实错误。一方面，《结算书》所认定的结算值仅是初步审核结果，根据置业公司与造价公司签订的《工程造价咨询委托合同》的约定，《结算书》未经过置业公司盖章确认，没有生效，不能作为结算依据。另一方面，原审判决认定系置业公司要求造价公司按照2011年4月26日双方签订的施工合同对工程造价进行审核，属认定事实错误，置业公司仅是将全部的审核材料均交付给了造价公司，造价公司自行按照2011年4月26日的施工合同对工程造价进行审核。故请求二审法院撤销原审判决，驳回工程公司的诉讼请求。

工程公司答辩称：不同意置业公司的上诉请求，一审判决认定事实清楚，适用法律正确，应予维持。

判决主文

一审法院判决：被告置业公司一次性支付原告工程公司工程款11 317 029.79元；被告置业公司支付原告工程公司工程款11 317 029.79元的利息；驳回原告工程公司的其他诉讼请求。

二审法院判决：驳回上诉，维持原判。

裁判要旨

在发包人与承包人签订的建设工程施工合同中，附条件约定以审计结论作为支付工程款的条件，因发包人在合同中的主要义务就是支付工程价款，所附加的条款客观上使得承包人欲实现其债权完全取决于发包人是否积极促进第三人的行为，实质是由发包人自主决定是否给付工程款的义务，故上述约定因加重了承包人所承担的风险，违背了诚信的原则，而应被认定为无效。

重点提示

诚信原则是我国民法中的基本原则，贯穿于民法的始终。作为重要民事活动的合同履行同样也应贯彻诚信原则。诚信原则是一个抽象的概念，是人们在合同履行中所应遵守的道德准则。司法实践中，对于约定以审计结论作为支付工程款条件的认定，应当注意以下三点：（1）合同中的诚信原则。诚信原则是指当事人按照合同约定的条件，切实履行自己所承担的义务，取得另一方当事人的信任,相互配合履行,共同全面地实现合同的签订目的。根据《民法典》第509条"当事人应当遵循诚信原则,根据合同的性质、目的和交易习惯履行通知、协助、保密等义务"的规定,由此可知,为保障双方当事人能够在交易中保持公平、公正、透明诚实的态度顺利履行合同义务,当事人双方均应遵守诚信原则,以确保交易的顺利进行并维护各方的权益。具体应当表现为以下三个方面:①在订立合同时,杜绝欺诈或其他违背诚信的行为;②在履行合同义务时,当事人双方均应遵守诚信原则,根据合同的性质、目的和交易习惯履行及时通知、协助、提供必要的条件、防止损失扩大、保密等义务;③在合同终止后,双方当事人仍应遵守诚信原则履行后契约义务。(2)约定以审计结论作为工程款支付条件因违背诚信原则而无效。根据上述可知,在建设工程施工合同中,发包人与承包人行使权利、履行义务均应当遵循诚信原则。发包人在建设工程合同中约定,在审计结论完成后,再由其履行支付承包人工程价款的义务,上述约定会将发包人的风险转嫁给承包人,即加重承包人的工程施工风险并阻碍承包人依据合同规定向发包人主张工程价款的权利,违反了诚信原则,故应被认定为无效。(3)合同违反诚信原则涉嫌构成违约,需要依法承担相应违约责任。《民法典》中明确规定,当事人行使权利、履行义务应当遵循诚信原则。当出现违背诚信原则的行为,且造成对方损失的,当事人应当承担赔偿责任。也就是说,合同违反诚信原则涉嫌构成违约,根据我国的相关法律规定,双方当事人签订合同后应当遵守诚实守信的原则,双方应当按照合同约定履行合同义务并享有合同权利,当一方出现违反诚信原则的行为并构成违约的,另一方有权要求违约方依法承担违约责任并赔偿其因上述行为而造成的经济损失。

二、工程质量

1. 保修期届满后的质量责任承担问题

【案例】景德镇市××××业主委员会诉江西省××置业有限公司修理、重作、更换建设工程纠纷案

案例来源

发布单位:最高人民法院中国应用法学研究所《人民法院案例选》2023年

第 1 辑（总第 179 辑）

审判法院：江西省景德镇市中级人民法院

判决日期：2021 年 6 月 10 日

案　　号：（2021）赣 02 民终 299 号

基本案情

江西省××置业有限公司（以下简称置业公司）开发建设景德镇市嘉晟·××××小区 21 栋住宅楼，自 2007 年 7 月起陆续开工，至 2013 年 11 月竣工验收备案全部办理完毕。该小区住宅楼外墙采用带保温层的瓷砖贴面，设计单位为景德镇市住宅设计研究所，施工单位为南昌市第二建筑工程公司景德镇分公司，监理单位为景德镇景航工程建设监理有限公司。该小区商品房交付业主后，住宅楼外墙保温层出现空鼓、开裂和脱落的情况。

2017 年 7 月，景德镇市××××业主委员会（以下简称业主委员会）申请对××××小区住宅楼外墙质量问题进行鉴定。后江西神州司法鉴定中心出具鉴定意见：（1）系施工单位操作不符合相关规范要求造成景德镇市××××小区住宅楼外墙大面积空鼓、开裂和脱落的情况。此外，施工单位的外保温层的技术并不成熟。（2）设计对外墙保温施工要求不够明确和清晰，影响了施工质量。

业主委员会以出现问题的住宅楼由置业公司建设，其应当承担责任为由，提起诉讼，请求判令置业公司自担费用对涉案小区外墙全部返工重作及由外墙质量问题导致损失的业主房屋进行修复。

置业公司辩称：该小区是经过竣工验收合格才交付业主使用的，除房屋基础和主体工程外的部分存在保修年限，超过保修年限需要维修的应由物业或业主向有关部门申请维修基金。故应当依法驳回其诉讼请求。

一审判决后，业主委员会与置业公司不服，均提起上诉。

置业公司辩称：本公司不认可房屋外墙有严重的质量问题，本公司在竣工验收备案时取得了有关主管部门盖章认可，质量并没有问题。

判决主文

一审法院判决：被告置业公司对涉案小区 18、19、20 号楼外墙墙面空鼓、脱落、开裂进行修复，修复标准符合建筑外墙国家质量标准；驳回原告业主委员会的其他诉讼请求。

二审法院判决：撤销一审民事判决；上诉人置业公司对涉案小区除4、7号楼的其余19栋楼房屋外墙面空鼓、脱落、开裂进行修复。修复后由双方共同委托第三方进行验收，费用由上诉人置业公司承担；驳回上诉人业主委员会的其他诉讼请求。

裁判要旨

建设工程中，建设单位作为房屋出卖人，交付在建设时就存在质量问题的房屋，并可能造成他人人身、财产受到损失的，不受房屋保修期满的限制。购房人有权要求建设单位承担瑕疵担保或侵权责任。建设单位在承担责任后，可向负有责任的施工单位或其他责任人进行追偿。

重点提示

建设工程施工完毕并交付使用后，工程出现质量问题时，会影响人们的使用，因此，需要相应的保修期限来维护工程。司法实践中，认定保修期届满后的质量责任承担问题时，应当注意以下两点：（1）瑕疵担保责任与保修责任的区别。瑕疵担保责任与保修责任虽均是对建设工程的质量所承担的担保责任，但两者是两个不同的法律概念，存在以下几点不同：一是质量问题出现的时间点不同，瑕疵担保责任中的瑕疵产生在建设工程验收交付之前，即在建设过程中瑕疵就已经存在；而质量保修责任中的质量问题则产生在建设工程验收交付之后、保修期届满之前。二是行使期限不同，保修责任的责任人仅在保修期限内承担责任；而瑕疵担保责任则不受保修期限的限制，遭受损失的受害人有权要求建设单位等责任人承担瑕疵担保责任。三是存在的方式不同，建设工程质量保修责任的实现是基于双方合同的约定，以书面形式存在；而瑕疵担保责任则基于法律规定，即使双方未进行约定，建设单位等责任人也应承担瑕疵担保责任。四是承担责任的方式不同，保修责任的责任人一般以修复问题为主；而瑕疵担保责任，权利人可要求责任人进行修理、重作、更换等救济手段。（2）应在区分责任种类后，再探究保修期满后的责任承担问题。建设工程纠纷中，建设单位等经常会以房屋已经超过保修期限作为拒绝承担房屋质量问题以及其他损害责任的理由。故实务中，对于房屋买受人在保修期过后，其能否请求建设单位继续就房屋质量问题承担责任存在一定争议。人民法院在审理此种案件时通常认为,保修期届满后,对于建设单位等责任人是否仍应当就房屋出现的质量状况承担责任的问题,第一步应当先确定是什么原因造成的房屋质量问题以及建设单位应当承担的责任种类。若是因房屋交付房屋买受人后,其长时间地使用出现的质量问题或其无证据证明系建设过程中就已经存在的问题导致质量问题的,建设单位及其他责任人就可以以已经超过保修期限为由拒绝承担责任,该责任属前述的质量保修责任。若是因房屋交付买受人前,建设单位在建设过程中由于技术不足、操作不符合相关规范要求、偷工减料等原因导致房屋出现质量问题的,即使保修期届满,建设单位及其他责任人仍应承担责任,该责任属前述的瑕疵担保责任。

2. 约定的工程质量保证金超出有关规定部分的效力

【案例】四川××消防工程有限公司诉成都××合能置业有限公司建设工程施工合同纠纷案

案例来源

发布单位:最高人民法院《人民司法·案例》2020年第23期(总第898期)

审判法院:四川省成都市中级人民法院

判决日期:2020年9月28日

案　　号:(2020)川01民终13327号

基本案情

2017年7月,四川××消防工程有限公司(以下简称工程公司)与成都××合能置业有限公司(以下简称置业公司)签订了《合能·××××二期消防工程施工合同》(以下简称《消防合同》),约定置业公司将消防工程发包给工程公司,承包范围包括《图纸清单》范围内的材料和施工,工程采用固定总价380万元,价款支付方式为消防管网安装完成后次月30日前支付完成产值的70%,设备、材料安装及调试完成后次月30日前支付完成产值的70%,全项目水电设备机房安装完成后次月30日前支付完成产值的70%;竣工验收合格后次月30日前支付至合同总价80%;办理完成结算且提交结算资料后次月30日前支付至结算总价95%;质保期为结算总价的5%,质保期2年,自取得消防验收许可开始计算,到期后验收合格无质量问题无息支付。应付款的70%

以银行转账形式支付，应付款的 20% 以 6 个月商业承兑汇票形式支付，应付款的 10% 以工程款抵房形式支付。合同签订后，工程公司按约履行了义务，案涉工程竣工后于 2018 年 10 月验收合格，置业公司至今已支付工程款 277.4 万元。

工程公司以置业公司迟迟未能结清工程款项为由，提起诉讼，请求法院判令置业公司支付工程款 912 000 元及资金占用利息。

一审另查明，工程公司庭后对置业公司主张工程公司法定代表人购买 4 个车位，抵付工程款 248 600 元予以认可，故置业公司共支付工程款 3 022 600 元。

置业公司辩称：双方签署的《消防合同》有关质保期、质保金的约定合法有效；工程公司无证据证明结算款已达到支付条件；工程公司提交公示证明涉案工程的质保期在 2020 年 10 月方届满，本公司负有支付质保金的义务；工程公司提供的对账单属实但核对错误。综上，工程公司的诉讼请求违背合同约定和双方的实际履行状况，故请求驳回其诉讼请求。

一审判决后，置业公司不服，提起上诉称：案涉工程已于 2018 年 10 月验收合格，工程公司于次年 12 月向本公司提交结算资料，但由于其擅自更换合同约定品牌等原因结算未能办结。首先，一审法院对工程公司关于双方无须结算的主张未予支持是正确的，但一审法院依据"办理完成结算且提交结算资料后次月 30 日前"支付工程款这一条件认定本公司应当在工程公司提交结算资料后即应当支付结算款，此与一审法院前述认定的付款条件自相矛盾，一审判决忽略了结算尚未办结这一事实。其次，工程公司并未就案涉计算争议提起诉讼。最后，合同约定的结算款支付比例 95% 是以结算金额为基础，在双方结算未办结的情况下，一审以合同总额为基数计算本公司应支付的工程款，即一审法院在认定结算约定有效的同时又判决按照合同约定总额而非结算总额作为工程款的支付基数，明显矛盾。故请求二审法院依法撤销一审判决，改判驳回工程公司的诉讼请求。

工程公司辩称：双方约定工程款采用固定总价确定，故无须再行对工程进行收方确认等程序以确定应付款。原判认定事实清楚，适用法律正确，请求驳回上诉，维持原判。

判决主文

一审法院判决：被告置业公司给付原告工程公司工程款58.74万元及利息；驳回原告工程公司的其他诉讼请求。

二审法院判决：驳回上诉，维持原判。

裁判要旨

建设工程施工合同中约定的工程质量保证金虽超过《住房和城乡建设部、财政部关于印发建设工程质量保证金管理办法的通知》中所规定工程价款结算金额的3%，但超过部分并非无效，性质上仍然属于工程质量保证金，承包人有权向相关行政部门举报，追究发包人应当承担的行政责任。

重点提示

工程质量保证金是承包人为保证施工质量而进行的一种担保，用以担保竣工验收前出现的质量问题。我国现行部门规章对于工程质量保证金的数额有着明确规定，在司法实践中，对于工程质量保证金超出规定范围部分的效力问题，应当注意以下两点：（1）工程质量保证金中超过3%的部分有效且仍属于工程质量保证金。《建设工程质量保证金管理办法》第7条规定："发包人应按照合同约定方式预留保证金，保证金总预留比例不得高于工程价款结算总额的3%。合同约定由承包人以银行保函替代预留保证金的，保函金额不得高于工程价款结算总额的3%。"由此可知，工程质量保证金不应当超过建筑工程结算金额的3%。但虽然住房和城乡建设部、财政部对具体工程价款结算总额的比例作出了明确规定，但上述规定工程质量保证金的法律文件在性质上属于部门规章，而部门规章不能作为认定合同效力的依据，故超过3%的部分从性质上来讲依然应当认定为工程质量保证金。（2）发包人应当对约定超出3%工程质量保证金的行为承担行政责任。缺陷责任期内建筑工程出现缺陷需要修复且承包人拒绝修复时，工程质量保证金才会得到运用，这种情况并非必然发生的。因此，发包人预先扣留过多的工程质量保证金不利于承包人，对于承包人来说显失公平。此外，降低工程质量保证金预留比例，以此降低企业成本，也更有利于工程质量的提高。故发包人违反规定过多扣留工程质量保证金的行为已经违反了行政规章，承包人有权向有关部门进行举报，并要求发包人依法承担相应的行政责任。

3. 发包人擅自使用未经竣工验收的工程对承包人保修责任的影响

【案例】××药业集团上海制药有限公司诉上海××防水保温工程有限公司建设工程施工合同纠纷案

案例来源

发布单位：最高人民法院《人民司法·案例》2015年第6期（总第713期）
审判法院：上海市第一中级人民法院
判决日期：2014年5月19日
案　　号：（2014）沪一中民二终字第1031号

基本案情

2010年8月，××药业集团上海制药有限公司（以下简称制药公司）与上海××防水保温工程有限公司（以下简称工程公司）签订《防水工程承包专用合同》，由工程公司承包制药公司生产厂房房顶防水工程。合同中约定了工程造价计算方式；工程公司应严格按照施工方案进行施工；工程公司应及时向制药公司提供施工进展情况、工程决算、竣工验收等资料；逾期验收的后果；制药公司在工程公司施工后进行土建施工时，必须在防水施工验收合格后进行，否则后果自负；工程质量必须符合国家验收规范；工程保修规定。

涉案工程完工后，制药公司没有经过竣工验收即擅自使用，并在1年后发现屋面多处渗漏水，该防水工程施工质量不符合双方约定的质量验收标准，造成屋面多处渗漏水。制药公司为避免造成更大的经济损失，申请自行修复。

制药公司以工程公司应当按照合同约定支付其自行修复工程的费用为由，提起诉讼，请求判令工程公司限期修复厂房屋顶防水工程表面开裂、脱落、渗水。后诉请变更为判令工程公司赔偿重修的费用174 255元。

审理过程中，制药公司申请对涉案工程的施工质量进行司法鉴定，并对修复所需要的费用进行评估作价。后鉴定机构出具的司法鉴定书明确：涉案工程施工质量不符合约定的质量验收标准，造成屋面多处渗漏水。

一审判决后，工程公司不服，提起上诉。

制药公司辩称：司法鉴定已确认涉案工程不符合约定质量要求，并不存在其使用不当的问题。工程通过验收后，日后出现质量问题工程公司仍应当承担责任。在涉案工程发现了质量问题时，一审法院对本公司维修费用的处理是合情合法的，故请求二审法院维持原判。

判决主文

一审法院判决：被告工程公司支付原告制药公司修复费用人民币 100 000 元；驳回原告制药公司的其他诉讼请求。

二审法院判决：驳回上诉，维持原判。

裁判要旨

发包人擅自使用未经竣工验收的工程，则占有使用之时视为工程已竣工验收，发包人提前承担工程经验收之后的法律后果，承包人可请求发包人支付工程款，发包人不得以尚未竣工验收为由进行抗辩。承包人仍应在工程合理使用寿命内对工程地基基础、主体结构承担责任。对于该工程的其他部分的质量问题，自发包方提前使用之日起未超过法定或约定的保修期限，承包人应承担保修责任。

重点提示

司法实践中，经常会出现发包人在未完成竣工验收活动前就将工程投入使用的情况，此种情况下探究建设工程未经验收擅自使用的处理问题时，应当注意以下三点：（1）建设工程合法使用需竣工验收合格。竣工验收是确保建设工程质量和安全的重要步骤，也是合同履行以及建设工程最终投入使用前的重要部分，其是指建设工程完工后，由相关部门或专业机构对该工程进行全面检验，以确认是否符合设计要求、建设标准和安全规定，是否可以投入使用并交付使用者。我国《民法典》第799条规定，建设工程竣工后，发包人应当根据施工图纸及说明书、国家颁发的施工验收规范和质量检验标准及时进行验收。验收合格的，发包人应当按照约定支付价款，并接收该建设工程。故竣工验收是发包人的法定义务，这一过程通常包括对建筑结构、设备、工程质量、安全性等方面的检查和测试，以确保工程质量和安全性达到要求。只有在竣工验收合格的情况下，建设工程才能被认可为合法使用。有关部门会对竣工验收合格的建设工程下发相应的使用证书或许可证。这有助于建设工程的质量安全保障，并保护发包人与承包人的合法利益。（2）发包人擅自投入使用未经验收的建设工程的责任认定。建设工程施工过程中，一些发包人违反法律强制性规定，擅自使用未经竣工验收的工程，以使他们能够提前获得投资利润，并造成了一定的安全隐患。同时，对于发包人擅自使用情形下的工程维修以及工程款的支付问题在发包人与承包人之间均分歧较大，发包人可能会因工程质量问题而拒绝支付承包人工程款。对于上述情况，《最高人民法院关于审理建设工程施工合同纠纷案件适用法律问题的解释（一）》第14条规定："建设工程未经竣工验收，发包人擅自使用后，又以使用部分质量不符合约定为由主张权利的，人民法院不予支持；但是承包人应当在建设工程的合理使用寿命内对地基基础工程和主体结构质量承担民事责任。"该规定明确了工程未经竣工验收被擅自使用时，承包人与发包人应承担的责任范围包括：①承包人的部分质量责任免除，即发包人仅对未经竣工验收擅自使用部分的质量问题承担责任；②建设工程合理使用寿命内地基基础和主体结构的质量责任无论发包人是否未经竣工验收擅自使用，均由承包人负责。此外，又根据该司法解释第9条的规定可知，发包人没有经过竣工验收即擅自使用，可视为建设工程已经竣工验收并交付使用，但承包人在建设工程保修期内仍有着修复义务，即建设工程交付使用后，发包人在保修期内因承包人施工质量问题而引发的问题仍有权向承包人提出修复请求。（3）发包人擅自使用未经竣工验收建设工程的风险。首先，发包人将面临行政处罚，根据《建设工程质量管理条例》第58条第1款关于建设单位的违法行为可知，发包人未组织竣工验收就擅自使用的，有关机关会责令其改正，并处以相应的罚款，造成损失的，还要承担赔偿责任。其次，发包人构成合同违约，若承包人与发包人在建设合同中明确规定了竣工验收的具体要求，那么发包人擅自使用未竣工验收的建设工程则违反合同规定，导致合同违约并需要承担相应的赔偿责任。最后，未经竣工验收的建设工程有较大几率存在安全隐患，可能会对使用者和周围环境造成危险。且如果发生事故，发包人也将面临法律诉讼和赔偿责任。

4. 施工方因协助司法行为未支付工程款时的责任认定

【案例】 中国第××冶金建设有限公司诉重庆××建设工程集团有限公司建设工程施工合同纠纷案

案例来源

发布单位：最高人民法院《人民司法·案例》2014年第12期（总第695期）
审判法院：重庆市第五中级人民法院
案　　号：（2013）渝五中法民终字第03649号

基本案情

重庆××建筑工程有限公司（以下简称建筑公司）与重庆××建设工程集团有限公司（以下简称工程公司）于2006年8月9日，就重庆市××县城市污水处理厂（以下简称××污水厂）土建及市政工程签订了劳务合作协议书。该协议约定工程固定总包干价为2045万元。中国第××冶金建设有限公司（以下简称冶金公司）于2006年10月23日中标，与重庆市××（集团）有限公司（以下简称集团公司），签订了××污水厂土建及市政工程施工合同，合同约定，××污水厂土建及市政工程由冶金公司负责建设，总价为3265.01万元。工程公司因冶金公司将该工程转包给建筑公司，遂依据与建筑公司签订的劳务合作协议书进行施工。2007年4月，建筑公司因工程停工，撤出了施工现场。集团公司下属的公司××水务公司（以下简称水务公司）为保证工程按期完成，与冶金公司六公司、××污水厂场区内施工班组（以下简称施工班组）签订了工程建设协议书。该协议书约定，为确保按期完工，冶金公司六公司必须保证水务公司支付的工程进度款用于本工程的建设，并将工程款按合同如数支付到施工班组账号。水务公司必须及时通知施工班组拨付工程尾款及质保金的时间。水务公司在三方同时到场后才支付该款项，并有义务监督冶金公司六公司将该款项支付给施工班组。水务公司、冶金公司六公司均加盖了公章，施工班组负责人朱×明签名盖章。工程于2009年12月31日竣工验收，并交付使用。

冶金公司六公司与工程公司于2011年11月20日，就结算达成了协议，协议约定，工程公司对××污水厂场内新田垃圾处理厂垃圾坝、截污坝工程进行施工，并经第三方审计结算后，由冶金公司六公司直接与工程公司办理该工程的内部结算。经冶金公司六公司、工程公司双方内部结算，除冶金公司六公司已支付给工程公司的工程款外，现冶金公司六公司还应支付给工程公司工程款170万元（此款包含××污水处理厂工程、新田垃圾处理厂工程、工程保险费、资料费、工程质保金等款项）。由冶金公司六公司开具委托书，在工程公司完成相应的质保义务后，工程质保期到期后，由业主将××污水厂工程的质量保证金1 354 448元直接支付给工程公司。冶金公司于2011年10月31日向水务公司提出申请要求退还工程质保金，并于2011年12月1日出具付款委托书，请求将××污水处理厂工程质保金中的1 354 448元直接支付给工程公司。2011年12月16日，第三人水务公司对冶金公司申请退还质保金1 354 448元审查后，认为屋面保修期未到，其余已达到质保年限，扣除1万元作为屋面保修金预留，其余同意支付。为此，工程公司诉至重庆市××县人民法院，请求法院依法判令冶金公司及冶金公司六公司向其给付工程款（质保金）1 344 448元；第三人水务公司和集团公司在工程款及质保金限额内承担连带清偿责任。

重庆市渝北区人民法院和重庆市万州区人民法院分别在2009年5月、2011年11月1日向集团公司、水务公司送达裁定书，要求扣划和扣留建筑公司以冶金公司名义在集团公司的工程款及质保金，共计1 753 324元。集团公司和水务公司在工程质保期满后，未能按冶金公司的付款委托书要求将××污水处理厂工程质保金中的1 354 448元支付给工程公司。

水务公司称其参与××污水处理厂工程的管理系受集团公司委托，冶金公司认可冶金公司六公司对该工程的管理行为是受其委托。

工程公司遂以冶金公司拖欠建设工程施工合同的工程款为由，提起诉讼，请求法院判令冶金公司及冶金公司六公司向工程公司支付工程款。

一审判决后，冶金公司不服，提起上诉。

判决主文

一审法院判决：被告冶金公司向原告工程公司支付工程款（质保金）1 344 448元；驳回原告工程公司要求被告冶金公司六公司支付工程款（质保金）的诉讼请求；驳回原告工程公司要求第三人水务公司、集团公司在工程款及质保金限额内承担连带清偿责任的诉讼请求。

二审法院判决：驳回上诉，维持原判。

裁判要旨

承包人与施工人在约定结算工程款时，可约定将质保金包含在内，承包人委托发包人支付工程款，发包人因协助司法行为到期未履行工程款的委托，导致施工人未领取到质保金，施工人有权要求承包人履行付款义务，发包人未支付工程款并非出于自身原因，因而无须承担连带责任。

重点提示

除当事人约定外，工程价款内容一般不包括质保金，在建筑工程竣工且验收合格交付使用后，施工人有权主张支付该部分款项。在司法实践中，对于发包人因协助司法行为到期未履行工程款的委托是否应当承担责任的问题，应当注意以下两点：（1）工程质量保证金的内容。质保金一般包含质量保证金和保修金。质量保修金，是由合同双方约定从应付合同价款中预留的，当标的物出现质量问题，需要进行修理时，用于支付修理费用的资金。质量保证金，是施工单位根据建设单位的要求，在建设工程承包合同签订之前，预先交付给建设单位，用以保证施工质量的资金。一般而言，质保金的内容由当事人之间约定，如果当事人明确约定该质保金的内容为质量保修金，则在质量保证期间，或者保修期内，出现质量问题，需要维修的，则可以优先使用该质保金。保质或保修期间届满，工程质量未出现问题，或者出现问题用此资金进行维修仍有剩余的，付款义务人应当向施工人返还该笔款项。如保修金不足以抵充实际支出费用的，则付款义务方有权继续追究施工人的违约责任。（2）因协助司法行为未交付保证金的，不属于因自身原因欠付工程款。在司法实践中，根据约定，发包方应当在期限内向承包方支付质保金，因法院在质保期到期之前对发包人的资金进行了划扣和扣押，且扣押金额大于质保金的金额，发包人不能履行返款义务并非出于自身原因，因此，该行为不应当被认定为欠付工程款，发包方无须承担连带清偿责任。

5. 竣工验收合格后工程出现质量问题时的责任划分

【案例】 江苏南通××集团有限公司诉吴江××房地产开发有限公司建设工程施工合同纠纷案

案例来源

发布单位：《最高人民法院公报》2014年第8期（总第214期）
审判法院：江苏省高级人民法院
判决日期：2012年12月15日
案　　号：（2012）苏民终字第0238号

基本案情

江苏南通××集团有限公司（以下简称集团公司）与吴江××房地产开发有限公司（以下简称房地产公司）于2004年10月15日约定，房地产公司将其发包的吴江××国际广场全部土建工程由集团公司承建，合同价款为30 079 113元，并约定竣工日期。双方签订了建设工程施工合同。另约定，工期每推迟一天，集团公司支付违约金10万元。

2004年11月10日，集团公司因设计变更造成其钢筋成型损失，致函房地产公司，要求其承担赔偿责任，经协商，决定由集团公司上报明细，双方核对后，再由房地产公司给予补偿。集团公司与房地产公司于2005年1月6日签订会议纪要，该会议纪要载明，房地产公司法定代表人强调必须在2005年4月中旬全部竣工通验。集团公司与房地产公司于2005年4月20日约定，房地产公司将××国际广场室外铺装总体工程发包给集团公司施工，工程总价暂按270万元计算，室外工程工期为2005年4月20日至6月20日，双方就此签订补充合同。集团公司与房地产公司于6月27日经协商确认，工程于6月底前全部竣工，若不能如期竣工，根据原因由责任方承担责任。

2005年7月20日，工程竣工验收，并同时由房地产公司接收使用。

集团公司以房地产公司仅支付了26 815 307元，余款计16 207 442元拒不支付为由，提起诉讼，请求判令房地产公司支付工程余款及逾期付款违约金153 922.39元，合计16 361 364.39元；房地产公司赔偿由于设计变更造成原告钢筋成型损失6万元。

房地产公司提起反诉并辩称：本公司已按约定要求支付工程款，请求驳回集团公司诉讼请求；并反诉称集团公司偷工减料，未按设计图纸施工，质量不合格，导致屋面广泛渗漏，该部分重作的工程报价为 3 335 092.99 元，请求判令集团公司赔偿该损失及延误工期违约金 915 万元。

集团公司针对房地产公司的反诉辩称：对已竣工验收合格的工程，《建设工程质量管理条例》规定施工单位仅有保修义务；屋面渗漏系原设计中楼盖板伸缩缝部位没有翻边等原因造成；根据双方会议纪要，房地产公司已承认是地下室等各种因素导致工期延误，明确不追究原合同工期，不奖也不罚。故对反诉请求不予认可。

一审判决后，集团公司不服，提起上诉称：涉案工程已竣工验收合格，施工单位仅应履行保修义务；原设计方案有缺陷也是造成屋面渗漏的原因；双方合同已约定工程总价款下浮 9.5%，故修复费用也应下浮 9.5%；0～100 厚 c30 细石混凝土找平层，原设计方案中没有此工序，该费用应予扣除；路灯破坏防水层是导致屋面渗漏的次要原因。综上，请求依法改判。

房地产公司辩称：涉案工程已验收合格，屋面渗漏系上诉人集团公司擅自减少工序而导致，简单的修复并不能解决渗漏问题，上诉人集团公司理应承担全面赔偿责任；实际施工部分的工程款下浮是基于施工合同的约定，修复费用是上诉人应当承担的赔偿责任，不应下浮；屋面渗漏是上诉人集团公司未按设计施工导致的，并非全面设计方案有误，故不应扣除全面设计方案中的任何费用。请求驳回上诉，维持原判。

判决主文

一审法院判决：被告（反诉原告）房地产公司支付原告（反诉被告）集团公司工程价款 8 368 953.23 元；被告（反诉原告）房地产公司支付原告（反诉被告）集团公司工程余款利息；原告（反诉被告）集团公司赔偿被告（反诉原告）房地产公司屋面修复费用 3 413 752.04 元；原告（反诉被告）集团公司赔偿被告（反诉原告）房地产公司工期延误损失 250 000 元；驳回原告（反诉被告）集团公司及被告（反诉原告）房地产公司其他诉讼请求。

二审法院判决：维持一审法院判决第一、二、四、五项；变更一审法院判决第三项为上诉人集团公司赔偿被上诉人房地产公司屋面修复费用 2 877 372.30 元。

裁判要旨

竣工验收是建设工程施工过程中不可缺少的法定程序，竣工验收后各验收单位应当出具相应的验收合格证明文件，但在有确实证据证明工程质量存在问题的情况下证明文件可以被推翻；发包人不得以工程质量不合格为由主张拒付工程款，但可以通过反诉或另行起诉的方式主张修复费用；工程质量问题也不影响承包人就工程款享有优先受偿权。

重点提示

建设工程施工合同中，对于已经验收合格的建设工程质量出现问题引起纠纷时，应当如何进行责任划分的问题，人民在审理过程中应当注意以下三点：（1）竣工验收合格不代表工程质量合格。建设工程竣工后，建设单位、监理单位、勘察单位、设计单位、施工单位应当共同对工程质量进行确认，并在验收合格后出具相应的证明文件，该文件在证据类型上属于"书证"，其对工程质量必然具有证明力。但《最高人民法院关于适用〈中华人民共和国民事诉讼法〉的解释》第114条规定："国家机关或者其他依法具有社会管理职能的组织，在其职权范围内制作的文书所记载的事项推定为真实，但有相反证据足以推翻的除外。必要时，人民法院可以要求制作文书的机关或者组织对文书的真实性予以说明。"国家机关职权单位出具的文件的证明力尚非绝对，因此竣工验收的证明文件也自然存在被推翻的可能。在有确实充分的证据可以证明工程质量存在缺陷的情况下，即使有竣工验收合格文件，人民法院依然可以认定工程质量不合格。（2）竣工验收合格后工程质量存在问题属于工程质量的保修范围，不影响承包人主张工程价款。在建设工程施工合同纠纷中，发包人以工程质量不符合合同约定给其造成损害为由要求拒付或减付工程款的，对其质量抗辩不予支持，但确有证据证明是由于承包人原因导致工程的地基基础工程或主体结构质量不合格的除外。在此情况下，发包人为了对自身权利进行救济，可以提起反诉或者另行起诉要求承包人承担保修责任或者赔偿修复费用等实际损失，按照建设工程保修的相关规定处理。发包人应支付到期的工程款，但可以另案向承包人主张保修责任。（3）竣工验收合格后工程质量出现问题不影响承包方对工程价款的优先受偿权。根据《民法典》第807条的有关规定可知，发包人未按照约定支付价款的，承包人可以催告发包人在合理期限内支付价款，发包人逾期不支付的,除根据建设工程的性质不宜折价、拍卖外,承包人可以与发包人协议将该工程折价,也可以请求人民法院将该工程依法拍卖,建设工程的价款就该工程折价或者拍卖的价款优先受偿。通过法律规定承包人享有工程价款优先受偿权的目的之一就在于保护工人的利益,即使工程质量不合格,也是承包人与发包人之间的纠纷,认定承包人继续享有优先受偿权才更符合立法本意。

6. 因勘察设计原因导致工程存在质量问题的责任认定

【案例】××重工机械有限公司诉江苏××建设有限公司、中国××银行股份有限公司泰兴支行建设工程施工合同纠纷案

案例来源

发布单位:《最高人民法院公报》2015年第6期(总第224期)
审判法院:最高人民法院
判决日期:2012年6月25日
案　　号:(2012)民提字第20号

基本案情

2007年12月,××重工机械有限公司(以下简称机械公司)因建设重型钢结构厂房发出招标邀请,并在招标文件载明:投标方需要根据其提供的厂房基础设计图纸要求及招标文件要求建设工程,投标方可依照市场材料价格自主报价,本次招标系一次包死风险自负。同时,本次招标报价只对钢结构厂房桩基及基础的施工进行报价(图纸内所有项目)。江苏××建设有限公司(以下简称建设公司)以1510.65万元的价格进行投标,预算价格为1368.98万元,同时,在投标方案中记载了关于挖土要求、基坑内外排水、基坑挖土的交通组织、挖土方法、基坑开挖注意事项、基坑开挖过程中可能出现的问题及相应处理措施、安全生产措施等。此后,机械公司宣布建设公司中标,并与建设公司签订《钢结构厂房桩基及基础工程合同》,合同约定:"机械公司的重型钢结构厂房桩基及基础工程工期从2007年12月20日至2008年2月22日具备验收条件并书面通知机械公司进行验收合格之日止,共计60日。机械公司为建设公司提供水准点、坐标点,并在工程完工后,进行现场交验,组织有关单位图

纸会审。其中，机械公司所提供桩位布置图说明载明：本工程基础设计以连云港市民用设计院有限责任公司所作的《岩土工程详细勘察报告》(2007年11月)为依据。地基基础设计为乙级，建筑桩基安全等级二级。基坑开挖时应注意对桩身的保护，在桩侧严禁临时堆土。桩基施工时，应严格按照《建筑桩基技术规范》执行。工程内容主要包括：重型钢结构厂房桩基及基础工程的全部工程及图纸，建设公司的承包方式为包工包料，工程造价为1330万元，工程造价为工程竣工、验收合格的总金额，为不变价。若工程设计发生变更导致工程量及价款发生变化，双方可另行商议并以后期的补充协议为准。在建设公司施工过程中，机械公司有权派人在施工现场监督、检验建设公司的工作情况、施工材料、工程质量等问题。若建设公司施工工程质量存有问题、施工材料不合格或设计不符合机械公司的要求，机械公司有权要求停止施工。在施工过程中，机械公司对建设公司提出建议，建设公司应采纳并采取相应的改进措施，以保证工程的质量。机械公司承诺在合同生效后3个工作日内，支付建设公司总工程款金额的20%，即人民币266万元。建设公司应严格按照机械公司提供的图纸设计要求，并按照国家制定的相关规范、标准进行施工。在施工过程中，由建设公司负责制定详细、可行、保证安全等施工方案。建设公司承诺该工程在保质保量的情况下如期交工。在合同签订后，双方不可任意解除合同，若一方擅自解除合同需支付另一方违约金人民币100万元。同时，若建设公司的施工工程不符合合同约定的标准要求或工程存在重大质量缺陷，导致机械公司无法正常开工、生产，建设公司需支付每日延误向机械公司生产的违约金和因此遭受的损失，违约金按日计算，为合同总造价3‰。对于报检手续、桩基检测、外部协调工作由双方共同负责。"合同签订后，机械公司将岩土勘察报告和现场总平面图提供给建设公司。建设公司进场施工后，发现施工现场地质条件超出合同工程量范围，并需要解决排水等问题，遂立即通知机械公司，建议机械公司设计图增加桩长提高承台。

此后，中国××银行股份有限公司泰兴支行（以下简称泰兴支行）向机械公司出具为建设公司保证的《承包保函》，为建设公司承担连带保证责任。之后，因工程场地道路难以通行，导致建设公司无法运送施工材料，故建议机械公司尽快修复施工道路。2008年2月，机械公司与建设公司签订《补充协议》，协议约定："建设公司的施工工期延长至2008年3月30日，若延期一天，则罚款1万元。"此后，建设公司再次因道路（施工场地）问题导致无法施工向机械公司报告，机械公司针对该事由，回复建设公司，称："建设公司在合同签订前，已对施工场地的地质情况进行勘测，故应由建设公司负责处理，与本公司无关。"建设公司收到回复后，回函机械公司，称："贵公司是在施工中由于无法打桩并在本公司提出要求后，才将地质勘探报告交予本公司；而在合同签订前，贵公司将施工现场进行回填，但未将此情况告诉本公司；本公司投标书中记载总的土方开挖，回填量为1万方，现A轴线尚未开挖完，土方就已超出了整个标书的土方量；本单位就此已向贵公司提交多种施工方案，但贵公司一直尚未批复；若贵公司再不提供施工方案，我方将于3月2日停止一切施工，并由贵公司承担赔偿损失并追加违约责任。"次月，机械公司通知建设公司变更工程量，机械公司同意建设公司对三类桩处理办法，由此产生的费用由建设公司自负，四类桩由提供有设计单位认可的处理意见实施。机械公司、建设公司和监理单位达成会议纪要，约定：除A轴线四类桩外，至本月19日上午，建设公司需完成到设计标高-1.5米的工程量；B轴线三、四类桩处理完成后，10日内，建设公司需完成所有工程量。建设公司需要严格施工，若建设公司逾期完不成上述任务，自动撤离施工现场。此后，建设公司因基坑支护问题函告机械公司，请机械公司尽快提出解决办法，以便恢复施工，并称本公司的报价及编制的投标方案均符合正常施工程序，基坑支护不属于原施工范围，工期延误系因现场条件不具备。5月，机械公司委托建祥工程检测有限公司随机检测桩474根，并出具检测报告：该工程共进行低应变检测474根，其中一类桩90根；二类桩83根；三类桩210根，该桩身具有明显缺陷，将影响承载力四类桩91根，该桩身存在严重缺陷。其后，机械公司通知建设公司，要求解除合同，并要求由建设公司承担赔偿其经济损失575万元。建设公司就此复函机械公司，称继续履行合同。

另查明，该工程现尚未取得工程建设许可证、施工许可证。工程图纸现已经过审查，但因未交纳费用，机械公司尚未取得经过审查的图纸。

机械公司以建设公司违约为由，提起诉讼，请求判令解除合同通知函与合同；责令建设公司承担违约责任，赔偿经济损失572万元；责令泰兴支行承担连带责任，履行担保义务。

建设公司以机械公司无诚意继续履行合同，导致建设公司长期窝工、停工，造成损失，且由于地基情况特殊，设计及施工方案必须变更，工程款远非原合同约定金额能够解决，仅基坑支护费用一项就将达1000万余元，而机械公司对此一直不予认可,合同已无法履行为由提起反诉,请求法院判令解除双方签订的《合同书》,并判令机械公司支付工程款及损失 7 594 018 元。

一审判决后,机械公司不服,提起上诉称:首先,一审判决认定事实错误。其与原审被告建设公司后期协商问题不能作为原审被告建设公司延长工期的理由。因此,自 2008 年 3 月 31 日起产生的工期延误,应由原审被告建设公司负责,原审被告建设公司理应承担违约责任;双方在签订《补充协议》中重新约定竣工日期时,已经充分考虑了各方面的因素和建设公司的请求,《岩土工程详细勘察报告》及设计图纸并非工期拖延的原因;原审被告建设公司放坡系数不正确,亦未按照正常的施工程序进行等,故原审被告建设公司的行为属于重大违约行为,应当按照合同约定承担违约责任。其次,一审审理程序不当。一审中《工程质量鉴定报告》的鉴定人未到庭接受询问。原审被告建设公司完成不到一半工程量,而鉴定造价为 11 338 644.49 元,明显不符合双方合同约定。最后,一审适用法律错误。原审被告建设公司已完工程大部分不合格,且工程停工亦完全是因原审被告建设公司的原因导致的,停工损失应由原审被告建设公司自负。因此,一审判决适用法律错误。故请求二审法院依法支持机械公司的诉讼请求,驳回建设公司的反诉请求。

二审判决后,机械公司不服,申请再审称:二审判决认定事实错误。其原设计图纸无问题,且《设计图审查意见书》亦未提出实质性意见;其对设计图纸事先未经审查与工程质量问题无因果关系;被上诉人建设公司应当承担在不能满足正常放坡系数的情况下,出现质量事故的责任;由于施工单位系被上诉人建设公司,被上诉人建设公司认定其动用机械和车辆完成了绝大部分开挖和全部运土的工作无问题,故在道路损害导致桩基损害的责任上,被上诉人建设公司应承担主要责任;被上诉人建设公司负有确定合理、科学的施工方案的义务,被上诉人建设公司在出现严重质量问题后才想到调整施工方案,应对事故承担责任;《工程造价鉴定报告》提到的物料损失非损失,不应成为工程造价的组成部分;二审法院认定被上诉人建设公司工作人员的工资时间、数额很不合理。故请求再审法院二审民事判决,依法改判。

再审开庭时,机械公司明确其再审请求为请求判令建设公司承担违约责任 572 万元;判令泰兴支行在担保函范围内承担连带责任;判令驳回建设公司的反诉请求;所有诉讼费用由建设公司承担。后经法院释明,机械公司放弃对泰兴支行的再审请求。

判决主文

一审法院判决：解除原告（反诉被告）机械公司与被告（反诉原告）建设公司于 2007 年 12 月 15 日签订的《合同书》；驳回原告（反诉被告）机械公司的其他诉讼请求；原告（反诉被告）机械公司给付被告（反诉原告）建设公司工程款 6 136 953.90 元及利息；驳回被告（反诉原告）建设公司其他反诉请求。

二审法院判决：维持一审判决第一项、第二项、第四项；变更一审判决第三项为上诉人机械公司给付被上诉人建设公司工程款 3 365 563.12 元及利息。

再审法院判决：维持二审判决第一项、第二项、第三项；变更二审判决第四项为再审申请人机械公司给付再审被申请人建设公司工程款 1 979 867.73 元及利息。

裁判要旨

从事建设工程活动，必须严格执行基本建设程序，坚持先勘察、后设计、再施工原则。建设单位未提前交付地质勘查报告、施工图设计文件未经过建设主管部门审查批准的，应对于因双方签约前未曾预见的特殊地质条件导致工程质量问题承担主要责任。施工单位应秉持诚信原则，采取合理施工方案，避免损失扩大。人民法院应当根据合同约定、法律及行政法规规定的工程建设程序，依据诚信原则，合理确定建设单位与施工单位对于建设工程质量问题的责任承担。

重点提示

建设工程施工合同中，当事人除应当遵守合同的约定外，还应当遵守行政法规所规定的程序。在因勘察设计原因导致工程质量发生问题而引发的纠纷中，对于建设单位与施工单位的责任承担问题，在司法实践中应当注意以下两点：（1）建设工程活动的基本程序。根据《建设工程质量管理条例》第 5 条第 1 款规定："从事建设工程活动，必须严格执行基本建设程序，坚持先勘察、后设计、再施工的原则。"该条例还规定了建设单位的质量责任和义务，具体包括建设单位必须向有关的勘察、设计、施工、工程监理等单位提供与建设工程有关的原始资料；施工图设计文件审查的具体办法，由国务院建设行政主管部门、国务院其他有关部门制定，施工图设计文件未经审查批准的，不得使用；

建设单位在开工前,应当按照国家有关规定办理工程质量监督手续;涉及建筑主体和承重结构变动的装修工程,建设单位应当在施工前委托原设计单位或者具有相应资质等级的设计单位提出设计方案,没有设计方案不得施工;建设单位收到建设工程竣工报告后,应当组织设计、施工、工程监理等有关单位进行竣工验收等。(2)因勘察设计原因导致工程质量问题的责任承担。由此可知,在建设工程开工之前对工程场地进行勘察设计是建设单位的法定义务,若因建设单位未按照程序完成勘察设计工作,而导致建设工程出现质量问题的,应当由建设单位承担主要责任。但这也不意味着施工单位在此情况下可以完全免责,施工单位在发现建设工程出现质量问题时应当及时采取适当的补救措施,防止损失继续扩大,否则仍应按照其过错比例承担相应的责任。人民法院在审理过程中应当根据合同约定,以及法律或行政法规的规定,参照诚信原则,确定建设单位与施工单位的责任比例,以保障各方的合法权益不受侵害。

三、竣工验收

承包方未经发包方授权单方组织竣工验收时出具的鉴定意见的效力

【案例】威海市××建筑有限公司诉威海市××企业服务公司、威海市××贸易有限公司建设工程施工合同纠纷案

案例来源

发布单位:《最高人民法院公报》2013年第8期(总第202期)
审判法院:最高人民法院
判决日期:2011年6月9日
案　　号:(2010)民提字第210号

基本案情

中国康复研究中心××国际旅游基地(以下简称旅游基地)与威海经济技术开发区××贸易公司(以下简称贸易公司)签订《开发××公寓楼房地产协议》,双方约定:由旅游基地提供资金,贸易公司提供土地,双方联合开

发××公寓楼。嗣后，旅游基地与威海市××建筑有限公司（以下简称建筑公司）签订《建设工程施工合同》，双方约定：建筑公司承包××公寓楼工程，承包范围包括土建、水暖卫电安装；工程预算价款为440万元；工程质量等级为优良，如工程达到优良标准时，旅游基地奖励工程价款的5%；如旅游基地不按时付款则按照银行最高利率计算赔偿建筑公司的损失，如旅游基地不支付工程款，则建筑公司有权留置部分或全部工程，旅游基地承担工程保护费用并赔偿建筑公司因其违约行为造成的窝工损失；工程具备竣工验收条件时，建筑公司应依法提供完整的竣工资料和竣工验收报告，由旅游基地组织验收；如工程未在约定工期内竣工，则建筑公司按实际损失支付违约金；建筑公司应在竣工报告批准后向旅游基地交付结算报告，办理竣工结算。

经查明，建筑公司施工期间，旅游基地实际支付工程款及材料折价款共计1 870 986.7元。此外，因旅游基地未取得房地产开发资质等级证书，故其将××公寓楼工程的建设单位登记为建筑公司。建筑公司作为建设方和施工方向威海市××区建筑勘察设计院申请评定××公寓楼基础工程、主体工程，评估结果为以上工程均合格。嗣后，建筑公司以旅游基地未能及时提供资金，致使工程拖延为由，向旅游基地和贸易公司发出书面通知，要求二者尽快筹集资金，否则将终止合同。旅游基地和贸易公司的法定代表人均已签收该书面通知，但旅游基地未继续支付工程款及材料。威海市建设工程质量造价监督管理站根据建筑公司的申请出具了工程质量优良等级评定证书，该证书记载：××公寓楼工程建筑面积为5500平方米，质量等级为优良。同时，威海市××贸易有限公司（以下简称××公司）还委托山东××会计师事务所有限公司威海分公司对××公寓楼工程进行审核决算，该所出具的《工程结算审核报告》中确认工程结算值为7 638 124.3元。此后，旅游基地和贸易公司均被吊销营业执照，旅游基地的债权债务由威海市××企业服务公司（以下简称服务公司）承接，贸易公司的债权债务由××公司承接。

另查明，在服务公司与××公司、建筑公司合作开发××公寓楼纠纷案件中，受案法院认定××公寓楼工程逾期未竣工验收，服务公司逾期交付的房屋不符合交付条件，构成违约，并作出服务公司向××公司支付违约金1 370 850元的民事判决。服务公司已经履行该判决。

建筑公司以其承包旅游基地和贸易公司合作开发的××公寓楼工程后，旅游基地迟延支付工程款造成其窝工、利息损失，现××公寓楼已经竣工验收，而旅游公司尚欠工程款 5 767 123.8 元，故旅游基地、贸易公司的权利义务继承者服务公司、××公司应承担责任为由，提起诉讼，请求判令服务公司、××公司支付工程款 5 767 123.8 元、优良工程奖 38.2 万元以及因服务公司违约给其造成的损失 1 651 753.78 元。

服务公司以建筑公司至今未交付××公寓楼工程，而且该工程未达到竣工验收条件，致使旅游基地因未能按约向××公司交付房屋被法院判令支付违约金，且建筑公司拖延竣工造成旅游基地损失 127 万元为由，提出反诉，请求判令建筑公司提供竣工图纸及全套竣工资料，并赔偿拖延工期造成的损失 2 645 676 元。

一审判决后，服务公司不服，提起上诉。

二审判决后，服务公司不服，申请再审。

一审重审判决后，服务公司不服，提起上诉。

二审判决后，建筑公司不服二审判决，申请再审称：第一次一审期间服务公司提出对工程造价重新鉴定，但未在规定期限内缴纳鉴定费，故其已经丧失了要求重新鉴定的权利，二审不应准许其要求重新鉴定的申请，且本公司已经对二审中的司法鉴定提出书面异议并提供相关证据，二审将该司法鉴定意见作为判决依据侵犯了本公司的诉权；一审判决判令本公司承担工程保管费、设备及周转材料停滞费和逾期向××公司交付工程造成损失的 30% 是错误的，按照合同约定，是服务公司不按期拨付工程款项，本公司在催告后有权停止施工并索要逾期付款利息、违约金、窝工损失等；二审判决对服务公司支付违约金的截止时间及其是否应当支付工程优良奖的事实认定错误，本公司在工程施工完毕，服务公司同意终止合同退出开发合作的情况下，为了降低各方损失组织了竣工验收，不存在过错。故请求再审法院撤销二审法院判决，维持一审判决。

服务公司辩称：二审判决认定事实的主要证据已经质证，本公司对涉案工程申请重新鉴定符合法律规定，二审中所作涉案司法鉴定已质证；二审判决适用法律正确；建筑公司认可一审判决以及二审判决是合法有效的，已申请执行，表明其已经放弃申请再审的权利。

判决主文

一审法院判决：被告（反诉原告）服务公司支付原告（反诉被告）建筑

公司工程款 5 767 137.74 元、优良工程款 381 906.22 元及各项损失 1 427 199.6 元，合计 7 576 243.56 元；双方的其他诉讼请求予以驳回。

二审法院判决：驳回上诉，维持原判。

二审法院再审裁定：撤销一审民事判决；撤销二审民事判决；本案发回一审法院重审。

一审法院重审判决：被告（反诉原告）服务公司支付原告（反诉被告）建筑公司工程款 5 767 137.74 元；被告（反诉原告）服务公司支付原告（反诉被告）建筑公司优良工程款 381 906.22 元；被告（反诉原告）服务公司偿付原告（反诉被告）建筑公司工程款利息损失 852 264.7 元、工程保管费 53 150 元、设备及周转性材料停滞损失费 521 784.9 元，合计 1 427 199.6 元；驳回原告（反诉被告）建筑公司要求被告××公司承担连带偿付义务的诉讼请求；驳回被告（反诉原告）服务公司请求原告（反诉被告）建筑公司赔偿其经济损失 264 576 元的诉讼请求；原告（反诉被告）建筑公司向被告（反诉原告）服务公司提供竣工图纸及竣工验收报告各一份。

二审法院判决：撤销一审法院重审判决第二、三、五项；维持一审判决第四、六项；变更一审判决第一项为再审被申请人服务公司支付再审申请人建筑公司工程款 4 729 266.49 元；再审被申请人服务公司支付再审申请人建筑公司逾期付款违约金，按中国人民银行同期贷款利率，根据合同约定应拨付而未拨付的欠款和时间分段计算至 2000 年 4 月 30 日，计 140 893 元；再审被申请人服务公司支付再审申请人建筑公司工程保管费、设备及周转性材料停滞费的 70%，计 402 664.43 元；再审被申请人服务公司因逾期交付涉案工程赔偿给原审被告××公司的 1 370 850 元，由再审申请人建筑公司承担 30%，计 411 255 元。

再审法院判决：维持二审民事判决。

裁判要旨

根据《民法典》以及《建设工程质量管理条例》的有关规定可知，组织竣工验收系发包人的法定义务，承包人在未经过发包人同意的情况下擅自委托鉴定机构对尚未完成的工程进行鉴定，以此主张建设工程款，该鉴定意见应当认定为无效，承包人的主张不应当予以支持。

重点提示

竣工验收是建设工程完工后必须进行的一项法定程序，在司法实践中，对于承包人未经发包人同意，擅自委托鉴定机构组织对建设工程进行竣工验收，并以此为由主张工程款的行为的效力问题，应当注意以下两点：（1）建筑工程竣工后验收主体为发包人。建设工程竣工验收，是指由投资主管部门会同建设、设计、施工、设备供应单位及工程质量监督等部门，对该项目是否符合规划设计要求以及建筑施工和设备安装质量进行全面检验后，取得竣工合格资料、数据和凭证的过程。《民法典》第799条规定："建设工程竣工后，发包人应当根据施工图纸及说明书、国家颁发的施工验收规范和质量检验标准及时进行验收。验收合格的，发包人应当按照约定支付价款，并接收该建设工程。建设工程竣工经验收合格后，方可交付使用；未经验收或者验收不合格的，不得交付使用。"《建设工程质量管理条例》第16条第1款亦对竣工验收作出了规定。由以上法律以及行政法规的有关规定可知，组织验收的主体为发包人，在建设工程竣工后及时进行组织验收既是发包人的权利也是发包人的权利。（2）承包人自行组织竣工验收由此作出的竣工验收报告无效。由前述分析可知，承包人不能作为竣工验收的主体，若承包人在未经发包人同意的情况下自行组织竣工验收鉴定，应当认定该行为违反了法律以及行政法规的强制性规定，根据《民法典》第143条第3项的规定，应当认定该行为不具有法律效力，由此而产生的鉴定意见也因程序违法而无效，不得作为承包人主张工程价款结算的依据。

第五章 建设工程施工合同的解除

1. 因合同目的无法实现而解除的合同损失的分配原则

【案例】河北省××化工设计院有限公司上海分公司诉湖北××化工有限公司建设工程设计合同纠纷案

案例来源

发布单位：最高人民法院中国应用法学研究所《人民法院案例选》2015年第4辑（总第94辑）

审判法院：湖北省宜昌市中级人民法院

判决日期：2014年9月26日

案　　号：（2014）宜中民三终字第00330号

基本案情

河北省××化工设计院有限公司上海分公司（以下简称设计公司）与湖北××化工有限公司（以下简称化工公司）签订了《设计合同》，约定以化工公司提供的"基础数据包"为设计依据委托设计公司进行项目设计，并在合同中约定了设计范围、报酬、违约责任等内容。但合同签订后，化工公司提交的数据包一直存在不完整等问题，双方就此多次形成会议纪要，对工程进度、基础数据包及设计中存在的问题进行磋商，达成了新的意见。但直至2012年11月2日，双方以会议纪要形式仍确认数据包不完备。由于化工公司向设计公司提交的数据包不完整，致设计合同不能继续进行，且化工公司所建设的该项目存在不能达到设计能力的风险，故化工公司于同年12月17日向设计公司发出了"暂停履行设计合同"通知。此时，合同已履行97%，化工公司亦已签收认可，但设计费仍未支付完毕。在此之后，化工公司提交"厂区除三个生产车间外的建筑设计方案"，化工公司并未表态且未支付此建筑设计方案的设计费，故设计公司以债务不履行为由请求化工公司支付拖欠的设计费及迟延给付的违约金。

设计公司以化工公司债务不履行为由，提起诉讼，请求判令化工公司按合同的约定支付包干设计费 97.3% 的剩余价款及迟延给付的违约金。

化工公司辩称：本公司已经按照约定提供了基础工艺包，而设计公司擅自变更缺乏设计能力的人员，未能按照《设计合同》约定的期限提交全部设计文件，且已提交的文件也不符合合同约定，导致本公司的成立目的不能实现，面临清算危机。且设计公司明知化工公司提供的基础数据包不能满足设计要求，根本无法完成设计成果，却为了得到后续合同款，继续履行本来不可能履行的合同，致使本公司多支付了 116.8 万元的设计费，属于欺诈行为。故请求驳回设计公司的诉讼请求。

化工公司以设计公司明知其提供的工艺基础数据包不完整，根本无法完成设计成果，却继续履行本来不可能履行的合同，致使化工公司多付了设计费，属于欺诈行为为由，提起反诉，请求解除化工公司与设计公司的《设计合同》并退还化工公司已支付的设计费用、赔偿经济损失。

设计公司针对化工公司的反诉辩称：对化工公司已支付 189 万元设计费无异议；但我公司未按合同约定的时间提交设计成果；是因为化工公司未提供完整的基础数据包，因此化工公司反诉理由不成立，应予驳回。

一审判决后，设计公司不服，提起上诉称：设计合同因化工公司不能提供完整的基础数据包而无法完全履行，化工公司未能按照约定支付未付清的设计费，属违约行为，请求判令化工公司支付剩余价款及相应的违约金。

判决主文

一审法院判决：解除双方当事人签订的《设计合同》；被告（反诉原告）化工公司向原告（反诉被告）设计公司支付履行期限 97% 部分拖欠的设计费 10.95 万元；驳回原告（反诉被告）设计公司的其他诉讼请求；驳回被告（反诉原告）化工公司的反诉请求。

二审法院判决：驳回上诉，维持原判。

裁判要旨

因不可归责于双方当事人的事由致使合同目的无法实现时，合同应予解除。合同解除后，尚未履行的部分应当终止履行，已经履行的部分，根据具体的履行情况，结合诚信原则的要求平衡双方利益，并按照遭受损失方负有的减损义务要求，遭受损失方在明知对方违约时，未采取适当措施减少损失而继续扩大，遭受损失方应就扩大的损失自负其责。

重点提示

合同解除，是指合同当事人一方或者双方依照法律规定或者当事人的约定，依法解除合同效力的行为。司法实践中，合同因目的无法实现而解除的情形下，对于因合同解除而造成的损失应当如何分配的问题，应当注意以下两点：（1）合同目的不能实现是合同解除的法定情形。合同解除分为意定解除和法定解除两种情形。其中意定解除只需要当事人协商一致，即可解除合同，当事人也可以约定一方解除合同的事由，在解除合同的事由发生时，解除权人可以解除合同；而对于合同的法定解除情形，《民法典》第563条则作出了明确规定，主要包括：①因不可抗力致使不能实现合同目的；②在履行期限届满前，当事人一方明确表示或者以自己的行为表明不履行主要债务；③当事人一方迟延履行主要债务，经催告后在合理期限内仍未履行；④当事人一方迟延履行债务或者有其他违约行为致使不能实现合同目的；⑤法律规定的其他情形。在以上情形出现的情况下，解除权人可以在法定期限内，依照法定程序申请解除合同。（2）因合同目的不能实现而解除的合同损失的分配原则。由前述分析可知，合同目的无法实现是合同解除的法定情形，对于由此而产生的损失的分配问题，若合同目的无法实现的原因是一方当事人的过错，则显然应当根据过错的程度来进行责任划分；但若导致合同目的无法实现的原因不可归责于双方主观上的恶意或怠于履行义务的原因的，则应当依据诚信原则，分析合同双方是否履行了各自的法定义务，并从平衡双方利益的角度对责任分配问题进行具体分析：对于尚未履行的部分，应当终止履行；对于已经履行的部分，则应当根据具体履行的情况，采取恢复原状或其他补救措施，同时，根据《民法典》第591条的有关规定可知，当事人一方违约后，对方应当采取适当措施防止损失的扩大，没有采取适当措施致使损失扩大的，不得就扩大的损失请求赔偿。因此，因不可归责于双方主观上的恶意或怠于履行义务的原因导致合同目的无法实现，从而导致合同解除的，对于解除后的损失，应当根据诚信原则以及减损义务规则进行分配。

2. 施工合同解除后承包人是否享有建设工程价款优先权

【案例】 陕西建工集团××建筑工程有限公司诉陕西××投资集团有限公司、××市电扇厂建设工程施工合同纠纷案

案例来源

发布单位：最高人民法院民事审判第一庭《民事审判指导与参考》2014年第3辑（总第59辑）

审判法院：最高人民法院

判决日期：2012年8月17日

案　　号：（2012）民一终字第19号

基本案情

2005年11月，××市电扇厂（以下简称电扇厂）以其占有、使用、收益和享有部分处置权的土地全部作价并投入部分资金，陕西××投资集团有限公司（以下简称投资公司）投资现金，双方联合开发××羊毛衫商贸大厦，在《联合开发建设项目合同书》中约定投资公司办理全部手续。2006年7月，双方签订《联合开发××羊毛衫商贸大厦项目补充协议》，约定电扇厂享有二、三层全部产权和七层2/3的产权，剩余产权归投资公司所有，并由其负责设计和建设，各自办理各自的产权手续。同年8月，投资公司将工程承包给陕西建工集团××建筑工程有限公司（以下简称建筑公司），双方在《××羊毛衫商城建设工程施工合同》中约定：承包范围为除电梯、空调主机、高压配电之外的全部工程；工程竣工后，承包人应提供验收报告及竣工图，发包人认可后28日，双方进行竣工结算，30日不结算，应承担违约责任，60日不结算，承包人可以折价或申请拍卖并优先受偿。合同补充约定：由建筑公司先行垫资施工，直至主体框架地上一层封顶，封顶后按照主体工程量的70%支付二层价款，以此类推；投资公司按照年度8%支付利息，最晚于2007年8月20日返还；至一、二层交付使用后7日内、投资公司支付工程款必须达到已完工程量的85%；竣工后，投资公司可留5%保修金外，须在10日内一次付清款项，否则建筑公司经过催款可以折价或拍卖并优先受偿；若建筑公司未能使一、二层于2007年4月20日交付使用，则拖延1日支付2万元；建筑公司拖

延工期超过20日，投资公司可要求其退场并承担经济损失。

2006年9月，投资公司委托陕西省××建设监理公司（以下简称监理公司）监理该工程，并签订《建设工程委托监理合同》，授予其提前竣工或超期的签认权。同年10月，监理公司签署开工报告，报告载明：工程自2006年11月1日开始，2008年6月14日计划竣工。2007年3月20日，建筑公司完成一、二层主体建设。21日，向投资公司发出《关于再次要求尽快完善××羊毛衫商城工程建设合法手续函》，要求投资公司尽快办理建设规划等相关手续，消除被曝光违章建筑带来的影响。4月25日，经监理公司验收，工程质量合格。4月26日，投资公司承诺补偿建筑公司人工费差额，并签订《西北××羊毛衫商贸大厦工程补充协议》。5月30日，西安市规划局授予该工程《西安市建设工程规划许可证》。6月8日，投资公司作出指示，八层以上缓建，建筑公司可以退场。6月30日，投资公司承诺对内粉工程给予补偿，并签订《西北××羊毛衫商贸大厦工程补充协议》。7月26日，监理公司验收工程质量合格。2007年8月24日，电扇厂、投资公司、建筑公司签订《协议》，约定由三方签订的《西北××羊毛衫商贸大厦建设工程施工合同》引发的任何问题均由投资公司承担责任。2007年9月10日和20日，建筑公司向投资公司两次催讨垫资款3619.6474万元，70%工程进度款差额1710.7360万元，要求其9月30日前支付，及时审核结算报告。9月26日，监理公司将该工程评估为不具备施工验收条件。建设方遂提出要求务必保证9月29日按时试营业，建筑公司表示同意。该会议纪要上仅有监理公司的盖章。同日，监理公司同意建筑公司竣工，日期为2006年11月1日至2007年9月26日。但投资公司认为工程并未实际竣工。9月29日，大厦开业。2008年1月28日，监理公司向投资公司说明，工程未全面完成非监理方原因。3月15日，投资公司发出《关于办理建筑工程消防验收申报表的函》，称工程已基本完工。投资公司称建筑公司始终不配合完成《建筑工程消防验收申报表》，向西安市公安消防部门申请验收。3月18日，西安市城乡建设委员会授予施工许可证。3月19日，投资公司通知建筑公司，称其仍未完成工程内容，亦未提供相关交接文件。

建筑公司以投资公司拖欠工程款为由，提起诉讼，请求法院判令解除两份建设工程施工合同；其优先受偿工程款；投资公司与电扇厂共同支付工程款及利息。

投资公司以建筑公司怠于履行合同，给其造成经济损失为由，提起反诉，请求法院判令建筑公司赔偿违约金、执法队罚款、拖欠罚金、电扇厂支付的赔偿金、对外赔偿金；继续履行合同，合格完成工程。

一审判决后，工程公司与投资公司均不服，分别提起上诉。

建筑公司上诉称：（1）投资公司构成违约，应当支付逾期付款的利息损失。（2）投资公司在合同规定的时间内未提出异议，确认了该项目的工程造价；一审判决采用的鉴定报告在程序上存在严重错误。（3）一审判决关于垫资利息的计取、安全文明施工措施费的计取及商品混凝土增加冬季施工费每立方米15元的认定未依据合同约定。

投资公司辩称：其不存在违约行为；不应解除合同；一审法院应当依据建筑公司的竣工决算确定工程造价；一审鉴定报告多计了工程款。故提起上诉请求，判令撤销一审判决。

建筑公司辩称：鉴定报告少计了工程款；投资公司的反诉请求不当；投资公司应当支付拖欠工程款的利息。

电扇厂辩称：其与本案无关，不应列为被告。

判决主文

一审法院判决：解除原告（反诉被告）建筑公司与被告（反诉原告）投资公司签订的两份建设工程施工合同；被告（反诉原告）投资公司给付原告（反诉被告）建筑公司工程款39 890 630.53元及利息；原告（反诉被告）建筑公司可对××羊毛衫商城享有优先受偿权；驳回原告（反诉被告）建筑公司的其他诉讼请求；原告（反诉被告）建筑公司给付被告（反诉原告）投资公司赔偿金10 000元；驳回被告（反诉原告）投资公司的其他反诉请求。

二审法院判决：维持一审判决第一、三、四、五、六项；变更一审判决第二项为上诉人投资公司支付工程款39 607 854.39元及利息。

裁判要旨

建设工程施工合同解除后，工程竣工验收合格，承包人仍享有建设工程价款优先权。承包人应当在合理期限内及时行使该优先权。

重点提示

在司法实践中,对于建设工程施工合同所涉工程已经建设完毕且验收合格,后因合同解除问题产生建设工程价款问题的纠纷中,承包人是否有权主张行使建设工程价款优先受偿权的问题,法院审理时应当注意以下两点:(1)建设工程施工合同解除后承包人仍享有建设工程价款优先权。首先,从性质上来看,建设工程价款优先受偿权是为担保承包人的建设工程价款债权,拥有一定的担保属性,属于物权的范畴,建设工程价款优先受偿权形式上无须登记,在义务人不履行给付义务时,承包人可就标的建筑进行拍卖或变卖折价受偿,在效力级别上也优先于抵押权与一般债权。其次,从目的上看,一方面,建设工程价款优先受偿权是为了担保承包人的建设工程价款债权,保障承包人的合法权益;另一方面,建设工程价款优先受偿权也是为了保障施工人的利益,建设工程施工过程中,施工人的劳动已经投入到建筑工程中,建设工程价款中一部分属于施工人的劳动报酬,法律对施工人获取报酬的权利予以保护。由此可见,在建筑工程完工且验收合格后,即使建设工程施工合同解除,为保障承包人和施工人的合法权益,仍应当保留建设工程价款优先受偿权。(2)承包人应当在期限内及时行使建设工程价款优先受偿权。《最高人民法院关于审理建设工程施工合同纠纷案件适用法律问题的解释(一)》第41条规定:"承包人应当在合理期限内行使建设工程价款优先受偿权,但最长不得超过十八个月,自发包人应当给付建设工程价款之日起算。"建设工程价款优先权的行使期限不确定,会影响其他债权的设定与行使,因此应当督促承包人及时行使优先权,维护市场交易秩序,保护其他债权人的合法利益。实务中建设工程价款优先受偿权的起算点,可依照当事人之间的约定进行起算,通常以竣工之日作为起算时间点。然而基于实践的复杂性,存在合同约定的竣工日期和实际竣工日期不一致,以及发包人未经竣工验收即对建筑工程进行使用的情况,根据《最高人民法院关于审理建设工程施工合同纠纷案件适用法律问题的解释(一)》第9条规定,建设工程经竣工验收合格的,以竣工验收合格之日为竣工日期;承包人已经提交竣工验收报告,发包人拖延验收的,以承包人提交验收报告之日为竣工日期;建设工程未经竣工验收,发包人擅自使用的,以转移占有建设工程之日为竣工日期。

3. 使用未经国家强制性产品认证的产品而签订的合同应否解除

【案例】×××国际大酒店有限公司诉××空调（漳州）有限公司建设工程设计合同纠纷案

案例来源

发布单位：《人民法院报》2011年1月13日刊载

审判法院：江苏省高级人民法院

判决日期：2010年5月11日

案　　号：（2009）苏民二终字第0073号

基本案情

2006年，××空调（漳州）有限公司（以下简称空调公司）承包×××国际大酒店有限公司（以下简称酒店公司）旗下的空调系统，双方签订设备安装工程合同，约定承包方式为包工包料，5匹以下空调压缩机使用松下品牌，5匹以上则使用大金牌。空调公司交付并安装了192套不同型号的水源热泵，且并未标注认证标志，其中186套水源热泵系需强制性产品认证的产品。空调公司已于2005年取得中国国家强制性认证产品认证证书，但上述安装的192套水源热泵的型号与证书中产品型号不同。

酒店公司以空调公司安装的空调系统无法投入使用为由，提起诉讼，请求解除合同、空调公司返还已收取的款项。

空调公司提起反诉，要求酒店公司给付剩余款项。

一审判决后，空调公司不服，提起上诉。

判决主文

一审法院判决：解除空调设备安装工程合同，被告空调公司返还原告酒店公司110万元，驳回空调公司的反诉请求。

二审法院判决：驳回上诉，维持原判。

裁判要旨

国家规定必须经过认证的产品，必须在经过认证、标注认证标志后，方可销售、使用。施工方生产、安装未经强制性产品认证之产品的，其与建设方签订的安装合同因违反《认证认可条例》以及《民法典》的相关规定而无效，故建设方有权要求撤销该合同。

重点提示

国家强制性产品认证制度是为了保障消费者的合法权益、保护环境、保护国家安全，依据相关法律法规而设立的一种产品合格评定制度，由国家对强制性认证目录范围内的产品实行统一强制性认证管理。在建设施工合同纠纷中，在施工方生产、安装未经强制性产品认证的产品的情形下，认定施工方与建设方签订的合同应否解除问题时，应当注意以下三点：（1）属国家强制性产品认证的产品，需取得国家强制性产品认证标志后才可出售。我国在加入世界贸易组织后，为了推进国家法治建设、使认证认可工作得到进一步的完善，国务院制定了《认证认可条例》，并对强制性产品认证的产品作出了具体规定。根据《认证认可条例》第27条规定："为了保护国家安全、防止欺诈行为、保护人体健康或者安全、保护动植物生命或者健康、保护环境，国家规定相关产品必须经过认证的，应当经过认证并标注认证标志后，方可出厂、销售、进口或者在其他经营活动中使用。"由此可知，我国实行强制性产品认证制度，要求在强制性产品认证的产品目录中的产品在实施强制性产品认证程序后才可销售、经营，即要求在国家强制性产品目录范围内的产品，均应在获得指定相关认证机构的认证证书，并按规定标注认证标志后，才能销售并在经营服务场所内使用。（2）销售未经国家强制性产品认证的产品的法律后果。《工业产品生产许可证管理条例》第48条规定："销售或者在经营活动中使用未取得生产许可证的列入目录产品的，责令改正，处5万元以上20万元以下的罚款；有违法所得的，没收违法所得；构成犯罪的，依法追究刑事责任。"同时，《产品质量法》第13条第2款规定："禁止生产、销售不符合保障人体健康和人身、财产安全的标准和要求的工业产品……"该法第26条第1款规定："生产者应当对其生产的产品质量负责。"具体来说，销售未经国家强制性产品认证的产品的处罚包括：①没收违法生产、销售的产品，并对生产单位处违法产品货额等值以下的罚款。②有违法所得的，并处没收违法所得；情节严重的，吊销营业执照。③对未经国家强制性产品认证就进行出厂、销售、进口或者在其他经营活动中使用的行为，责令改正，并处5万元以上20万元以下的罚款。④存在违反《刑法》相关规定的，应当依法追究其刑事责任。(3)施工方生产、安装未经强制性产品认证的产品的，建设方有权解除签订的合同。根据前述可知，国家规定强制性产品目录内的产品必须经过强制性产品认证的，应当经认证并标注后才可销售、投入使用等。因此，强制性产品目录内的产品未经强制性产品认证的，就违反了《认证认可条例》中的强制性规定。那么在建设工程中，对于施工方生产、安装未经强制性产品认证的产品的，根据《民法典》中关于合同无效的规定，违反法律、行政法规的强制性规定的合同当然是无效的，且无论当事人在订立合同时是否知晓。故建设方有权以施工方违反强制性规定为由，要求解除其与施工方签订的合同。

第六章　建设工程施工合同的违约责任

1. 欠付工程款利息及违约金的适用

【案例】黑龙江××水利水电工程有限公司诉大庆油田×××新能源有限责任公司建设工程合同纠纷再审案

案例来源

发布单位：最高人民法院《人民司法·案例》2018年第11期（总第814期）

审判法院：最高人民法院

判决日期：2017年6月19日

案　　号：（2017）最高法民再333号

基本案情

2012年9月，经招投标，黑龙江××水利水电工程有限公司（以下简称工程公司）与大庆油田×××新能源有限责任公司（以下简称新能源公司）签订工程合同一份，由工程公司对新能源公司的工程进行施工。工程价款付款方式为经工程师确认工作量后14日内新能源公司支付工程进度款，在工程竣工前支付总额不得超过合同价款60%，预留合同价款5%质量保证金后，其余工程款待工程竣工验收合格后56日内办理结算手续。逾期支付工程备料款的，每逾期一日，向工程公司支付违约金1000元。逾期支付工程进度款的，每逾期一日，向工程公司支付违约金1000元；无正当理由不支付工程竣工结算价款的，每逾期一日，向工程公司支付违约金1000元。2013年5月3日，工程竣工。但工程公司与新能源公司就工程价款结算未能达成一致意见。

工程公司以新能源公司未按约定价格给付工程款及利息为由，提起诉讼。

一审判决后，新能源公司不服，提起上诉。

二审判决后，工程公司不服，申请再审。

判决主文

一审法院判决：被告新能源公司给付原告工程公司工程款 56 008 727.91 元；被告新能源公司给付原告工程公司逾期支付工程款违约金。

二审法院判决：上诉人新能源公司给付被上诉人工程公司工程款 55 343 333.00 元，驳回被上诉人工程公司关于逾期支付工程款利息的诉讼请求。

再审法院判决：再审被申请人新能源公司给付再审申请人工程公司工程款 55 343 333.00 元，并支付利息。

裁判要旨

司法实务中，主流观点认为欠付工程价款利息的性质是法定孳息，其出现实际上是为了用以补偿守约当事人的损失。当事人既主张违约金又主张利息时，应当以实际损失作为计算违约金与工程价款利息基础。违约金的计算以守约方所受损失作为一部分的同时，还可以适度适用惩罚性违约金。这样既能保护当事人在合同关系中能够达到合理预期，又能有助于维护交易的安全。

重点提示

司法实践中，对于欠付工程款利息及违约金的适用问题，应当注意以下三点：（1）欠付工程款利息属于法定孳息。法定孳息，是指通过法律关系所获得的收益，法律关系则一般包括法律行为及法律规定。根据《最高人民法院关于审理建设工程施工合同纠纷案件适用法律问题的解释（一）》第26条规定："当事人对欠付工程价款利息计付标准有约定的，按照约定处理。没有约定的，按照同期同类贷款利率或者同期贷款市场报价利率计息。"本条规定在发包人欠付工程价款的情况下，即使合同中没有欠付工程款利息的约定发包人也应当支付利息。就是因为欠付工程款利息本质上属法定孳息，当事人约定并非其产生的必要条件。（2）逾期支付工程价款利息与违约金可以同时适用。《民法典》第585条第1款规定："当事人可以约定一方违约时应当根据违约情况向对方支付一定数额的违约金，也可以约定因违约产生的损失赔偿额的计算方法。"由此可知，我国违约金的设置采取补偿性违约金和惩罚性违约金兼具的模式，且在适用时一般优先适用补偿性违约金，再以惩罚性违约金作为辅助作用。根据上述可知，逾期支付工程价款的利息在本质上属于法定孳息，并不需要当事人约定；而违约金是一方违约时因其违约行为给对方造成损失的赔偿，故二者性质不同。在建筑工程施工合同中，承包人的实际损失不仅仅是发包人逾期向承包人支付工程价款所产生的利息，故违约金仍具有补充作用，违约金与逾期工程价款利息支付的总额应当依据实际损失进行计算。综上，逾期支付工程价款利息与违约金可以同时适用。（3）建筑工程施工合同中，应当设置合理的利息与违约金。为了市场经济的稳定，无论是发包人还是承包人，都应当重视建筑工程施工合同中迟延支付工程款的违约条款的设置。设置合理的惩罚性违约金，在督促双方遵守合同约定履行义务的同时，又能够维护双方合法权益，促进交易安全。故无论是利息还是违约金，不约定与约定过高均不可取，不约定无法保障守约方的利益，而约定过高则更会产生诸多变数。唯有实事求是地设定合理的违约条款，才能实现真正的公平。

2. 违约金和利息的竞合

【案例】四川××消防工程有限责任公司诉德阳××物流有限公司、尹××、金×建设工程施工合同纠纷案

案例来源

发布单位：最高人民法院《人民司法·案例》2018年第11期（总第814期）
审判法院：德阳市中级人民法院
判决日期：2017年8月30日
案　　号：（2017）川06民终1353号

基本案情

2012年6月11日，四川××消防工程有限责任公司（以下简称工程公司）与德阳××物流有限公司（以下简称物流公司）签订水电与消防施工合同，约定物流公司将其××镇××村智能运输与仓储项目中的水电与消防工程发包给工程公司施工。3日后，工程公司向物流公司支付保证金100万元。

2014年10月9日，工程公司、物流公司签订解约协议，载明双方协商一致解除水电与消防施工合同，原因是物流公司已将合同项下工程与第三方签约，并约定物流公司退还工程公司保证金、赔偿损失共计500万元（其中保证金70万元、保证金资金占用费60万元、前期施工准备损失100万元、可得利

益损失270万元），于2015年2月10日前支付300万元，于2015年5月31日前支付余款200万元，违约则按应付款金额以银行同期贷款利率四倍支付利息。尹××、金×以连带保证责任人身份在上述解约协议尾部签名捺印。

工程公司以物流公司未按解约协议约定支付赔偿金，构成违约为由，提起诉讼，请求判令物流公司偿还本金500万元，并按银行同期贷款利率四倍支付利息至付清之日止，尹××、金×对上述款项承担连带责任。

一审判决后，工程公司不服，提起上诉称：第一，其在和物流公司签订水电与消防施工合同之后，便开展了准备工作，后因物流公司与第三人签订原合同中所涉工程造成违约，双方便签订了解约协议，该协议合法有效，一审判决的20万元赔偿款于法无据。第二，其主张的500万元赔偿款是基于资金占用费与前期施工损失补偿费所产生的实际损失以及270万元可得利益损失，二者不属于同一赔偿。第三，其曾在保证期内向尹××主张其承担保证责任并有视频为证，尹××在视频中请求其宽限还款日期，二者之间并不存在其他债务，而尹××声称其是在向他追索其他债务，一审并未就该项进行质证。综上，请求撤销一审法院判决，改判物流公司向其支付6 990 277元，其中包括解约协议中约定的500万元及其利息，尹××对上述款项承担连带责任。

物流公司辩称：一审法院认定事实清楚，适用法律正确，请求驳回上诉，维持原判。

尹××辩称：解约协议中约定，最后一笔款项的付款时间为2015年5月31日，工程公司所提供的视频资料仅能证明双方曾在2015年4月6日有过会谈，但是无法证明曾要求其承担保证责任。因此，其与金×不再承担保证责任。一审认定事实清楚，适用法律正确，程序合法，请求驳回上诉，维持原判。

二审期间，经法院释明，工程公司同意将原诉讼请求变更为确认债权之诉。

判决主文

一审法院判决：被告物流公司向原告工程公司退还保证金70万元，并赔偿损失20万元，上述款项共计90万元；驳回原告工程公司的其他诉讼请求。

二审法院判决：维持一审判决第二项；撤销一审判决第一项；确认上诉人工程公司对被上诉人物流公司享有90万元的债权。

裁判要旨

当事人以合同约定为由同时主张违约金、利息以弥补经济损失，有合同依据和事实依据，但两者之和过分高于实际损失的，应予以调整，以体现《民法典》及司法解释关于补偿为主、惩罚为辅的原则。

重点提示

在民事合同中，当事人既约定了违约金，也约定了利息，在一方当事人违约，另一方当事人请求支付违约金与利息时人民法院应当如何处理一直是司法实践中的难点，法院审理此类案件时，应当注意以下两点：（1）违约金的性质。《民法典》第 585 条规定："当事人可以约定一方违约时应当根据违约情况向对方支付一定数额的违约金，也可以约定因违约产生的损失赔偿额的计算方法。约定的违约金低于造成的损失的，人民法院或者仲裁机构可以根据当事人的请求予以增加；约定的违约金过分高于造成的损失的，人民法院或者仲裁机构可以根据当事人的请求予以适当减少。当事人就迟延履行约定违约金的，违约方支付违约金后，还应当履行债务。"根据上述法律规定可知，违约金的价值在于规范市场信用体系，防止当事人因对方的违约行为产生损失，兼具补偿性与惩罚性的功能，在违约行为人主观上不具有过错或过错较小时，应当主要体现违约金的补偿性功能；而在违约行为人主观上存在过错或故意违约行为时，则应当体现违约金的惩罚功能。当违约金超出实际损失部分时，对于损失部分体现其补偿性功能，超出部分则属于惩罚性功能。在司法实践中，在违约金和实际损失差距过大时，应当衡量违约方的过错大小适当调整违约金的数额，在违约金数额小于实际损失时应当适当上调，反之则应当适当酌减。人民法院在审理过程中依据案件的实际情况对违约金数额进行调整，才符合违约金的立法目的。（2）违约金和利息竞合时的处理。《最高人民法院关于审理建设工程施工合同纠纷案件适用法律问题的解释（一）》第 26 条规定："当事人对欠付工程价款利息计付标准有约定的，按照约定处理。没有约定的，按照同期同类贷款利率或者同期贷款市场报价利率计息。"根据该条规定，如果当事人之间明确约定了逾期支付工程款应承担的违约责任方式，则优先适用该当事人之间的约定。根据意思自治原则，当事人在合同中约定了在承担利息之外还应赔偿损失或者承担其他违约责任的，应当从其约定。如果在仅约定违约金的情况下，当事人请求违约一方支付因违约金而产生的利息的，则应当在判断违约金与实际损失之间是否差距过大的基础上，判断是否支持当事人的诉讼请求。

3. 无法证明发包人逾期支付进度款时欠付工程款利息的计算

【案例】浙江××建设集团股份有限公司诉安徽×××制笔城有限公司建设工程施工合同纠纷案

案例来源

发布单位：最高人民法院第四巡回法庭：当庭宣判十大案例
审判法院：最高人民法院
判决日期：2017年3月31日
案　　号：（2017）最高法民终25号

基本案情

2012年2月，作为建设方的安徽×××制笔城有限公司（以下简称制笔城公司）与作为承包方的浙江××建设集团股份有限公司（以下简称建设公司）签订了施工补充协议，约定建设公司承包施工制笔城公司工程。开工日期为2012年2月，竣工日期为2012年12月，合同价为暂定价13 000万元。若制笔城公司逾期支付进度款，其同意按照月息2分支付给建设公司。工程竣工验收合格后在建设公司移交工程及全部竣工资料15日内，支付核定工程价款的85%，工程全部竣工，经建设局验收合格核发竣工验收报告后，支付至工程结算造价的95%，剩余5%作为工程保修金。后双方签订了建筑工程施工合同并登记备案，约定工程内容为厂房工程，合同价为13 000万元（暂定）；合同约定的开工日期为2012年2月，竣工日期为2012年12月，合同工期300日历天。2012年11月，制笔城公司向建设公司发出《解除合同通知书》。次月，建设公司向制笔城公司发出《关于"解除合同通知书"的回复》。

建设公司以双方对于工程款事宜协商未果为由，提起诉讼，请求判令制笔城公司支付工程款6445.599 421万元及相应利息。

一审判决后，制笔城公司、建设公司均不服，提起上诉。

制笔城公司辩称：建设公司事后提出的证据于法无据；一审判决酌定调整利率有法律依据，本公司并未延期支付工程进度款，建设公司关于利息的上诉没有法律依据。

建设公司辩称：制笔城公司的垫付行为本公司对此不予认可，且多笔款项均不应计入已付工程款；签证单存疑部分虽然没有制笔城公司的签字，但监理单位盖章确认，足以认定建设公司进行了施工，应计入工程造价；一审判决未按合同约定的月息2分计算欠付工程款利息，而是酌定按照同期贷款利率的二倍计算属于适用法律错误。

判决主文

一审法院判决：被告制笔城公司支付原告建设公司工程款16 919 301.18元及其利息。

二审法院判决：改判上诉人制笔城公司支付上诉人建设公司工程款16 232 783.38元及利息。

裁判要旨

承包人与发包人在合同中约定了发包人逾期支付工程进度款时的利息计算方式，但承包人没有证据证明发包人确实存在逾期支付进度款行为的，此种情况不能适用于《最高人民法院关于审理建设工程施工合同纠纷案件适用法律问题的解释（一）》中规定的欠付工程款利息的计算，但实务中企业在银行融资难的情况真实存在，人民法院可以行使自由裁量权酌定按同期同类银行贷款利率计算利息。此外对于建设工程施工合同纠纷案件，其涉及许多工人的工资，为了让工人更早地拿到工资，人民法院可以采取当庭宣判的方式，提高司法效率。

重点提示

对于拖欠工程款利息的计算标准，我国司法解释兼顾尊重当事人的意思自治原则与公平原则。司法实践中，对于承包人无法证明发包人确实存在逾期支付进度款行为时欠付工程款利息的计算，应当注意以下两点：（1）承包人无法证明发包人确实存在逾期支付进度款行为时，可按同期同类银行贷款利率计算欠付的工程款利息。《最高人民法院关于审理建设工程施工合同纠纷案件适用法律问题的解释（一）》第26条规定："当事人对欠付工程价款利息计付标准有约定的，按照约定处理。没有约定的，按照同期同类贷款利率或者同期贷款市场报价利率计息。"由此可知，工程款的利息属于法定孳息。发包人欠付工程款后，不仅要继续向承包人履行支付欠付工程款的责任，同时还应支付欠付工程款的利息。对于欠付工程款利息的计算标准，我国有关司法解释兼顾尊重当事人的意思表示和公平原则，规定双方当事人签订的合同中对利息计算标准有约定的，按照约定处理；没有约定的，则按照中国人民银行发布的同期同类贷款利率或同期贷款市场报价利率计息。实务中，承包人没有证据证明发包人逾期支付工程进度款且也没有合同依据要求发包人按约定计算欠付工程款的利息时，也适用上述规定，人民法院可以酌定按同期同类银行利率计算利息。

（2）为满足发包人迫切需要解决工人工资的问题，人民法院可以采取当庭宣判方式。当庭宣判是民事诉讼法中的一种法定宣判方式，其不仅可以提高案件审判效率，让当事人第一时间得到结果解决纠纷，还可以避免庭审过程受到外界干扰，使当事人更加放心，让人民群众尽早感受到公平正义，提升司法公信力。在建设工程施工合同纠纷案件中，最终的判决关系到承包人的工程款，且多和工人们的工资相联系。而上述工程纠纷案件总会因工程鉴定等需要等待的环节导致审理时间过长，因此为了能让承包人尽早收到工程款，其手下的工人能够尽早拿到工资，人民法院可以采取当庭审判的方式对案件进行判决。但建设工程施工合同纠纷案件会涉及多种多样的工程资料与账目。故这类案件在当庭宣判前，应当提前收集好工程资料并对账目进行核对，即对庭前准备及庭审工作提出了更高的要求。

第七章　建设工程价款

一、工程价款的认定

以工程竣工决算报告确定工程价款的认定

【案例】北京市××装饰设计工程有限公司诉周口××置业有限公司装饰装修合同纠纷案

案例来源

发布单位：最高人民法院民事审判第二庭《商事审判指导》2014年第2辑（总第38辑）

审判法院：最高人民法院

判决日期：2014年4月9日

案　　号：（2013）民提字第128号

基本案情

2005年3月，北京市××装饰设计工程有限公司（以下简称北京装饰公司）承包周口××置业有限公司（以下简称置业公司）工程并签订建设工程施工合同，合同约定：由北京装饰公司负责置业公司的水电及室内外装修工程；工程总造价暂定人民币1500万元；孙×、刘×、马×奇为置业公司派驻工地的工程师负责监督工程质量、进度、安全以及履行合同义务，北京装饰公司也派出张×荣等工程师进行验工计价，后双方还约定了工程款支付的方式和时间，在竣工结算条款中约定"置业公司收到竣工结算报告及结算资料后28天内无正当理由不支付工程竣工结算价款，从第29天起按同期银行贷款利率向北京装饰公司支付拖欠工程价款的利息，并承担违约责任"等多项条款。之后，因周口市建委检查发现了质量问题，应业主要求，便成立了临时监督小组,由马×洲任组长,并且多项验资报告都由马×洲签收确认。

北京装饰公司以工程价款的结算存在纠纷为由,提起诉讼,请求判令置业公司应依法向其支付和赔偿以下款项:工程款 13 715 103 元;工程设计款 985 560 元;北京装饰公司直接经济损失 210 000 元;北京装饰公司在施工中的人工费损失共计 1 136 488 元;临时设施费 129 275 元;北京装饰公司在购买灯具中的直接损失共计 69 978 元;所欠工程装修款的利息 1 391 576 元。

置业公司以北京装饰公司未按合同约定提交结算资料为由,提出反诉,请求判令北京装饰公司向置业公司提交完整的所需资料;北京装饰公司向置业公司返还工程质量保修金 761 506.96 元。

一审判决后,北京装饰公司、置业公司均不服,提起上诉。

北京装饰公司上诉称:(1)原审判决错误。原审判决及鉴定意见的工程价款明显低于实际的工程价款,有悖客观事实;原审判决否认马×洲签收竣工决算报告的效力,是错误的;原审判决对合同约定条款视而不见,同时也未按照最高人民法院的司法解释和建设部的部门规章以及当事人的合同约定认定合同价款,却违反法律规定及合同约定,违法进行鉴定;原审法院仅仅依据违法鉴定及其鉴定意见进行判决,而对北京装饰公司包括设计费的增加、停工误工费、擅自转包等各项损失的合理诉讼请求均没有进行判决,显属漏判,程序违法;原审判决对工程价款税金漏判。(2)关于鉴定问题。鉴定机构没有鉴定资格;鉴定程序违法,北京装饰公司参与摇号并不能证明同意没有鉴定资格的鉴定机构鉴定,同时北京装饰公司从开始就不同意鉴定;本案无须进行造价鉴定;鉴定意见有失公正。故请求二审法院撤销原审判决第一、二项;判令置业公司给付北京装饰公司工程款及误工费等各项损失合计 17 637 980.18 元;判令置业公司承担拖欠北京装饰公司工程款至履行之日期间同期银行贷款的利息损失;判令置业公司支付工程价款的税金(税率为 3.413%)。

置业公司辩称:原审判决及鉴定意见的工程价款明显低于实际的工程价款,没有任何事实依据;马×洲的签收和北京装饰公司的单方决算书无效;双方对于工程施工过程中发生的索赔事项已实际相互抵销和放弃;北京装饰公司应先履行纳税义务;本案鉴定机构经摇号选出,并由双方当事人签字认可。北京装饰公司不提出重新鉴定,却提出对鉴定机构和程序的异议,本公司难以理解。请求二审法院驳回北京装饰公司的上诉请求。

置业公司上诉称:(1)根据鉴定意见,又依据合同约定付款至工程款的

95%，余款为质保金，本公司已超付，不应再付工程款。北京装饰公司在工程未完工的情况下就撤场，放弃履行保修责任，应依法从工程款中将质保金扣除，超付部分应返还本公司。（2）北京装饰公司未按规定将竣工验收资料交付本公司，本公司的第一项反诉请求应得到支持。故请求二审法院撤销原审判决第一、三项，支持本公司的反诉请求。

北京装饰公司辩称：置业公司依据没有司法鉴定资质、鉴定程序违法的前提下作出的鉴定意见，不能作为审理案件的依据。置业公司迟延行为构成违约，且合同约定的工程质保期已过，本公司不再承担质保责任，置业公司应支付包括质保金在内的全部工程价款，此外，置业公司应承担擅自使用未验收工程的全部责任；本公司已对涉案工程施工完成，提交了工程竣工验收报告和竣工结算报告，置业公司已经签收并擅自使用了涉案工程。请求二审法院驳回置业公司的上诉请求。

北京装饰公司不服二审判决，申请再审。

置业公司辩称：涉案工程造价不应按北京装饰公司所作的决算报告确定；本案讼争的工程造价应该按司法鉴定意见认定；北京装饰公司有关设计费、误工损失和临时设施费的索赔没有依据，本公司不应予以赔偿。

判决主文

一审法院判决：被告置业公司支付原告北京装饰公司下欠工程款811 483.13元及银行利息；驳回原告北京装饰公司其他诉讼请求；驳回被告置业公司的反诉请求。

二审法院判决：维持一审民事判决第二、三项；变更一审民事判决第一项为上诉人置业公司支付北京装饰公司工程款及其他款项共计1 771 461.13元及利息。

再审法院判决：撤销二审民事判决、一审民事判决；再审被申请人置业公司支付再审申请人北京装饰公司工程款及其他款项共计14 673 151元本金及利息；驳回再审申请人北京装饰公司的其他诉讼请求；驳回再审被申请人置业公司的反诉请求。

裁判要旨

承包方与发包方在建设工程合同中明确约定，承包方向发包方送达竣工结算文件，发包方在收到该文件后并未在规定时间进行答复的，可以看作发包方认可该竣工结算文件。基于此约定，承包方在发包方未及时进行答复后，请求按照竣工结算文件结算工程价款是合法的，人民法院应当予以支持。此外，发包方代理人代理发包方履行发包方职责签收承包方送达的资料并且发包方无异议的，视为发包方认可该代理人的行为。

重点提示

建设工程竣工后，承包方应当向发包方送达工程价款结算的相关文件资料进行审核确认，但经常会出现发包方未在合同约定的时间内完成审核确认的情形，此时建设工程价款的结算问题就成了承包方面对的一项难题。在存在前述情况下的司法实践中，认定以工程竣工决算报告确定工程价款的问题时，应当注意以下两点：（1）建设工程施工合同中明确规定逾期未答复视为认可的适用。《最高人民法院关于审理建设工程施工合同纠纷案件适用法律问题的解释（一）》第21条规定："当事人约定，发包方收到竣工结算文件后，在约定期限内不予答复，视为认可竣工结算文件的，按照约定处理。承包方请求按照竣工结算文件结算工程价款的，人民法院应予支持。"上述规定主要是为了解决建设工程领域存在的侵害承包方合法权益的问题，即解决发包方在承包方向其送达工程价款结算文件资料后怠于答复的问题。但该规定的适用存在前提条件，即承包方与发包方基于双方真实的意思表示在建设工程合同中明确约定承包方提交竣工结算文件资料后，发包方在约定的期限不予答复，以及产生承包方可以将其送达发包方的竣工结算文件作为结算依据的法律后果。适用存在前提条件的原因在于：一般来说，发包方未在约定期限内答复的行为属于对承包方向其提交相关结算文件行为的沉默，沉默则代表着不拒绝也不承认。故只有承包方与发包方在合同中明确约定了发包方沉默的后果时，承包方才可请求按照其提交的竣工结算文件进行结算。（2）发包方代理人代理发包方进行签收行为并且发包方无异议的应认定为有效。实际上行使广泛的发包方权利，并具有发包方授权的代表身份的发包方代理人，其可作为发包方在建设工程施工合同纠纷诉讼中的代表。其代表发包方签收承包方送达的内容涉及工程质量、进度、现场管理、竣工图纸、决算报告等各方面情况的工程的竣工资料和相关报告文件，并且发包方并未提出任何异议的，证明发包方代理人有权代表发包方签收建设工程竣工工程价款决算报告，发包方认可其签收行为。

二、工程价款的结算

(一)结算条款的确定

1. 政府部门对工程经费的审计金额能否作为工程款结算结果

【案例】大连××防水工程有限公司诉大连市×××开发建设管理中心建设工程施工合同纠纷案

案例来源

发布单位:最高人民法院中国应用法学研究所《人民法院案例选》2017年第9辑(总第115辑)

审判法院:辽宁省大连市中级人民法院

判决日期:2016年5月30日

案　　号:(2016)辽02民终1302号

基本案情

2004年,大连市×××开发建设管理中心(以下简称开发中心)作为建设单位,开发建设了大连市游泳馆迁建工程。工程造价人民币6000万元;开工日期为2004年5月,竣工日期为2005年9月。该工程于2005年10月通过竣工验收并交付使用。

后大连××防水工程有限公司(以下简称防水公司)与开发中心于2005年签订《防水、防潮、抗渗合同书》,合同约定工程造价20.11万元;承建方式为乙方包工包料;工程期限2005年5月至6月。案涉工程于2005年10月竣工验收交付开发中心。案涉工程施工期间,防水公司共制作有47张工程量签证单,并均有开发中心方工程代表的签字。开发中心于2005年、2006年向防水公司支付案涉工程款共计32万元。案涉工程完工后,开发中心将防水公司递交的竣工材料报大连市投资审核中心审核,该中心出具了工程项目审定表,载明结算金额为188 293元。防水公司与开发中心分别在"施工单位意见""建设单位意见"处加盖了印章,双方一直未就案涉工程进行决算。

防水公司以开发中心欠付其工程款为由提起诉讼,请求法院判令开发中心支付其工程款 65 万元。

开发中心辩称：双方于 2005 年 5 月 12 日签订合同，工程于 2005 年 10 月 26 日竣工验收。开发中心向防水公司最后一次付款的时间为 2006 年 1 月 6 日，自该日期起算，防水公司的诉请已超过诉讼时效期间；双方在合同实际履行过程中，开发中心向防水公司多次付款的数额已经超过了合同价款，开发中心已不欠防水公司工程款。故要求驳回防水公司的诉讼请求。

一审判决后，防水公司、开发中心均不服，提起上诉。

判决主文

一审法院判决：被告开发中心向原告防水公司支付工程款 381 489.04 元；驳回原告防水公司其他诉讼请求。

二审法院判决：驳回上诉，维持原判。

裁判要旨

政府财政审核部门出具的工程相关经费的审定表是政府相关部门对政府工程建设单位基本建设资金的监督管理，不影响双方当事人之间的合同效力以及履行；具体工程款结算金额的依据，应当以合同双方在合同中所作出的约定进行判断。

重点提示

实务中，在建设工程施工合同纠纷领域，特别是政府投资建设类工程，因涉及金额巨大，对于工程款结算金额的最终认定一般都要接受政府审核机构的审计监督。司法实践中，认定政府部门对工程经费的审计金额能否作为工程款结算结果的问题时，应当注意以下两点：(1) 政府部门出具的工程项目审定表的认定。政府财政审核部门出具的工程经费审定表是一份用以确认工程项目的预算和经费分配的文件。该审定表中通常会包含各项工程费用的预估金额，包括人工、材料、设备、管理费用等。政府财政审核部门会根据工程的性质、规模以及合同条款等因素，审查和核定这些费用并最终得出工程审计金额。此外，审定表在工程项目进行过程中具有重要的作用，它不仅能够指导工程的实际开展，还可以作为工程结算的基础。在工程竣工完成后，可以将施工人的结算金额与审定表中的费用进行对比，以确定最终的结算金额。以此帮助监督工程项目的预算使用情况，确保工程资金的使用合理、透明。（2）以施工单位的结算金额作为结算依据还是以政府部门审计金额作为结算依据，取决于双方当事人在建设施工合同中的具体约定。政府财政审核部门出具的工程相关经费的审定表是政府相关部门对政府工程建设单位基本建设资金的监督管理，不影响双方当事人之间的合同效力以及履行，即建设工程施工单位的结算金额是根据建设施工合同中的具体约定来确定的。在建设工程合同中，通常会涉及结算的相关条款，这些条款会明确规定结算的依据、方式等。发包人与施工人可以约定由施工单位提出的结算金额或以经过政府部门审计得出的金额作为工程款结算依据。考虑到项目的性质、规模，在一些大型项目中，可能会要求进行审计，以确保结算金额的准确性和合理性。总之，具体选择哪种方式作为结算依据取决于双方在合同中的协商和约定。

2. 无法阐明内容的误解是否构成重大误解

【案例】××市地下铁道集团有限公司诉江苏省××建设集团股份有限公司建筑工程合同纠纷案

案例来源

发布单位：最高人民法院中国应用法学研究所《人民法院案例选》2015年第4辑（总第94辑）

审判法院：天津市高级人民法院

判决日期：2014年9月17日

案　　号：（2014）津高民一终字第0079号

基本案情

××市地下铁道集团有限公司（以下简称地铁公司）与江苏省××建设集团股份有限公司（以下简称建设公司）就地铁商业项目签订《项目施工合同》，约定合同价款采用固定总价形式，并就合同价款中包括的风险范围、风险费用、风险范围以外合同价款调整方法做了约定。双方签订《补充协议1》，在原合同基础上将增加前期建设公司进场前施工费用。建设公司施工前因地铁公司方面原因改变图纸设计，建设公司完成工程施工，并将竣工后工程交付给地铁公司。双方需就新增工程价款进行审价结算。双方根据涉案工程的审价单位××咨询公司出具的结算审核报告,签订了《补充协议2》,确认项目竣工结算总价款。地铁公司依约定向建设公司支付了部分工程款。而后,××咨询公司向地铁公司出具《说明》,称其之前提供的结算审核报告存在不可预见费误计等问题。地铁公司据此方委托津建造价公司对涉案项目进行二次审价,津建造价公司对原合同总价内包含的不可预见费等项目进行核减。

地铁公司以其与建设公司签订结算协议时存在重大误解为由,提起诉讼,请求判令变更结算协议,并调减结算款。

一审判决后,地铁公司不服,提起上诉称:本公司签订结算协议,确认新增工程量费用,是基于涉案工程审价单位××咨询公司的审价结果作出的,审价单位表示"涉案工程造价审核计算文件中存在不可预见费误计等问题"。存在误计的原因非本公司自身造成,故应认定本公司签订结算协议时存在重大误解。请求判令支持本公司的诉讼请求。

建设公司辩称:结算协议约定的新增加工程量及费用,是在经过设计单位、监理单位、审核单位、建设单位、施工单位多次讨论并核减了部分费用的基础上,由上诉人地铁公司与本公司反复协商自愿达成的合意,内容不违反法律规定,合法有效。而且上诉人地铁公司已经履行了结算协议中约定的支付义务,不存在可撤销事由。

判决主文

一审法院判决:驳回原告地铁公司的诉讼请求。

二审法院判决:驳回上诉,维持原判。

裁判要旨

发包人与承包人依据双方真实意思表示签订的结算协议对双方均具有法律约束力,若发包人主张签订协议时存在重大误解请求变更的,则发包人有义务对该重大误解内容以及重大误解的指向对象进行阐明。若发包人不能对误解内容进行阐明,也无法确定误解指向对象,那么该误解不构成合同法意义上得以主张变更合同的重大误解情形,人民法院也不应支持其请求。

重点提示

重大误解是民事法律行为可撤销的法定情形,其主要是指一方订立合同时因自己的过错从而对合同的主要内容等发生误解，且该误解直接影响到当事人所享有的权利与义务。误解既可以是单方面的误解，也可以是双方的误解。司法实践中，认定无法阐明内容的误解是否构成重大误解的问题时，应当注意以下三点：（1）重大误解的情形。一般来说，重大误解事实应当包括以下三种类型：一是对合同性质发生误解。合同性质与合同目的息息相关，不同性质的合同约定的权利义务不尽相同。当事人对合同性质认识错误，违背了当事人订立合同的初衷，且会造成当事人权利义务的改变。二是对对方当事人的身份存在误认。一般情况下，对对方当事人的身份存在误认，不会影响合同的权利义务内容。但对于限定当事人特定身份类型合同，合同的履行往往与该特定身份具有密切关联，对当事人特定身份的误认往往会导致合同目的不能实现。三是对标的物的性质、质量、规格和数量存在认识错误。标的物是合同权利义务指向的对象，对标的物性质、质量、规格和数量存在认识错误，将直接导致合同目的不能实现。（2）无法阐明内容的误解不可视为重大误解。一方当事人对合同主要内容的误解，且影响当事人订立合同的目的或者权利义务的，才可被看作重大误解。具体来说，构成重大误解应当满足以下几个构成要件：①构成重大误解须由表意人作出意思表示，即要想构成重大误解，就要必须具备表意人因重大误解而成立的意思表示，欠缺意思表示的，就不构成重大误解。②主张重大误解的当事人应当对构成重大误解的事实进行确定并阐明。一般来说，当事人主张重大误解一般晚于重大误解事实发生时，且重大误解需要向法院或者仲裁机构进行主张。因此，只有确定的、可阐释的重大误解才能够为他人知晓、理解，并被法院或仲裁机构依法确认。③当事人必须是对合同的内容发生了重大误解。重大误解必须是对合同的内容发生了重大误解，并导致了合同的订立。一般来说，并非所有误解都能使合同撤销。实务中认为，只有在对合同的主要内容发生误解的情况下才可能影响当事人的权利和义务并可能使误解的一方的不能达到合同目的。故只有对合同的主要内容发生误解才构成重大误解。综上，满足上述条件才能构成重大误解。当事人无法阐明其主张的误解主要内容时，也就不构成重大误解。（3）被认定为重大误解行为的法律后果。合同变更是指有效成立的合同在尚未履行或未履行完毕之前，由于一定法律事实的出现而使合同内容发生改变。根据《民法典》第147条规定："基于重大误解实施的民事法律行为，行为人有权请求人民法院或者仲裁机构予以撤销。"由此可知，因重大误解使当事人在违背其真实意愿的情况下订立的合同，当事人有权在法定期间内请求法院或者仲裁机构变更合同。此外，因重大误解所订立的合同在撤销之前合同有效，撤销后合同自始无效。

3. 财政评审报告在建设项目结算中的效力认定

【案例】广东××照明工程建设有限公司诉广州市南沙区××镇人民政府建设工程施工合同纠纷案

案例来源

发布单位：最高人民法院中国应用法学研究所《人民法院案例选》2015年第4辑（总第94辑）

审判法院：广东省广州市中级人民法院

判决日期：2014年2月13日

案　　号：（2014）穗中法民五终字第235号

基本案情

广东××照明工程建设有限公司（以下简称照明公司）以2 128 716元中标广州市南沙区××镇人民政府（以下简称镇政府）公开招标的"镇区外立面光亮工程"，双方合同约定"韩国现代"等工程产品品牌标准和总价大包干的承包方式，并对最终合同价款以财政评审报告审定金额作为计取基础以及按照工程进度、财政审定、资料交付等条件付给工程款的付款方式达成合意。施工前，双方函定变更施工范围并确定主要项目的产品型号、共计2 240 753.95元的工程报价、"韩国现代或不低于其的同类产品"之主材标准以及"295.24元/套"等综合单价。诉争工程合意推迟完工并经验收合格之前，镇政府对照明公司进场原材料及其产品质量盖章确认并如约支付前期部分工程款计99万元。双方确定实际工程量并移交竣工工程之后，照明公司向镇政府交付全套工程材料并就询价参照物的品牌标准、主材价格及工程造价函商财政评估公司未果，后者以工程造价583 630.83元及主材价格58.91元出具财政评审报告，镇政府遂据此迟延履行剩余合同价款。

照明公司以镇政府违约为由，提起诉讼，请求判令镇政府承担继续履行的违约责任，向其交付依据报价汇总表计算的剩余工程价款。

镇政府辩称：双方合同约定以财政评审报告中的审定金额为基础按一定方

式计取工程最终价款，现工程最终价款远低于其已经交付于照明公司的工程款，故请求驳回照明公司的全部诉讼请求。

镇政府以依据财政评审报告中的审定金额计算的工程最终价款远低于其前期已经交付的工程款为由，提起反诉，请求判令照明公司向其返还多支付的工程款并承担反诉费用。

照明公司辩称：因其不认可财政评审报告的询价参照以及审定金额，故请求驳回镇政府的反诉请求。

又查明，照明公司于诉争工程中使用的主要材料之出卖人具备《施工合同》双方前定之品牌即"韩国现代"商标权拥有者的生产销售授权且照明公司依据经双方确定的主材综合单价及实际工程量重计工程款共 2 159 035.87 元。且据人民法院依职权调取之证据显示，镇政府据之迟延履行剩余合同价款的财政评审报告中，施工主要材料的询价参照物为深圳市创美芯光电科技有限公司生产之瓦楞灯，该司出产的瓦楞灯综合单价为 58.91 元，该价格低于照明公司为施工所采购之产品的单价计 225 元。

一审判决后，镇政府不服，提起上诉称：双方当事人明确约定以财政评审报告中的审定金额作为合同价款结算依据，意思表示真实自由，具备法律效力，故请求撤销一审判决，依法改判为支持镇政府原审诉讼请求。

二审审理中，镇政府应二审法院要求提交了《有关财政投资项目预算评审报告中瓦楞灯单价的构成的情况说明》，说明财政评审参照标的物为深圳市创美芯光电科技有限公司就瓦楞灯价格的询价表，其中一套瓦楞灯的综合单价为人民币 58.91 元，包括了人工费 8.12 元，材料费 48.06 元，管理费人民币 1.27 元及利润人民币 1.46 元。

判决主文

一审法院判决：被告（反诉原告）镇政府向原告（反诉被告）照明公司支付工程款 1 061 084 元；驳回原告照明公司的其他诉讼请求；驳回被告（反诉原告）镇政府的反诉请求。

二审法院判决：驳回上诉，维持原判。

裁判要旨

建设工程施工合同基于双方自愿所作出的意思表示真实，内容不违反法律、行政法规的强制性规定，不违反公序良俗的约定，应当认定合法有效。在政府投资项目的工程结算纠纷中，若合同内容约定以财政评审报告作为结算依据时，法院应当审理其合法性以及合理性，只有在合理、合法的条件下才被采纳作为结算依据，反之则不能被采纳。

重点提示

在审理因政府投资项目的工程结算而引发的纠纷案件中，对于双方约定以财政评审报告作为结算依据的，人民法院能否采纳的问题时常引发争议，在解决此类问题的过程中应当注意以下两点：（1）合同中约定以财政评审报告作为结算依据的效力。根据《民法典》第143条的规定可知，有效的民事法律行为需要满足行为人具有相应的民事行为能力；意思表示真实；不违反法律、行政法规的强制性规定，不违背公序良俗的条件。在民事合同的法律关系中，意思自治原则是一项应当遵循的基本原则，其主要是指确认民事主体有权自由地基于其意志去进行民事活动。在政府投资项目的建设工程施工合同中，政府与施工单位约定以财政评审报告作为结算依据的行为并不违反法律以及行政法规，也不违反公序良俗，只要确认该约定是出于双方真实的意思表示，就应当基于意思自治原则认定该条款合法有效。（2）人民法院对作为结算依据的财政评审报告的审查义务。最高人民法院在《关于人民法院在审理建设工程施工合同纠纷案件中如何认定财政评审中心出具的审核结论问题的答复》中说明："财政部门对财政投资的评定审核是国家对建设单位基本建设资金的监督管理，不影响建设单位与承建单位的合同效力及履行。但是，建设合同中明确约定以财政投资的审核结论作为结算依据的，审核结论应当作为结算的依据。"由前述分析以及最高人民法院的答复可知，合同双方当事人可以约定以财政评审报告作为结算依据，但在实务中，人民法院还应当对该报告的合法性、合理性进行审查。最高人民法院发布的《2015年全国民事审判工作会议纪要》第49条规定："承包人提供证据证明审计机关的审计意见具有不真实、不客观情形，人民法院可以准许当事人补充鉴定、重新质证或者补充质证等方法纠正审计意见存在的缺陷。上述方法不能解决的，应当准许当事人申请对工程造价进行鉴定。"如经审查，确有证据证明审计意见（或结论）存在明显不真实、不客观、不合理之处，该审计报告则不应作为认定案涉工程价款结算的依据。

（二）结算和支付

1. 发包人能否以承包人未开发票为由拒付工程价款

【案例】重庆××建设有限责任公司诉重庆××摩托车配件制造有限公司建设工程施工合同纠纷案

案例来源

发布单位：最高人民法院《人民司法·案例》2021年第2期（总第913期）
审判法院：重庆市第五中级人民法院
判决日期：2020年1月16日
案　　号：（2019）渝05民终6440号

基本案情

2012年3月，重庆××建设有限责任公司（以下简称建设公司）与重庆××摩托车配件制造有限公司（以下简称制造公司）签订建筑工程施工合同，约定由建设公司对制造公司某处生产厂房土建工程、地块平整工程进行施工，并规定了施工范围、工期、质量、工程保修及质保金的退还等内容。2015年2月，双方签订补充协议确认该工程的全部工程款为925万元，采取分期付款的方式，并明确约定了每笔款项的付款期限。同时，补充协议第9条约定："建设公司前期工程收款发票在制造公司支付第一次工程款时出具，原建设公司出具的收据作废。建设公司凭发票收取余下工程款。"第10条第1款约定："如果制造公司任意一期不能按时付款，建设公司有权要求制造公司提前支付、追偿制造公司未到期支付的所有款项。"第2款约定："如果制造公司不按时支付款项，制造公司同时按照所欠总金额从可追偿之日按照同期银行贷款利率的四倍支付建设公司的资金占用损失。"2017年1月，案涉工程竣工验收合格。

建设公司以制造公司未在付款期限内支付工程款并逾期开具发票为由，提起诉讼，请求制造公司支付逾期支付的7笔工程款的资金占用损失合计569 633.95元。

制造公司辩称：双方签订的补充协议中明确了建设公司应当先开具发票并

及时送达本公司，本公司在收到建设公司的发票后支付工程款。建设公司未提出其及时送达发票的相关证据，不能证明本公司在收到发票后存在迟延履行的状况。

一审判决后，制造公司不服，提起上诉。

判决主文

一审法院判决：被告制造公司支付原告建设公司在付款期限内逾期支付7笔工程款的资金占用损失 569 633.95 元。

二审法院判决：改判被告制造公司仅对已开具发票的3笔款项承担迟延支付工程款的资金占用损失。

裁判要旨

在建设工程施工合同中，在工程结束后支付工程价款是该合同中发包人的主要义务，而由承包人开具发票则是附随义务，二者并不对等。但如果双方签订的合同中明确将开具发票作为支付工程款的前提，则应当尊重双方当事人的意思自治，有约定的从约定，发包人可以根据《民法典》第526条的规定行使先履行抗辩权拒付后期工程款。

重点提示

先履行抗辩权又被称为违约救济权，本质上是对违约行为的抗辩。司法实践中，在认定发包人能否以承包人未开发票为由拒付工程价款的问题时，应当注意以下三点：（1）开具发票与支付工程价款不是对等义务。根据合同义务的规定可知，虽然义务本身都是为了合同目的的实现，但各类义务对当事人之间交易过程的重要性并不对等。依据重要性进行分类可以分为主给付义务、附随义务，其中主给付义务是指自始确定的，决定着合同关系类型的基本义务；而附随义务在法律上并无明文规定，其系因维护合同当事人的利益而产生的一种请求权，会随着合同关系的变化而发展。在建设工程施工合同中，承包人开具发票是辅助承包人履行其合同义务的方式，故属于合同履行中的附随义务；而支付工程款是承包人按约定的质量和时间完成施工、交付建设成果后，发包人应当履行的主合同义务。此外，开具发票与支付工程款也并非对等关系。（2）承包人未按合同约定开具发票时发包人可以行使先履行抗辩权。《民法典》第526

条是有关先履行抗辩权的规定,该条规定:"当事人互负债务,有先后履行顺序,应当先履行债务一方未履行的,后履行一方有权拒绝其履行请求。先履行一方履行债务不符合约定的,后履行一方有权拒绝其相应的履行请求。"由前述分析可知,在建设工程施工合同中,开具发票与支付工程款之间并非对等关系,在不对等的条件下不能适用先履行抗辩权,因此发包人不得以承包人未开具发票为由拒付工程款。但民事法律关系中的基本原则之一就是意思自治原则,即有约定从约定,无约定从法定。因此,在建筑施工合同中,双方在合同中明确约定了先给付发票后付款的,人民法院在判决时就应当尊重双方当事人的真实意思表示,依据《民法典》中关于先诉抗辩权的规定认定发包人有权据此拒绝支付工程价款。(3)承包人有权行使不安抗辩权。发包人与承包人双方签订建筑工程施工合同时明确约定"先给付发票后付款",承包人在工程完美结束后履行其合同义务开具发票并给付发包人,但发包人并未及时履行其合同义务支付工程价款。此种情况下,承包人为了避免其更大的损失,一般会在催告无果后提起诉讼或采取自救措施拒绝再次开具发票。上述承包人的行为并非违约行为,而是在行使不安抗辩权。

2. 工程竣工验收合格后发包人能否再以工程质量存在问题为由拒付工程款

【案例】北京和平××工程有限公司诉北京世纪××建设开发有限公司建设工程合同纠纷案

案例来源

发布单位:最高人民法院《人民司法·案例》2020年第5期(总第877期)
审判法院:北京市第三中级人民法院
判决日期:2019年4月4日
案　　号:(2019)京03民终294号

基本案情

2005年11月,北京世纪××建设开发有限公司(以下简称世纪公司)与北京和平××工程有限公司(以下简称和平公司)签订承包合同,约定世纪公司将某大厦的装修工程发包给和平公司,工程总价1315万元,工程竣工验收合格后 7 日内进行结算，工程总造价的 5% 作为工程保修金，余款分两次支付给和平公司，并于 2006 年 12 月底付清；工程自验收合格且交付使用之日起计算产品保修期，质保期 15 年。工程于 2007 年 5 月竣工。竣工当日，建设单位、监理单位、施工单位及设计单位共同在工程质量竣工验收记录上签字确认，验收结论为符合设计及施工质量验收规范要求，同意验收。竣工验收当日，和平公司将工程交付世纪公司。

和平公司以世纪公司拖欠工程款及逾期付款利息为由，提起诉讼，请求法院判令世纪公司支付拖欠的工程款 5 089 165.56 元；要求世纪公司以 5 089 165.56 元为基数，按照中国人民银行同期贷款利率的标准，支付自 2007 年 5 月 21 日至款项实际付清之日止的逾期付款利息。

世纪公司辩称：同意支付剩余工程款，但不同意支付利息。因工程存在质量问题，本公司未支付工程款系行使先履行抗辩权，并反诉要求和平公司赔偿因其施工质量不合格所产生的修复费用及逾期完工的损失。

世纪公司提起反诉称：请求法院判令和平公司赔偿因逾期竣工造成的经济损失 5 799 819.39 元；要求和平公司赔偿因其施工质量不合格所产生的修复费用 2 140 329.08 元。

一审判决后，和平公司不服，提起上诉称：一审判决以双方对于工程竣工后未能进行正常的工程结算工作均有一定过错为由未支持和平公司主张的欠款利息错误，和平公司认为，从竣工交付、主张欠款到一审法院判决欠款数额，历时 11 年，和平公司承担了巨大的欠款利息损失，一审法院认为"拖延结算"是双方当事人的责任，但结果是世纪公司从中受益，和平公司蒙受了巨大损失，根据公平原则，世纪公司也应当支付欠款利息。故请求二审法院判决撤销一审判决第四项；改判世纪公司给付和平公司逾期支付工程款的利息损失（以 3 889 662 元为基数，自 2007 年 5 月 20 日起算，至实际付清之日止，按中国人民银行同期贷款利率计算）。

世纪公司辩称：同意一审判决，不同意和平公司的上诉请求。和平公司主张自 2007 年 5 月 20 日计算欠款利息损失不符合法律规定。（1）双方在合同第 5 条明确约定，工程竣工验收合格后 7 日内结算，所以工程余款应于结算后予以支付，相应的利息也应在工程余款应付之日起支付。本案系在诉讼中由法院主持进行结算，一审法院于 2018 年 10 月 25 日确定了工程款数额。和平公司提起上诉，但是起算时间未定，应以确定的时间为支付点计算利息，故应以判决生效后开始计算。（2）欠款利息自 2007 年 5 月 20 日开始计算显失公平。和平公司于 2008 年 12 月提起诉讼，直到 2018 年 10 月 25 日才作出一审判决，由于法官更换、一审、二审、发回重审、进行司法鉴定一系列的法律程序造成了审判期限延长，案件进程不是世纪公司能把控的，和平公司主张由世纪公司承担审判期间的利息有失公平也不具备合理性。（3）一审法院已经判定和平公司存在过错并赔偿世纪公司损失 145.9 万元，和平公司在自身存在过错的前提下无权主张利息损失。由于和平公司的施工导致严重质量问题造成世纪公司损失，赔偿应该在计算中一并扣除，世纪公司依法享有先履行抗辩权，不存在单方拖延结算的情形。

判决主文

一审法院判决：被告（反诉原告）世纪公司向原告（反诉被告）和平公司支付剩余工程款 3 889 662.03 元；原告（反诉被告）和平公司向被告（反诉原告）世纪公司赔偿逾期竣工损失 1 010 000 元；原告（反诉被告）和平公司向被告（反诉原告）世纪公司赔偿工程修复费用 448 973.19 元；驳回原告（反诉被告）和平公司的其他诉讼请求；驳回被告（反诉原告）世纪公司的其他反诉请求。

二审法院判决：维持一审判决第一项、第二项、第三项、第五项；撤销一审判决第四项；改判被上诉人世纪公司向上诉人和平公司支付欠付工程款利息（以 3 259 202.43 元为基数，按照中国人民银行同期同类贷款利率，自 2007 年 5 月 21 日起计算至工程款实际付清之日止）。

裁判要旨

发包人仅在承包人未依约施工的情况下享有先履行抗辩权，建设工程经竣工并验收合格后，发包人即不能以工程质量问题拒绝支付承包人到期工程款。发包人未依约支付工程款的，承包人有权向人民法院提起诉讼要求发包人承担相应的违约责任。如果发包人确有证据证明工程质量不符合合同约定的，则应要求承包人按建设工程质量保修制度，在规定的保修期内维修质量缺陷。

重点提示

建筑工程施工合同中一般都会约定工程价款的支付条件与时间，以及工程质量验收标准，发包人与承包人经常会因工程验收合格以及支付工程价款的问题而发生纠纷。司法实践中，对于工程竣工验收合格后发包人能否再以工程质量存在问题为由拒付工程款的问题，应当注意以下三点：(1)工程竣工合格之前出现质量问题的，发包人有权依据先履行抗辩权拒绝支付工程价款。先履行抗辩权是指互附有先后履行顺序债务的双方，先履行一方未履行或其履行不符合债的本旨的，后履行一方有权行使先履行抗辩权拒绝其相应的履行请求。在建设工程施工合同中，承包人的施工进度以及发包人就该施工进度所应支付的工程款就相当于具有给付关系的两个债务，双方也会约定先后履行顺序，此时就形成了先履行抗辩权。当承包人未按约定履行工程的施工，即发生承包人未施工、未达施工进度和未竣工的情况时，承包人向发包人主张工程价款的，发包人有权依据先履行抗辩权拒绝支付工程款；当承包人的施工不符合约定或者法定的要求并出现工程质量问题时，在承包人未履行工程质量保修制度并验收合格之前，发包人可依据先履行抗辩权拒绝支付工程价款。(2)工程竣工并验收合格后，发包人不得再以工程质量存在问题为由拒付工程款。建设单位、监理单位、施工单位及设计单位在检查建筑工程后共同在工程质量竣工验收记录上签字，确认该工程符合设计及施工质量验收规范要求，同意验收。因此，建设工程在经上述单位验收合格后，承包人的主合同义务应当视为已全部履行。根据上述可知，可行使先履行抗辩权的前提是先履行义务一方未履行或者履行不符合债的本旨，故针对已经全部履行完毕的承包人，发包人无权再以先履行抗辩权进行抗辩。其应当向承包人及时支付工程价款，若其拒绝支付工程款则构成违约，应当承担相应的违约责任。(3)工程竣工验收合格后出现质量问题的，可依据工程质量保修制度处理。建筑工程在经建设单位、监理单位、施工单位及设计单位验收合格后因其特性仍可能会出现质量问题。此时，发包人虽不能再行使先履行抗辩权。但根据《建设工程质量管理条例》第39条第2款规定："建设工程承包单位在向建设单位提交工程竣工验收报告时，应当向建设单位出具质量保修书。质量保修书中应当明确建设工程的保修范围、保修期限和保修责任等。"由此可知，承包人对于与工程竣工后出现的质量问题也负有工程质量保修责任，应当在保修范围和保修期限内对工程质量进行保修。

3. 建设工程施工合同中的工程价款结算依据

【案例】长沙××建设股份有限公司诉海南××实业投资有限公司建设施工合同纠纷案

案例来源

发布单位：最高人民法院《人民司法·案例》2016年第11期（总第742期）
审判法院：海南省高级人民法院
判决日期：2015年6月23日
案　　号：（2015）琼环民终字第10号

基本案情

2006年12月，长沙××建设股份有限公司（以下简称建设公司）与海南××实业投资有限公司（以下简称投资公司）签订施工合同，合同约定了建设公司承包涉案工程A栋、B栋、C栋；竣工验收与结算方式；工程款支付、违约后果、合同的通用条款和专用条款、双方的权利和义务、施工组织设计和工期、质量与检验、安全施工、合同价款与支付、材料设备供应、工程变更、竣工验收与结算、违约、索赔和争议等。2007年8月，建设公司依约对所承包的工程A栋进场施工；2009年1月竣工验收，并办理了竣工验收备案证。2009年2月，双方签订工程结算书，载明A栋建筑工程款为49 940 177.06元。该结算书于8月18日交由税务机关进行税收申报。同年7月，建设公司又出具A栋建筑工程结算书，载明A栋楼结算总值为43 658 110.40元，并于同月送达投资公司。后投资公司出具工程联系函，内容为对建设公司出具的建筑工程结算书及相关资料进行审核并提出若干意见，但投资公司没有书面证据证实已送达建设公司，建设公司亦否认收到该工程联系函。2011年1月，建设公司向投资公司去函称：A栋已于2009年1月竣工验收备案，工程结算书已于2009年7月正式送达贵公司，由于多方原因至今未有结算结论意见，故我方请贵司能否在2011年1月双方确认，如逾期我们将按建设工程施工合同补充协议的有关条款执行。

在建设公司建筑施工过程中，投资公司已支付其工程款27 430 560.54元，对该工程款，双方均无异议。2010年4月，××省国家税务局第三稽查局向投资公司下达税务处理决定书，内容为投资公司取得的由海口市地方税务局代开的 5 张发票并入账的收款方为建设公司、付款方为投资公司，金额合计 42 000 000 元，上述 5 张发票均为假发票。责令投资公司限期缴纳 2007 年、2008 年企业所得税合计 6 624 980.61 元以及滞纳金 1 132 217.48 元。同年 10 月，投资公司向××市国家税务局交纳企业所得税和企业所得税滞纳金，建设公司也补缴了上述 5 张发票的税款和滞纳金。之后，投资公司就假发票多支出的企业所得税和滞纳金与建设公司协商，要求赔偿损失并从工程款中抵扣，双方未能达成一致意见。

2011 年 3 月，建设公司向法院起诉，要求投资公司支付其工程款及违约金共计 20 400 506.86 元。投资公司在该案中反诉称，因建设公司提供虚假发票，导致其被税务机关处罚，故反诉要求建设公司支付经济损失 7 972 934.19 元及违约金 100 000 元。在该案中，建设公司并未提交 2009 年 2 月签订的结算书，因此，一审法院判决，认为尚有工程双方未完成结算，建设公司在有充分的证据后可再行诉讼。

建设公司以投资公司拖欠其工程款由提起诉讼，请求判令投资公司向其支付工程款 22 509 616.52 元及滞纳金 11 877 875.13 元。

投资公司则辩称：建设公司的起诉属于重复起诉，依法应不予受理。

一审判决后，建设公司不服，提起上诉。

判决主文

一审法院判决：驳回原告建设公司的诉讼请求。

二审法院判决：撤销原判，以 4365 万元结算书作为结算依据，改判被上诉人投资公司仍需向上诉人建设公司支付未付的工程款并承担违约金。

裁判要旨

建设工程价款结算中先后出现若干份数额相差较大的结算书，法院不宜简单地以发包人与承包人双方共同盖章确认的结算书作为工程造价的依据，应重点审查该结算书是否为当事人真实意思表示；同时，亦不能以一方当事人出具的结算书上没有经过对方盖章确认而认定工程没有完成结算，应仔细审查当事人之间是否约定以送审价为准。

重点提示

工程价款的结算涉及多方的利益,因此由此而引发的纠纷就成了司法实践中较为常见的类型,司法实践中,认定建设工程施工合同中的工程价款结算依据时,应当注意以下三点:(1)通常情况下建设工程价款结算的依据。工程价款结算,是指承包人依据建设工程施工合同中约定的合同价格、变更、结算和赔偿等条款以及最终完成的工程量,要求发包人支付工程价款的行为。《建筑法》第18条规定:"建筑工程造价应当按照国家有关规定,由发包单位与承包单位在合同中约定。公开招标发包的,其造价的约定,须遵守招标投标法律的规定。发包单位应当按照合同的约定,及时拨付工程款项。"一般来说,建设工程价款结算的依据主要有以下几项:①工程量清单计价规范;②施工合同;③工程竣工图纸及资料;④双方确认的工程量;⑤双方确认追加或减少的工程价款;⑥双方确认的索赔、现场签证事项及价款;⑦投标文件;⑧招标文件。在建设工程中,发包人与承包人在工程价款结算阶段,在遵循国家法律规定、政策的同时也要恪守诚信原则,并由国务院财政部门、各级地方政府财政部门和国务院建设行政主管部门、各级地方政府建设行政主管部门在其各自职责范围内对工程价款结算活动进行监督管理。(2)发包人与承包人共同盖章确认建设工程价款结算书的认定。工程价款结算的行为是发包人投资建设的重要环节,也是承包人实现施工收益的最终环节。承包人根据合同规定与建筑行业习惯汇总和编制竣工验收报告后,将竣工验收报告以及完整的结算资料提交给发包人,发包人在接受上述资料后应当在一定时间内完成结算审核工作并向承包人提出修改意见。若发包人与承包人对于修改意见不能协商一致的,则应当委托具有相关资质的审价机构对工程造价进行审价。对于发包人与承包人共同盖章确认的建设工程价款结算书,应当审查该结算书是否为双方的真实意思表示,若意思表示不真实,即使被发包人与承包人盖章确认的,也同样不能作为建设工程工程价款结算的依据。(3)建设工程中满足一定条件时可以送审价作为工程价款结算依据。根据《最高人民法院关于审理建设工程施工合同纠纷案件适用法律问题的解释(一)》第21条的有关规定可知,若当事人双方在合同中约定,发包人在收到竣工结算文件后,在约定期限内未答复的就视为认可该文件,承包人依据该竣工结算文件结算工程价款的,人民法院应当予以支持。故满足以下几个条件时才可以送审价为准进行结算工程价款:首先,以送审价作为工程价款结算的方式系由合同双方明确约定的,而并非法律规定。其次,在确定以送审价为准结算的情况下,合同中也应当明确约定发包人在收到承包人交付的竣工结算文件后应当答复的期限,以及不予答复即视为认可竣工结算文件的后果。最后,发包人与承包人需完成以下几个步骤:①承包人要将其根据法律、合同规定与建筑行业习惯汇总和编制的竣工验收报告以及结算资料交由发包人;②发包人应当及时接收上述资料,并应有证据证明系发包人签收;③发包人在约定的审价期限内不予答复意味着其明知有相关约定条款,却没有提出实质性异议。在同时满足上述条件的情况下,可以送审价作为工程价款结算依据。

4. 发包人因承包人过错迟延支付工程款是否构成违约

【案例】福建省××建筑工程公司诉福建三明市××房地产开发有限公司建设工程施工合同纠纷案

案例来源

发布单位:中国裁判文书网

审判法院:最高人民法院

判决日期:2014年8月7日

案　　号:(2014)民提字第32号

基本案情

2006年12月,福建三明市××房地产开发有限公司(以下简称房地产公司)将其"时代×园"工程承包给福建省××建筑工程公司(以下简称建筑工程公司),双方签订建设施工合同,约定:工程价款与工期。同月,双方签订《补充协议一》,约定:建筑工程公司负责项目的工程建设;工程款、工程进度款支付方式;未按期支付工程款、工程进度款、竣工结算价款及保修金时违约金的承担。次年1月,"时代×园"工程项目获得《建筑工程施工许可证》。同年2月,建筑工程公司委托福建省××建筑工程公司三明第一工程处(以下简称三明工程处)代其履行与房地产公司的合同及补充协议。次日,房地产公司与三明工程处签订《补充协议二》,对工程所用钢材进行约定。次月,房地产公司与建筑工程公司签订《补充协议三》,就《补充协议一》中水电主材部分约定进行变更，并规定了甲供材料的计算标准及款项抵扣办法。截至2010年2月，房地产公司已支付工程款141 748 573元、甲供材料价款5 400 000元，扣除抢险挡墙工程款1 068 148.35元。

2010年2月，××市城市建设档案馆出具证明，证明时代×园土建、水电档案已基本完整。根据当事人约定，房地产公司应向建筑工程公司支付95%的价款，但房地产公司逾期支付。同年4月，房地产公司再次要求建筑工程公司及时补交竣工决算资料。按照约定，建筑工程公司每月28日向房地产公司报审月进度的完成工程量，但并未严格按照合同约定在规定时间内报审，而是在不确定日期内报批。合同在实际施工过程中，因工程量增加、房地产公司延期支付价款等原因，致使工程延期，竣工时间后于约定时间，对此，当事人默示同意工程延期。

建筑工程公司以房地产公司延迟支付工程款为由，提起诉讼，请求判令：房地产公司支付拖欠的剩余款项及利息以及承担延迟支付的违约责任；建筑工程公司有权对涉案工程的折价或拍卖所得享有优先受偿权。

房地产公司以建筑工程公司工期延误为由，提起反诉，请求判令建筑工程公司支付违约金及返还房地产公司多付的工程款。

一审判决后，建筑工程公司、房地产公司均不服，提出上诉。

建筑工程公司上诉称：请求二审法院变更一审判决第一项为房地产公司返还本公司尚欠工程款89 057 555元；房地产公司向本公司分时段支付计至2010年10月18日止的逾期支付工程款利息及违约金10 033 784.26元；房地产公司向本公司支付抢险挡墙工程款利息582 744元；上诉人房地产公司应向本公司支付消防工程、通风工程、景观工程、夜景工程、电梯工程配合费100万元。

房地产公司上诉称：请求二审法院撤销一审判决的第一、二、四项，建筑工程公司承担工期延迟的违约金。

二审判决后，建筑工程公司、房地产公司均不服，申请再审。

房地产公司申请再审称：工程款的支付依约是在工程竣工结算完毕后，但建筑工程公司一直未提交完整的竣工结算资料，导致我公司无法进行结算，延误支付。延误原因是由建筑工程公司导致，后果亦应由其承担，我公司并无过错，亦未违约。

建筑工程公司答辩称：我公司在工程竣工后向房地产公司报送了竣工决算资料，但房地产公司并未在规定的时间内提出异议，表明其认可我公司提交的材料是完整的，按照合同约定，视为其认同我公司的决算价格；我公司每月 28 日前均向房地产公司报送了当月工作量报告，其亦进行了签收，房地产公司未按月每月支付工程款及全部工程完工后分阶段付款，已属违约，应承担违约责任。

建筑工程公司申请再审称：我公司在工程竣工并经验收合格后，将决算资料提交给房地产公司，但房地产公司未在规定时间内进行审核，提出异议，表示其默认建筑工程公司提出的最终工程价款，因而本工程价款应按建筑工程公司提出的工程价款计算。房地产公司不审核决算资料，故意拖延，让第三方鉴定，此举存在恶意缠讼的意图。

房地产公司答辩称：建筑工程公司每月仅报送工程进度表，但却未报送我公司用于审核当月应付工程款的当月工程价值量，以致我公司无法每月及时支付及全部工程完成后的分段支付；我公司与建筑工程公司对工程款数额存在分歧且无法自行结算，一审法院依职权委托第三人对工程款进行鉴定，是合理合法的。

判决主文

一审法院判决：被告房地产公司返还原告建筑工程公司尚欠工程款 38 242 479.35 元及利息；原告建筑工程公司对"时代×园"项目中属于被告房地产公司所有的建筑物折价或拍卖的价款优先受偿；驳回原告建筑工程公司的其他诉讼请求；驳回反诉原告房地产公司的诉讼请求。

二审法院判决：维持一审判决第二、四项；变更一审判决第一项为上诉人房地产公司向上诉人建筑工程公司支付尚欠的工程款 38 141 146.35 元；上诉人房地产公司向上诉人建筑工程公司支付逾期付款的违约金；驳回上诉人建筑工程公司的其他上诉请求。

再审法院判决：维持二审判决第一项、第四项；撤销二审判决第三项；变更二审判决为第二项再审申请人房地产公司向再审申请人建筑工程公司支付工程款 38 141 146.35 元及利息。

裁判要旨

建设工程施工合同中，在工程竣工后向发包人提供相应的竣工结算资料是发包人的义务，若因承包人未提交完整的竣工结算资料导致工程款的具体数额无法计算,影响工程款结算的,承包人向人民法院请求发包人承担逾期付款违约责任的,应当不予支持。

重点提示

建筑工程竣工必须遵循相应的程序,司法实践中,认定发包人因承包人未提交完整工程结算资料迟延支付工程款的是否应当承担违约责任的问题时,应当注意以下两点:(1)提交完整的工程竣工结算资料是承包人的义务。我国现行法律并未对何为完整的结算资料进行明确的列举规定,但在实务中除发包人与承包人在建设工程施工合同中对竣工结算资料的具体内容另有约定外,一般包括招投标文件有关资料、施工合同、补充合同、补充协议、会议纪要、工程竣工图纸、设计变更图纸、设计变更签证单、技术核定单、施工组织设计、签证资料、工程预(结)算书、来往函件等能够作为计算出工程总造价依据的资料。若发包人收到结算资料后发现结算资料不完整提出异议并要求承包人补充的,承包人应及时补充并取得发包人对结算资料完整性的认可,承包人在此情况下未进行补充会导致结算资料不具有完整性因而被不予适用。此外,为确保该结算资料能够有效送达发包人,承包人向发包人提交结算文件时应当注意接收的主体,由法人或者其他组织接收的,需法定代表人、组织主要负责人,或具有收发责任和义务的部门签字或盖章后才能够接收。(2)因承包人过错导致发包人迟延支付工程款,发包人无须承担违约责任。违约责任,即合同当事人因不履行合同义务或者履行合同义务不符合合同约定,而应承担的责任。根据《民法典》关于违约责任的相关规定可知,承担违约责任的前提是一方当事人未按合同约定履行或不完全履行约定义务。具体来说,双方当事人均应依据合同约定全面履行应尽的义务。当事人一方不履行合同义务或履行合同义务不符合约定的,应承担继续履行、采取补救措施或者赔偿损失等违约责任。上述违约责任的规定就是为了督促违约当事人能够及时履行约定的合同义务,从而保障守约当事人的合法权益。如前所述,在建设工程施工中,发包人的主要义务是按约支付工程款,但履行义务的前提是支付工程款的金额已经确定,若承包人在工程验收合格后向发包人提交的工程结算资料系缺陷资料,造成工程无法结算,那么发包人有权要求承包人予以补正。因承包人一直未进行补正导致发包人无法对工程总价款进行结算支付的,其迟延付款系因承包人上述过错引起,故发包人并无过错,也无须承担违约责任。

5. 工程款已结算且履行完毕时审计报告对结算协议效力的影响

【案例】重庆××集团股份有限公司诉中铁××局集团有限公司建设工程施工合同纠纷案

案例来源

发布单位：《最高人民法院公报》2014年第4期（总第210期）
审判法院：最高人民法院
判决日期：2013年3月20日
案　　号：（2012）民提字第205号

基本案情

重庆××实业股份有限公司（以下简称实业公司）系重庆市北部新区经开园××大道西延段建设项目（以下简称建设项目）业主单位和监管单位。该公司于2003年8月22日与重庆××集团股份有限公司（以下简称集团公司）签订了建设工程施工合同，将道路工程发包给集团公司。对未定价的材料、立交桥专用材料、路灯未计价材料价格，双方约定的确定方式为"实业公司、经开区监审局审定后纳入工程结算"。中铁××局集团有限公司（以下简称中铁××局）经实业公司确认，于2003年11月17日与集团公司签订分包合同。合同中约定，中铁××局承包上述项目中的××隧道工程，合同价暂定8000万元，最终结算价按照业主审计为准；工程竣工，经综合验收合格、审计部门审核确定后，将工程保修金扣除，剩余工程尾款双方另行签订补充协议确定。在签订上述合同后，中铁××局按照合同约定施工。实业公司于2003年12月改制，建设项目业主变更为重庆市北部新区土地储备整治中心。××大道于2005年更名为金渝大道。

建设项目于2005年9月8日竣工，同年12月通过验收，并于次年取得建设工程竣工验收备案登记证。为提供××隧道部分竣工结算依据，重庆市经开区监察审计局委托重庆××招标代理公司（以下简称代理公司）对上述工程进行竣工结算审核。2006年8月10日，代理公司作出载明××隧道造价为114 281 365.38元的审核报告，其中包含非本案诉争工程范围的××隧道内人行道面层费用28 569.53元。2007年12月5日，集团公司与中铁××局以该审核报告为基础，对中铁××局的分包工程进行了结算，确认中铁××局图纸范围内结算金为 114 252 795.85 元，扣除相应费用后的分包结算金额为 102 393 794 元。集团公司在一审起诉前，向中铁××局累计支付了涉案工程工程款 98 120 156.63 元。

重庆市审计局于 2008 年 10 月 9 日至 11 月 21 日对金渝大道工程竣工决算进行了审计。审计报告审定本案所涉的××隧道工程在送审金额 114 252 795.85 元的基础上审减 8 168 328.52 元。

集团公司以其根据市审计局对建设项目的审计，对中铁××局完成工程的价款审减 8 168 328.52 元，扣除双方约定费用后的实际分包结算金额应为 94 878 931.76 元，其已实际累计向中铁××局支付工程款 98 120 156.63 元，多支付了工程款 3 241 224.87 元为由，提起诉讼，请求判令中铁××局立即返还其多支付的工程款 3 241 224.87 元。

中铁××局提起反诉兼辩称：经开区监审局是本案工程的适格审计主体，其委托代理公司出具的审核报告符合分包合同的约定。集团公司与中铁××局基于代理公司的报告达成的分包结算协议合法有效，对双方具有法律约束力。市审计局的二次审计不能产生否认代理公司审核报告的效力，不具有否定分包结算协议的效力。集团公司尚欠其工程款 4 273 637.37 元未支付，故请求驳回集团公司的全部诉讼请求，并判令集团公司支付拖欠的工程款 4 273 637.37 元；集团公司支付拖欠工程款的资金占用损失，按同期银行贷款利率，从 2009 年 6 月 6 日起算计付至付清之日止。

集团公司辩称：双方在合同中约定结算以最终审计结果为依据，双方于 2007 年 12 月 5 日所签订的结算协议不能作为本案工程的最终结算依据。代理公司并非被约定的审计单位，作出的报告亦并非最终的审计报告。因此，不能依据代理公司所出具的报告进行结算，请求驳回中铁××局的反诉请求。

一审判决后，中铁××局不服，提起上诉称：分包合同对审计经办单位、具体实施方式等未做约定，只约定以业主对分包工程的"审计"作为最终结算的前提条件。对此应理解为只要是经业主认可的审计结果，就足以作为工程结算的依据。代理公司出具的审核报告符合合同约定。双方签订的结算协议系分包工程的最终结算行为。市审计局出具的审计报告对其并无效力，请求撤销一审判决；依法改判并驳回集团公司的全部诉讼请求，支持其全部反诉请求。

集团公司辩称：业主虽在审核报告上签字，但该审核报告并非最终认定结果，因此不符合双方在分包合同中的约定，故该审核报告不能作为结算依据。本案的涉案建设项目系政府投资的重点工程，因此业主仅为被审计对象，而并非审计主体。合同中约定的审计部门即为审计局，其他机关无权代替。一审判决认定事实清楚，适用法律正确，请求驳回上诉，维持原判。

二审判决后，中铁××局不服，申请再审称：其与集团公司签订的结算协议合法有效。国家审计及市审计局的审计结果不能对该结算协议产生否定效力，该结算协议与分包合同具有同样的法律效力。一、二审认定结算协议无效缺乏事实和法律依据。一、二审判决代理公司的审核无效，违反当事人自愿原则。国家审计并不能否认社会审计的效力。本案并不存在审计管辖权的问题。请求撤销二审民事判决和一审民事判决；驳回集团公司的全部诉讼请求；改判集团公司向其支付拖欠工程款 4 273 637.37 元，并按中国人民银行同期贷款利率支付自 2009 年 6 月 6 日起至实际给付之日止的利息。

集团公司辩称：代理公司不具备社会审计主体资格，其出具的审核报告不能代替最终的竣工结算审计。市审计局作出的审计报告是双方的竣工结算依据。市审计局的审计报告对涉案业主、集团公司和中铁××局均具有约束力。在本案执行过程中，双方已经达成执行和解，中铁××局已经基本履行完毕给付义务。本案一、二审判决认定事实清楚，适用法律正确，中铁××局的再审请求无事实和法律依据，应予驳回。

判决主文

一审法院判决：被告（反诉原告）中铁××局返还原告（反诉被告）集团公司多支付的工程款 3 130 595 元；驳回原告（反诉被告）集团公司的其他诉讼请求；驳回被告（反诉原告）中铁××局的反诉请求。

二审法院判决：驳回上诉，维持原判。

再审法院判决：撤销二审法院判决；撤销一审法院判决；被申请人集团公司向申请人中铁××局支付工程款 4 273 637.37 元，并按照中国人民银行同期同类贷款利率支付上述工程款自 2010 年 10 月 28 日起至实际付款之日止的利息。

裁判要旨

国家对工程款结算的审计目的为维护国家财政经济秩序，对建设项目可能出现的违规行为予以规避，当事人结算依据并不必然以国家审计结果依据。在双方已通过结算协议确认工程款并已基本履行完毕情况下，国家审计机关作出的审计报告不影响结算协议效力。

重点提示

在建设工程施工合同纠纷类案件中，工程款的结算是最常出现争议及纠纷的问题，国家对建筑工程款项进行审计与当事人之间的约定的建设工程款结算方式属于不同性质的法律关系，对于当事人已就工程款的结算问题达成协议且基本履行完毕的情况下还能否继续适用国家审计的结果对工程款进行认定的问题，在实务中应当注意以下两点：（1）国家审计的目的。一般而言，对建设工程审计的目的如下：其一，确保项目信息真实，财政、财务收支的合法性。随着我国公共财政基本框架的建立，工程项目信息的真实性也成为审计机关监督重点。经过审计鉴定，对工程项目的真实性进行判断，防止投资中出现随意扩大规模、挪用、挤占建设资金，盲目采购造成浪费的情况等。其二，确保施工过程合法。《建筑法》《招标投标法》等相关行政法规对施工过程作出要求，审计机关可以通过审计判断项目法人的设立是否符合要求，项目手续是否健全完备，项目立项、实施程序是否合规、合法等。其三，监督建设单位制度是否完善。其四，防范风险。工程审计贯穿建设工程的整个过程，通过审计的方式能够及时发现工程项目出现的漏洞以及可能存在的违纪违规问题，并及时提出针对性的建议，防止工程建设过程中各种风险的发生。其五，确保绩效。绩效包括效率和效益，效率审计是监督审查整个建设活动按照批准的投资计划和进度、设计质量标准和相应规范要求；效益审计是指审计监督建设活动的各个阶段和环节，坚持以全面提高经济效益为中心，确保投资项目达到预期质量、速度、效益三项目标。（2）建设工程款应当以当事人约定为依据。前文已述国家机关对建设工程审计的目的，由此可知，国家审计中发生的法律关系与当事人之间约定的法律关系性质并不同。无论国家是否对涉案工程依法进行审计，都不能认为国家审计机关的审计结果可以成为民事合同中双方当事人之间结算的当然依据，为当事人进行工程款结算提供依据也并非进行国家审计的目的。在民事合同中，当事人对接受行政审计作为确定民事法律关系依据的约定，应当具体明确，而不能通过解释推定的方式，认为合同签订时，当事人已经同意接受国家机关的审计行为对民事法律关系的介入。建设工程的发包人与承包人若在合同中约定了工程款的结算标准，则应认定双方对此达成了合意，在双方均按照协议约定进行履行的情况下,国家审计机关作出的审计报告不影响双方结算协议的效力。

6. 建设工程所涉施工合同均无效时工程价款的结算

【案例】 汕头市××(集团)公司诉北京×××工艺品有限公司建设工程施工合同纠纷案

案例来源

发布单位:《人民法院报》2014年1月16日刊载

审判法院:最高人民法院

判决日期:2012年12月20日

案　　号:(2011)民一终字第62号

基本案情

2007年3月,汕头市××(集团)公司(以下简称集团公司)与北京×××工艺品有限公司(以下简称工艺品公司)签订《工程保证金使用约定》,约定:集团公司为工艺品公司的项目施工提供3000元的保证金,该款项在验资后用于本项目工程的施工支出。次月,工艺品公司又与集团公司签订了《建设工程施工合同》,将项目西部停车场综合服务设施工程发包给集团公司施工,合同价款为79 150 668元。同年6月,双方签订《工程总承包补充协议》,约定由集团公司承包项目西部停车场所有红线图内与项目有关的工程,承包总造价为1.85亿元。《建设工程施工合同》与《工程总承包补充协议》中所约定的工程承包范围一致,但价款存在105 849 332元的差价。为此,双方又于同年7月签订了《建设工程补充施工合同》,将项目西部停车场新增加工程的合同价款约定为105 849 332元,并申请不经招投标直接签订合同备案,且获得批准,将合同备案。后集团公司与工艺品公司为履行合同,先后签订了《工程总承包补充协议(二)》和《工程总承包补充协议(三)》,将工程总承包价确认为1.85亿元,且对集团公司提前竣工奖金数额及按时完工的赶工费用数额进行了约定。2008年6月,该项目通过竣工验收合格,交付工艺品公司接收管理。经查,集团公司与工艺品公司未进行最后结算。

集团公司以工艺品公司未按照约定进行结算为由,提起诉讼,请求法院工艺品公司向其支付 1.85 亿元的工程价款。

工艺品公司辩称：应按备案《建设工程施工合同》约定的 79 150 668 元进行结算。

一审判决后，集团公司、工艺品公司均不服，分别提起上诉。

判决主文

一审法院判决：被告工艺品公司支付原告集团公司工程款 94 720 474.56 元。

二审法院判决：上诉人工艺品公司支付上诉人集团公司尚欠工程款 108 900 000 元。

裁判要旨

建设工程的承包方与发包方违反招投标规定，在招投标前就对工程的发包达成合意，并根据合意签订协议的行为违反招标投标法，此时双方当事人就招投标的建设工程签订的数份施工合同均应当认定为无效。但若建设工程已竣工验收合格并交付使用，则应综合缔约时建筑市场行情、利于当事人接受、诉讼经济等因素，参照双方达成合意并实际履行的合同结算工程价款。

重点提示

串通招标投标，是指招标者与投标者双方使用不正当的手段，提前对招标投标事项进行实质性的交流，以排挤其他竞争者或者损害招标者利益的行为。司法实践中，对于建设工程所涉施工合同存在串通投标的行为时工程价款的结算认定，应当注意以下三点：(1) 招投标前招标人与投标人进行实质性交流的行为属于先定后招的串标行为。《招标投标法》第 43 条规定："在确定中标人前，招标人不得与投标人就投标价格、投标方案等实质性内容进行谈判。"该法第 55 条规定："依法必须进行招标的项目，招标人违反本法规定，与投标人就投标价格、投标方案等实质性内容进行谈判的，给予警告，对单位直接负责的主管人员和其他直接责任人员依法给予处分。前款所列行为影响中标结果的，中标无效。"由此可知，对于依法必须进行招投标的项目，招标人与投标人对于招投标价格、方案等实质性内容进行提前交流的，破坏了招投标的竞争环境，属于严重损害公正透明的招标环境、影响公司形象和声誉的串通投标行为。(2) 建设工程施工中，承包方与发包方存在串通投标行为并影响招投标结果的，中标无效，进而施工合同无效。对于建设工程施工中必须进行招投标的项目，承包方应当依据《最高人民法院关于审理建设工程施工合同纠纷案件适用法律问题的解释（一）》第 1 条，必须进行招标而未招标或者中标无效的，建设工程施工合同应认定无效；《招标投标法》第 55 条第 2 款影响中标结果的，中标无效的规定，切实公平工程、遵守诚信原则与其他投标人共同竞标，最终凭借自身优势中标并承揽招投标项目工程，依照法律规定进行招投标，避免被认定中标无效。故发包方与承包方存在违反法律禁止性规定，串通投标并影响中标结果的，中标无效的同时双方签订的建设施工合同也同样无效。
（3）建设工程所涉施工合同均无效时工程价款的结算方式。根据上述可知，必须招标而未进行招标的建设工程施工合同因违反招标投标法而无效。同时《民法典》第 793 条第 1 款规定："建设工程施工合同无效，但是建设工程经验收合格的，可以参照合同关于工程价款的约定折价补偿承包人。"据此，必须招标而未进行招标的建设工程施工合同无效，但若工程经竣工验收合格，那么承包人则有权向发包方请求参照合同约定支付工程款。该工程款的结算应当体现双方在工程价款约定上的真实意思表示，并与缔约时的当地市场、经济行情相符合。

三、工程价款争议的处理

1. 票据被拒兑时承包人可否以原法律关系主张权利

【案例】××建设集团有限公司诉湖北××房地产开发有限公司建设工程施工合同纠纷案

案例来源

发布单位：最高人民法院中国应用法学研究所《人民法院案例选》第 6 辑
审判法院：最高人民法院
判决日期：2019 年 11 月 21 日
案　　号：（2019）最高法民终 1341 号

基本案情

2014年3月，××建设集团有限公司（以下简称建设公司）承建湖北××房地产开发有限公司（以下简称房地产公司）开发的项目工程并签订建设工程施工承包协议，约定工程最迟于2014年5月开工，暂定造价为人民币2.9亿元；工程用料价格据市调差；水电费价格按政府调整；工程设计、图纸等价款调整，均执行合同价款编制原则；工程款依据已完成的工程进度支付，并将竣工结算总价的5%作为质量保修金；房地产公司逾期支付工程款在一个月以内的，须按同期国家法定贷款利率的四倍利息承担所欠工程款的违约金。房地产公司逾期支付工程款超过一个月而未超过两个月的，须承担应付工程款日1‰的违约金。房地产公司除逾期支付工程款超过两个月的，建设公司有权单方面解除合同，房地产公司除按上述标准承担所欠工程款的违约金外，还需承担由此给建设公司造成的所有损失，并承担已完工程进度造价10%的违约金，建设公司同时具有进一步要求索赔的权利；如果房地产公司不能按合同约定的条件支付工程款，建设公司可优先选择以本项目抵付工程款。

2015年9月，房地产公司与建设公司就建设工程施工承包协议书中约定的工程项目工程建设、工程款支付等事宜达成补充协议。

2017年3月，房地产公司与建设公司就新增工程施工的工程款有关问题达成协议书，约定新增工程于2017年3月开工，于2017年7月工程竣工验收。

建设公司以房地产公司拖欠工程进度款及利息为由，提起诉讼，请求判令房地产公司向建设公司支付欠付的四笔工程款、逾期利息、逾期违约金共计362 552 494.586元；后建设公司变更第一项诉讼请求，撤回诉请金额44 559 200元。

一审法院判决后，建设公司不服，提起上诉。

二审法院另查明，2014年12月，建设公司收到载明"收到房地产公司工程款玖仟伍佰万元整（9500万元）"收条，后面还附此款为商业承兑汇票13张的说明，房地产公司承诺商兑贴息由其承担。后建设公司将其中一张500万元的承兑汇票转让给漳州市××区××胶合板加工厂，××胶合板加工厂因该承兑汇票无法承兑而起诉建设公司，最终判决建设公司向××胶合板加工厂支付500万元及相应利息。剩余12张商业承兑汇票，也因余额不足被拒绝承兑。2019年4月，在一审询问过程中，建设公司当庭表示愿将商业承兑汇票退回给房地产公司，房地产公司拒绝接收。

房地产公司答辩称：一审判决对案涉 9500 万元商业承兑汇票认定正确；建设公司主张工程进度款 16 641 099.6 元无事实和法律依据；一审判决对垫付款项利息以及借支款利息的判决是正确的。

判决主文

一审法院判决：被告房地产公司向原告建设公司支付工程进度款 32 295 943.59 元；支付工程欠款逾期利息 18 249 918.93 元，返还垫付款 9 656 364.77 元及利息 715 021.84 元；返还借支款 3 623 245 元及利息；赔偿误工损失 5 487 800 元。

二审法院判决：维持一审关于赔偿误工损失的判决；变更被上诉人房地产公司向上诉人建设公司支付工程进度款 127 295 943.59 元；工程款欠款逾期利息 115 159 608.93 元；返还垫付款 9 656 364.77 元及利息 715 021.84 元；返还借支款 3 623 245 元及利息。驳回上诉人建设公司的其他诉讼请求。

裁判要旨

发包人以向承包人支付商业承兑汇票的方式支付工程款且未背书的，若票据被拒绝承兑，承包人可否以原合同关系，即建筑工程向发包人主张工程价款，应当视不同情况而定。双方未约定商业承兑汇票支付是否产生消灭原债务意思的情况下，给付商业承兑汇票的性质属于新债清偿而非债的变更。此外，发包人与承包人对垫资和垫资利息有约定的，约定的利息计算标准高于中国人民银行发布的同期同类贷款利率时，超过部分人民法院不予支持。

重点提示

商业承兑汇票作为一种支付手段，票据权利人可以商业承兑汇票作为准货币清偿债务，但实务中，持票人经常会遇到遭遇拒绝承兑或者拒绝付款的情况。司法实践中，对于票据到期未能兑付时，承包人可否以原合同关系主张权利的认定，应当注意以下三点：（1）应当分情况讨论承包人可否以原合同关系主张工程款。票据被拒绝承兑后，持票人可依据《票据法》第 61 条第 1 款 "汇票到期被拒绝付款的，持票人可以对背书人、出票人以及汇票的其他债务人行使追索权" 的规定以票据法律关系向债务人主张票据金额。上述结论并无问题，但持票人可否以基础法律关系主张债权则应当视背书情况得出结论。第一种情况，票据未背书转让的。因上述票据法关于持票人追索权的规定未限制持票人仅能以票据追索权主张权利，且未作出明确规定排斥持票人依据其他法律关系主张权利，故持票人赋有选择权，既可以以票据法律关系主张权利，又可以以基础法律关系主张债权。因此，在建设工程合同纠纷中，出现以商业承兑汇票作为工程款支付手段未背书且无法承兑的情况时，应当尊重承包人的选择，承包人可以选择以原合同关系主张工程价款。第二种情况，票据已经背书转让的。因票据具有无因性，经过背书后，多方的权利关系已经达成，故再次赋予持票人以基础法律关系主张权利则会显失公平。因此，票据被背书转让的，权利人再无选择权，其仅能依据票据法律关系主张票据权利。（2）双方无约定的情况下，给付商业承兑汇票的性质属于新债清偿而非债的变更。新债清偿，是指债务人因清偿旧债务，而与债权人成立负担新债务的合同，实质上是一个新的协议；而债的变更即为合同变更，系对合同履行标的、履行方式的变更。两者的概念容易混淆，但两者的不同之处在于，新债清偿关系中的新旧债务并存，而债的变更关系中旧债务因双方达成消灭旧债合意而消灭。双方事先没有明确约定商业承兑汇票支付是否产生消灭原债务的意思表示时，因双方缺少消灭旧债的合意，故交付的商业承兑汇票不属于债的变更，而属于新债清偿范畴，双方存在票据债权和基础法律关系，持票人可以主张原合同关系相关权利。（3）发包人与承包人约定的垫资和垫资利息不得高于垫资时的同类贷款利率或同期贷款市场报价利率。承包人利用自己的资金先进行施工，不要求发包人先支付工程款或者支付部分工程款，并在施工到一定阶段或者完成后才主张垫付工程款的行为就是垫资。《最高人民法院关于审理建设工程施工合同纠纷案件适用法律问题的解释（一）》第25条第1款规定："当事人对垫资和垫资利息有约定，承包人请求按照约定返还垫资及其利息的，人民法院应予支持，但是约定的利息计算标准高于垫资时的同类贷款利率或者同期贷款市场报价利率的部分除外。"故在建设工程施工合同中，若发包人与承包人双方在此合同中约定的垫资利息计算标准高于中国人民银行发布的同期同类贷款利率的，承包人请求按照约定返还垫资及其利息的，人民法院应当对于超过法定利率标准上限的利息部分不予支持。

2. 债务清偿期限届满后以物抵债协议的性质及履行

【案例】通州××集团有限公司诉内蒙古××房地产有限责任公司建设工程施工合同纠纷案

案例来源

发布单位：最高人民法院《人民司法·案例》2018年第11期（总第814期）

审判法院：最高人民法院

判决日期：2016年12月27日

案　　号：（2016）最高法民终484号

基本案情

内蒙古××房地产有限责任公司（以下简称房地产公司）与通州××集团有限公司（以下简称集团公司）于2005年6月签订《建设工程施工合同》。次月，房地产公司对供水大厦进行招标，集团公司通过投标再次与房地产公司签订《建设工程施工合同》并进行了备案，合同约定由集团公司承包供水大厦土建与安装工程，合同工期为2005年7月18日至2006年11月20日；合同价款暂定为50 400 000元，中标费率24.56%。其中，第32.1条约定：工程具备竣工验收条件，承包人按国家工程竣工验收有关规定，向发包人提供完整竣工资料及竣工验收报告。双方约定由承包人提供竣工图的，应当在专用条款内约定提供的日期及份数。第35.1条约定：房地产公司应在工程价款报审计部门审计后的30个工作日内支付95%工程款，迟延付款应按照拖欠工程款同期贷款利率2倍支付违约金。此外，专用条款第23条中约定：该工程结算以施工图加工程签证为依据，套用《内蒙古自治区建设工程费用计算规则》及其配套的相关文件，结算时土建、安装按照国家规定工程取费类别取费，措施项目费、各项规费按规定计取。

集团公司在合同签订后开始进场施工，房地产公司未对施工完毕的工程进行竣工验收，并于2010年年底投入使用。在实际交付使用后，集团公司根据与房地产公司的协商对一些增补项目的施工，并于2011年5月至2012年1月进行结算，新增项目工程款共计830 722元。房地产公司支付工程款59 211 582元（58 511 582元+5万元+10万元+55万元），甲供材料价值24 568 708.65元。

2011年10月，房地产公司同意支付集团公司在弱电安装工程人工费525 722元。2012年1月，房地产公司与集团公司签订了《房屋抵顶工程款协议书》，约定：房地产公司用财富大厦A座9层的产权抵集团公司的工程款9 422 550元，在结算工程款补办登记手续并签订正式合同。而后，未交付集团公司且未办理所有权转移登记手续。

集团公司以房地产公司欠付工程款并应当支付违约金为由，提起诉讼，请求判令房地产公司支付工程欠款59 423 053元及其利息，并支付违约金11 594 336元。

房地产公司以集团公司未提交涉案工程的竣工报告为由，提起反诉，请求集团公司提供该工程的竣工验收报告和完整的工程竣工资料，返还用于抵账的财富大厦A座9层350平方米商铺和物业楼一楼30平方米办公室一间，并支付占用一层商铺自2011年2月20日至2012年9月20日的租金损失997 500元，如不能返还9层商铺和物业楼一楼30平方米办公室，则应支付到实际返还时的租金损失。

一审判决后，房地产公司不服，提起上诉称：第一，在一审开庭时提交的关于财富大厦A座9层《房屋抵顶工程款协议书》中，约定了将该房屋抵顶应支付给集团公司工程款1095万元，因集团公司不同意楼层变更要求，后已将不对楼层变更事项告知集团公司。因此，该协议仍合法有效，而一审法院遗漏了该协议，未将1095万元应当认定为本公司已付工程款。第二，剩余工程款应按照合同约定经审计才能予以确定，集团公司却不同意审计而坚持按其单方制作的《结算书》确定剩余工程款数额，且拒绝交付工程竣工验收资料，导致在诉讼中才确定了剩余工程款数额。因此，应当在一审法院判决后开始计算给付剩余工程款的时间。此外，集团公司未对涉案过程进行交付，而本公司入住是为了减少损失，不存在"交付之日"。因此，在剩余工程款和给付约定明确的情况下，不应适用《最高人民法院关于审理建设工程施工合同纠纷案件适用法律问题的解释》第18条的规定。此外，2011年5月或2012年1月还在对空调机组供电安装工程、机房更改工程、弱电安装工程、A区一层新增钢结构工程等工程进行施工，且至今为止部分工程尚未竣工。因此，不能认定2010年年底为工程交付日。第三，增补项目中弱电安装工程的人工费525 722元已包含在CCTV监控系统工程中，该笔费用被重复计算。此外，因为有部分甲供材料未能与被上诉人集团公司核对清楚，一审法院确定的甲供材料价值24 568 708.65元只是阶段性对账的价值并非全部。因此，一审法院认定甲供材料价值有误。综上，请求撤销一审法院判决第一项；改判本公司支付集团公司工程款为13 022 759元，并且本公司不向集团公司支付判决前的利息。

集团公司答辩称：第一，房地产公司出示《房屋抵顶工程款协议书》不是主张抵顶工程款，只是证明房地产公司有履行付款义务的意思，且房地产公司并未履行该协议抵顶工程款。第二，在《建设工程施工合同》专用条款中未就审计约定工程款的审计部门进行约定，因此应当适用《最高人民法院关于审理建设工程施工合同纠纷案件适用法律问题的解释》第18条规定。此外，主合同履行完毕后增加的机房更改等项目，且总共只有83万元，对工程款利息的支付不产生影响。第三，增补项目中的弱电安装工程人工费525 722元与CCTV监控系统安装工程费用的确认相隔了两年，且是分别独立的两个项目，不存在包含关系。第四，房地产公司对双方签字确认的付款凭证没有否定，且其在诉讼中一直未提供新证据，因此应视为房地产公司已放弃提出新证据的权利。综上，请求驳回房地产公司的上诉。

判决主文

一审法院判决：被告（反诉原告）房地产公司给付原告（反诉被告）集团公司工程款26 004 559.35元及其利息（从2011年2月20日起至付清之日止，按中国人民银行同期同类贷款利率计算）；原告（反诉被告）集团公司交付被告（反诉原告）房地产公司涉案工程竣工报告及竣工资料；驳回原告（反诉被告）集团公司其他诉讼请求；驳回被告（反诉原告）房地产公司其他反诉请求。

二审法院判决：维持一审判决第二项、第三项、第四项；变更一审判决第一项为上诉人房地产公司给付被上诉人集团公司工程款26 004 559.35元及其利息（其中25 173 837.35元自2011年2月20日起至付清之日止，830 722元自2012年1月13日起至付清之日止，按中国人民银行同期同类贷款利率计算）。

裁判要旨

认定债务清偿期届满后的以物抵债协议的性质时，应以尊重当事人的意思自治为基本原则，约定不明的，一般应认定以物抵债协议为诺成性的新债清偿协议。在协议的履行问题上，债权人的选择应受到必要限制，一般应先行使新债务履行请求权，但在新债务届期不履行，致使以物抵债协议目的不能实现时，债权人有权请求债务人履行旧债务。

重点提示

在债务清偿期限届满后,当事人之间签订以物抵债协议,因此产生该协议的生效条件等问题就成了司法实践中争议的焦点,法院在审理此类案件时应当注意以下三点:(1)债务清偿期限届满后的以物抵债协议的性质及效力。实务中,以物抵债协议通常会出现两种情形:一种是双方当事人就以他种给付替代原定给付达成合意,但债权人尚未受领债务人的他种给付,实为诺成性合同;另一种则是双方当事人不但就以他种给付替代原定给付达成合意,债权人也实际受领了债务人的他种给付,即传统民法理论中所称的代物清偿,实为要物合同。对于以物抵债协议的性质问题,不应一概而论,而应当根据案件的实际情况进行分析。以物抵债作为债务清偿的一种方式,当事人有权基于意思自治原则对于债务如何清偿作出约定,当债权人与债务人之间明确约定以债权人现实地受领抵债物或者取得抵债物所有权、使用权等财产权利为成立要件时,该协议一般认定为代物清偿,为要物合同;反之,当事人并未明确作出上述约定,则在进行合同解释时,通常应适用一般合同的构成要件,以物抵债协议于当事人达成合意时已经成立。(2)新旧债务的认定。当事人于债务清偿期届满后达成以物抵债协议,新的债务能否代替旧债务系司法实践中经常遇到的问题。首先,在不存在恶意串通,损害国家、集体或者第三人利益,以合法形式掩盖非法目的,违反法律、行政法规的强制性规定的情形时,应当充分尊重当事人的意思自治,如当事人在合同中约定协议生效时,旧债务消灭,则应当认定为债的更改;如果当事人约定在新债务履行完毕以前,旧债务不消灭,则应当认定为新债清偿。其次,在约定不明确时,应当探究当事人订立合同时的真实意思表示,来确定当事人实际作出何种约定。最后,当现有证据不足以推定当事人是否就新债务成立时消灭旧债务达成合意时,应作出有利于债权人的解释,原因在于,保护债权是基本立足点,这既源于合同应当全面、及时履行的基本原则,也是诚信原则的基本要求。因此,在合同解释上,除非有充分证据证明当事人之间就此达成了合意,否则,不应作出有损于债权的解释,相较于债的更改而言,新债清偿更有利于保障债权人的权益。(3)新旧债务履行的限制。在新旧债务并存的情况下,债务人应当如何履行债务,或者债权人是否有权选择要求履行新债或旧债,也是以物抵债所面临的主要问题之一。主流观点认为,债权人主张实现债权应当遵循诚信原则和效益原则,即应当先行使新债务的请求权;在债务人新债务清偿期届满后仍不履行或债务人明确表示不履行新债务的情况下,债权人有权要求债务人履行旧债务。

3. 开工日期的认定及固定价款合同解除后合同价款的计算

【案例】青海××建筑安装工程有限责任公司诉青海××置业有限公司建设工程施工合同纠纷案

案例来源

发布单位:《最高人民法院公报》2015 年第 12 期(总第 230 期)
审判法院:最高人民法院
判决日期:2014 年 12 月 5 日
案　　号:(2014)民一终字第 69 号

基本案情

青海××置业有限公司(以下简称置业公司)将海南藏文化产业创意园商业广场工程发包给青海××建筑安装工程有限责任公司(以下简称工程公司)。2011 年 9 月 1 日,双方签订《建设工程施工合同》,约定了工程内容、日期、单价等内容,开工日期为 2011 年 5 月 8 日,竣工日期为 2012 年 6 月 30 日。北京××××建筑设计有限公司完成设计图纸后,工程公司、置业公司、监理单位、设计单位、勘察单位、质检单位形成了《基础验收会议纪要》,工程基础验收合格。

2012 年 1 月至 5 月,北京××××建筑设计有限公司多次向置业公司发出通知,要求更改广场地砖、涂料、找平等内容。2012 年 6 月 19 日,工程公司发出《通知》称,置业公司须于 2013 年 6 月 23 日前支付 1225.14 万元工程款,否则将停止施工。6 月 25 日,置业公司回复:工程公司不按约履行合同,构成违约,要求解除合同。随后,双方解除合同,工程公司撤场。

置业公司将剩余工程发包给四川省××实业集团有限公司,2012 年 6 月 28 日,双方签订《建设工程施工合同》。同年 7 月 22 日,置业公司将四川省××实业集团有限公司未完成的工程发包给青海××建设有限公司,双方签订《建设工程施工合同》。

2011 年 8 月 10 日至 2012 年 4 月 18 日,置业公司给付工程公司工程款共计

2850万元;置业公司先后为工程公司垫付民工工资等共计 30 957 562 元。

工程公司以置业公司拖欠进度款为由,提起诉讼,请求法院判令置业公司支付工程款 22 439 200 元及违约金。

置业公司以工程公司违约施工为由,提起反诉,请求法院判令工程公司退还工程款 1 065 808.18 元,赔偿损失 4 926 190.40 元,承担违约金共计 2 558 829.80 元并交付已施工部分工程的全部施工资料及图纸。

一审判决后,工程公司和置业公司不服,均提起上诉。

工程公司上诉称:一审判决认定根据合同约定的固定单价按比例折算已完工程的工程价款,既无法律根据也无合同的依据,适用法律错误;本案鉴定意见书不能作为定案依据,鉴定意见书的错误计价方式误导了一审判决,一审判决据以作出错误的认定;一审判决认定工程公司完成的工程量和工程价款计算存在一系列事实错误。故请求二审法院:撤销一审判决第一、二、三项;依法改判支持工程公司原审的全部诉讼请求,驳回置业公司的全部反诉请求。

置业公司辩称:工程公司关于工期和违约责任的主张及理由均不能成立;工程公司要求按照定额结算已完工程的工程价款的主张和理由,因不符合双方合同的明确约定和法律规定,故不成立;工程公司关于鉴定意见书不能作为定案依据的主张和理由不能成立;工程公司关于一审判决认定其完成的工程量和工程价款计算存在一系列错误的主张和理由不能成立。因此工程公司提出的全部上诉请求及理由均不能成立,请求二审法院依法驳回其上诉请求。

置业公司上诉称:工程公司故意拖延施工,造成工期严重延误是事实,一审判决不予认定存在错误;本案因工程公司严重违反合同约定导致合同被解除,工程公司依约应当承担严重违反合同条款的违约金;在工程公司根本未完成施工任务的情况下,谈不上"一次交验合格",其应承担质量达不到一次交验合格的违约金;一审判决在正确认定工程公司应向置业公司交付已施工部分的全部施工资料及图纸的情况下,却又对置业公司的该第二项诉讼请求未作判决,属于漏判。故请求二审法院:撤销一审判决第四项;判令工程公司赔偿置业公司损失 4 678 199.40 元;判令工程公司承担违约金共计 2 558 829.80 元;判令工程公司向置业公司交付已施工部分全部施工资料;判令工程公司退还全部工程图纸。

工程公司未提交书面答辩意见,当庭答辩称:置业公司的六项上诉请求都不能成立。其第一、二、三项是建立在工程公司延误工期的前提下,这个事实不能成立。没有完成工程是因为置业公司单方解除合同,因此交付违约金的理由也不能成立。由于置业公司单方解除合同，所以不可能达到交验标准。施工资料没有交，是因为置业公司没有支付工程款，置业公司支付了工程款，工程公司自然会交付施工资料。

判决主文

一审法院判决：原告（反诉被告）工程公司向被告（反诉原告）置业公司返还超付的工程款 835 491.69 元；原告（反诉被告）工程公司向被告（反诉原告）置业公司支付质量缺陷修复费用 248 000 元；驳回原告（反诉被告）工程公司的诉讼请求；驳回被告（反诉原告）置业公司的其他反诉请求。

二审法院判决：撤销一审判决；改判上诉人置业公司向上诉人工程公司支付工程款 9 410 477.43 元；上诉人置业公司向上诉人工程公司支付违约金 60 227 元；上诉人工程公司向上诉人置业公司交付已施工部分全部施工资料和全部工程图纸；驳回上诉人工程公司的其他诉讼请求；驳回上诉人置业公司的其他反诉请求。

裁判要旨

开工日期与约定日期不一致时，应当结合当事人所提供的证据认定开工时间，当事人无法提供证据证明的，应当按照约定的日期认定开工时间；固定价款的建设工程施工合同解除后，应当按照当地建设行政主管部门发布的计价方法或者计价标准结算工程价款。

重点提示

建设工程施工合同中，存在履行过程中承包人与发包人解除合同的情况，由此对工程价款的计算产生争议，具体表现在开工日期以及工程价款的计算方式等方面，法院审理此类案件时应当注意以下两点：（1）建设工程施工合同开工日期的认定。开工日期是建设工程工期的起算点，也是控制工期风险的第一个重要节点，开工日期的确定方式有以下几种：①合同中约定具体的日期作为开工日期；②以发包人开工通知中写明的日期作为开工日期；③以监理人的开工通知写明日期作为开工日期；④以承包人递交的开工报告或开工申请被批准的日期作为开工日期。但在实践中，往往存在实际的开工日期与约定的开工日期不一致的情况，此时应当以实际开工日期为准，在诉讼中由当事人提供的相关证据来认定开工日期,当事人有能够证明实际开工日期的记录如发包人的通知、工程监理的记录、当事人的会议纪要等,如承包人不能证明实际开工日期,但有开工报告的,应依照开工报告记载的日期为开工日期。没有任何证据能够证明开工日期,且没有开工报告的情况下,则应当以合同约定的开工日期为准。(2)固定价款合同解除时工程价款的计算方式。在实践中,承包人与发包人在合同中约定以固定价格方式计价,而在施工过程中合同解除,此时应当适用当地行政主管部门发布的计价方式计价,原因如下:其一,工程全部完工是适用固定计价前提。固定计价是基于不同阶段的收益情况,承包人与发包人商定的价款数额,承包人实现合同目的、获取利益的前提是完成全部工程,而在工程未完工合同即解除时,参照合同约定的固定价格计算工程价款并不合理。其二,折价计算工程价款难以平衡各方利益。工程在不同阶段,利润也并不相同,无法进行折价,而依照在不同工期进行相应折价在实践中因工程进度以及合同解除等问题,导致工期难以计算,发包人和承包人的利益难以平衡。《最高人民法院关于审理建设工程施工合同纠纷案件适用法律问题的解释(一)》第19条规定:"当事人对建设工程的计价标准或者计价方法有约定的,按照约定结算工程价款。因设计变更导致建设工程的工程量或者质量标准发生变化,当事人对该部分工程价款不能协商一致的,可以参照签订建设工程施工合同时当地建设行政主管部门发布的计价方法或者计价标准结算工程价款。建设工程施工合同有效,但建设工程经竣工验收不合格的,依照民法典第五百七十七条规定处理。"而政府指导价格并非当事人双方的真实意愿,也可能因此造成一方当事人利益受到预期外的损失,因此在固定价格方式计价的合同中,双方可以在各形象进度节点结束时分别约定固定的结算价格。

四、工程造价鉴定

建设工程施工合同纠纷中司法鉴定的运用

【案例】李×明诉湖南××晒北滩水电开发有限公司建设工程施工合同纠纷案

案例来源

发布单位:最高人民法院中国应用法学研究所《人民法院案例选》第5辑

审判法院：最高人民法院

判决日期：2019 年 12 月 24 日

案　　　号：（2018）最高法民再 145 号

基本案情

2004 年 5 月，陈 × 以永州市 × × 水电建设有限责任公司（以下简称建设公司）的名义与湖南 × × 晒北滩水电开发有限公司（以下简称水电开发公司）签订了 C1 工程的施工合同，约定：在本合同工程合同有效期内，所有因人工、材料和设备等价格波动影响合同价格时，均不调整合同价格；本合同工程工期较短，合同实施期间，只有国家发布对企业税率进行调整时，才允许调整合同相关费用。除此之外，因国家规定变更，导致承包人在实施合同期间所需的工程费用发生增减时，在合同有效期内均不调整合同价格。同年，陈 × 将上述工程以 110 万元转让给了李 × 明。2005 年 5 月，C1 工程开工。

2006 年 10 月，因 C2 标施工单位中途退场，李 × 明与水电开发公司签订补充协议书，约定由李 × 明继续完成 C2 标工程。

2009 年 7 月，工程竣工并经验收合格。C1 标长度 3300 米，投标总报价 14 270 050.8 元。C2 标长度 2134 米，投标总报价 13 678 026.46 元，其中李 × 明施工部分为 1194.2 米。

2010 年 2 月，李 × 明以水电开发公司逾期对工程结算未予答复为由，提起诉讼，请求判令水电开发公司支付工程款及利息。

双方在审理中共提交了三个版本补充协议书，李 × 明提交的 B、C 版本与水电开发公司提交的 A 版本在单价和结算标准上存在较大差异。

一审判决后，水电开发公司不服，提起上诉。

二审法院裁定后，重审期间，李 × 明申请追加第三人建设公司参加诉讼，并变更部分诉讼请求为请求判令水电开发公司向李 × 明支付工程款本金 50 066 275 元及赔偿逾期付款损失；确认李 × 明对水电开发公司拖欠的工程款本金和利息具有法定优先受偿权。

人民法院依据水电开发公司申请，委托专业机构出具了咨询报告，最终确认涉案工程总造价为 15 092 755 元。

重审一审判决后，李 × 明不服，提起上诉。

重审二审判决后，李 × 明不服，向最高人民法院提起申诉。

判决主文

一审法院判决：支持原告李×明的诉讼请求。

二审法院裁定：将案件发回重审。

重审一审法院判决：驳回原告李×明的诉讼请求。

重审二审法院判决：驳回上诉，维持原判。

最高人民法院裁定：提审本案，并另行组成合议庭对本案进行再审审理。

再审法院裁定：撤销重审二审民事判决和重审一审民事判决；本案发回重审。

裁判要旨

工程验收合格情形下，发包人与承包人之间存在多份无效施工合同且无法确定实际履行合同的，人民法院可依法通过建设工程司法鉴定方式确定工程价款。而当司法鉴定结论不能反映工程实际施工程度且明显与造价成本有较大差距时，则不能以此作为工程价款认定依据。这样在遵守公平原则的同时又保护了实际施工人的利益。

重点提示

建筑工程司法鉴定是指依法取得有关建筑工程司法鉴定资格的鉴定机构和鉴定人受司法机关或当事人委托，运用其理论与技术对与建筑工程相关的问题进行鉴定，并得出鉴定意见的活动。建设工程合同纠纷案件中，往往会涉及一些带有专业性与技术性的复杂问题，此时就需要通过启动司法鉴定的方式得出鉴定意见。司法实践中，对于建设工程司法鉴定的运用问题，应当注意以下三点：（1）建设工程司法鉴定启动的主体。根据《民事诉讼法》第79条的规定："当事人可以就查明事实的专门性问题向人民法院申请鉴定。当事人申请鉴定的，由双方当事人协商确定具备资格的鉴定人；协商不成的，由人民法院指定。当事人未申请鉴定，人民法院对专门性问题认为需要鉴定的，应当委托具备资格的鉴定人进行鉴定。"由此可知，建设工程司法鉴定程序的启动分为人民法院依职权启动和当事人申请启动两种。首先，对于人民法院依职权启动建设工程司法鉴定，系当事人未申请后的特殊情形。人民法院认为相关专门性问题确属必须查明的事实，未查明可能会损害国家、社会公共利益的，在当事人未申请司法鉴定的情况下，依职权启动鉴定程序。其次，对于当事人申请启动建设工程司法鉴定，系当事人的权利与义务。当事人申请时应当满足以下条件：①申请鉴定的事项与争议事项存在关联且有意义；②待证事实属于工程项目中的专业性问题；③待证事实经其他方式不能得出结论。（2）建设工程司法鉴定得出工程价款鉴定意见与工程成本存在较大差距的，不应以此确认工程价款。人民法院委托或当事人自己委托有资质的专业机关进行鉴定时，除应当满足司法鉴定适用条件的程序外，还应当对最终的鉴定结果进行必要的审查，审查是否合理与公平以及是否可以予以采纳。若司法鉴定机关在鉴定工程价款时，最终的鉴定意见明显与工程实际施工情况不同且危及一方利益的，此情况下，人民法院不宜以此鉴定意见直接认定工程价款，保障了实际施工人的合法权益。（3）对建设工程司法鉴定意见的审查。建筑工程司法鉴定有着内容广泛、专业知识要求较高的特点。基于此特点，实务中主要从以下几个方面对鉴定意见采纳与否进行审查：①鉴定事项与范围是否超过委托；②鉴定材料是否完整且经质证；③鉴定依据是否正确合理；④鉴定方法是否科学；⑤鉴定程序是否符合法且满足技术要求；⑥鉴定意见是否明确具体，是否与既定事实存在矛盾；⑦鉴定程序以及鉴定意见书的形式等是否符合法定要求。

五、优先受偿权

1. 基坑工程的承包人能否主张优先受偿权

【案例】四川××煤炭建设（集团）有限责任公司诉成都××嘉泰房地产有限公司建设工程施工合同纠纷案

案例来源

发布单位：《最高人民法院公报》2023年第3期（总第319期）

审判法院：最高人民法院

判决日期：2021年11月9日

案　　号：（2021）最高法民再188号

基本案情

2010年10月，成都××嘉泰房地产有限公司（以下简称房地产公司）与承包方四川××煤炭建设（集团）有限责任公司（以下简称建设公司）签署了设计施工合同，约定将房地产公司位于成都市南部新区金融总部商务区8号地块项目范围内全部的基坑支护、降水、土石方挖运工程的设计、施工交由建设公司完成；工程包干价为1900万元；合同还约定了工程款支付、竣工结算、工程总工期、违约责任等，其中对工程款支付约定如下：待各工程按期完成，经房地产公司、监理方、总包方及相关职能部门验收合格，并书面确认后，进行工程结算。

2013年4月，房地产公司与建设公司签订补充协议，房地产公司将项目基坑护壁加固施工的补充部分委托建设公司施工。该协议约定，工程包干总价为378万元；完成所有基坑护壁加固工作内容后，经房地产公司、监理方、总包方及职能部门验收合格，并书面确认后，房地产公司在收到建设公司提供的正式发票后，支付建设公司此协议所有工程余款。

同年7月，房地产公司与建设公司就项目现有的土石方挖运、补贴、原合同调整等事宜经协商达成了协议，签订第二个补充协议，该协议包括工程款结算及支付、工期约定、工程施工的配合等条款，约定：所有土石方挖运、回填等工作按期完成，经房地产公司、监理方、总包方及相关职能部门验收合格并书面确认后，开始办理结算；工程施工中，建设公司应无条件配合房地产公司、监理方及总包单位，不得以任何理由、任何方式阻碍总包方施工；等等。

建设工程合同签订后，工程开始施工。房地产公司陈述主体工程发包给××建工集团有限公司施工，该主体工程于2015年11月停工，至今未复工，××建工集团有限公司与房地产公司正因建设工程合同纠纷进行诉讼。

建设公司以其与房地产公司签订的协议无效且房地产公司应当支付应付未付工程款与违约金为由，提起诉讼，请求法院判令：解除双方签订的设计施工合同及其补充协议；判令房地产公司支付应付未付的工程款、违约金共计38 546 286.70元，违约金暂计算至2019年4月30日，实际应计算至房地产公司付清款项之日止，降水台班费暂计算至2019年4月30日，其保留另行主张后续发生的费用的权利；本公司对涉案建筑的工程价款享有优先受偿权。

一审判决后，建设公司不服，提起上诉称：请求二审法院撤销一审判决；

依法改判房地产公司以未付工程款 9 246 002.97 元为基数，按照日 0.05% 利率，从 2014 年 9 月 18 日计算至工程款付清之日止；依法改判本公司对房地产公司开发建设的项目的拍卖款或折价款中就 15 398 977.71 元享有优先受偿权。

二审判决后，建设公司不服，申请再审称：案涉基坑工程的劳动成果已经物化到建筑物本身，是建筑物不可分离的组成部分，而非对土地的增值改造，且双方合同约定，取水资源费属于建设工程成本和应付工程款范畴，应当纳入优先受偿权范围；二审判决适用法律错误，《最高人民法院关于审理建设工程施工合同纠纷案件适用法律问题的解释（二）》中规定的"就工程折价或拍卖"中的工程指的是案涉工程融入的单体建筑，而不局限于请求权人已完成的工程部分，即便优先受偿权的价值范围局限于施工部分的价值，但执行拍卖时应当指向承包人施工的单体建筑；建设工程价款的优先受偿权的立法目的是保障农民工的合法权益，案涉基坑施工的绝大部分成本为农民工工资。故请求再审法院依法撤销二审判决的后半部分，改判本公司针对工程款 15 398 977.71 元就案涉建筑物折价或拍卖后的价款享有优先受偿权。

房地产公司辩称：建设公司承包的工程范围不属于主体工程范围，系对土地现状的改变，没有形成单独的建筑物或者构筑物，不具备单独拍卖、变卖的条件，因此其不享有优先受偿权；即使认定其享有优先受偿权，其主张的范围亦超过了法律规定；建设公司主张优先受偿权的价款包含取水资源费，属于行政管理费用，不属于工程价款的范围，应予排除。

判决主文

一审法院判决：解除原告建设公司与被告房地产公司签订的三份合同；被告房地产公司向原告建设公司支付工程款 15 398 977.71 元；驳回原告建设公司的其他诉讼请求。

二审法院判决：维持一审民事判决第一项、第三项；变更一审民事判决第二项为"确认截至 2020 年 11 月，上诉人建设公司对被上诉人房地产公司享有 15 398 977.71 元工程款债权"。

再审法院判决：撤销一审、二审民事判决；解除再审申请人建设公司与再审被申请人房地产公司签订的三份合同；确认再审申请人建设公司对再审被申请人房地产公司享有 15 398 977.71 元工程款债权，并在上述工程款范围内就涉案工程折价或者拍卖的价款享有优先受偿权；驳回再审申请人建设公司的其他诉讼请求。

裁判要旨

对于同一建设工程，可能存在多个承包人，如承包人完成的工程属于建设工程，且共同完成的建设工程宜于折价、拍卖的，则应依法保障承包人的优先受偿权。根据建筑行业管理规范和办法，深基坑工程施工包括支护结构施工、地下水和地表水控制、土石方开挖等内容，故基坑支护、降水、土石方挖运工程施工合同的承包人，要求在未受偿工程款范围内享有优先受偿权的，人民法院应予支持。

重点提示

建设工程优先受偿权是指承包人对于建设工程的价款就该工程折价或者拍卖的价款享有优先受偿的权利，优先于一般的债权。司法实践中，探究基坑工程承包人能否主张优先受偿权问题，应当注意以下三点：（1）基坑工程的性质。基坑工程是建设工程领域的一项系统工程，其主要内容包括工程勘察、支护结构设计与施工、土方开挖与回填、地下水控制、信息化施工及周边环境保护等，进行基坑工程的目的在于保证地面向下开挖形成的地下空间在地下结构施工期间的安全稳定，完善的基坑工程，可以保证施工顺利进行还可以保护周边环境。由此可知，基坑工程并不能产生独立的建筑物或构筑物。（2）基坑工程承包人有权就工程拍卖或折价款优先受偿。前述分析中已经说明了基坑工程不能产生新的建筑物或构筑物的特点，也正是由于基坑工程的这一特点，在实务中对于基坑工程的承包人能否就建设工程的拍卖款或折价款优先受偿就产生了诸多争议。《最高人民法院关于审理建设工程施工合同纠纷案件适用法律问题的解释（一）》第37条规定："装饰装修工程具备折价或者拍卖条件，装饰装修工程的承包人请求工程价款就该装饰装修工程折价或者拍卖的价款优先受偿的，人民法院应予支持。"基坑工程虽然并不属于装饰装修工程，但二者性质上有相似之处。基坑工程虽然不能产生新的建筑物，但承包人所投入的建筑材料和劳动力均已物化到建筑物当中，与建筑物不可分割，故应当认定基坑工程的承包人与装饰、装修工程的承包人一样，对建筑物的拍卖款或折价款享有优先受偿权。（3）存在多个承包人时，合同的承包人依然享有优先受偿权。对于同一建设工程，由于工程技术内容不同、需要多方投资等原因，可能存在多个承包人,如承包人完成的工程属于建设工程,且共同完成的建设工程可以进行折价、拍卖的,承包人依法享有优先受偿权,即只要承包人完成的工程属于建设工程,且共同完成的建设工程宜折价、拍卖的,就应当依法保障承包人的优先受偿权。

2. 未竣工工程的承包人是否享有工程款优先受偿权

【案例】浙江××建设有限公司诉常山县××电器有限公司建设工程施工合同纠纷案

案例来源

发布单位:最高人民法院《人民司法·案例》2018年第11期(总第814期)
审判法院:浙江省衢州市中级人民法院
判决日期:2017年2月24日
案　　号:(2017)浙08民终91号

基本案情

2009年3月21日,常山县××电器有限公司(以下简称电器公司)将其公司的办公场所承包给××县电力建筑装潢有限公司(以下简称装潢公司)施工并签订建设工程施工合同。合同中约定:工程于2009年3月开工,2009年9月竣工;合同总价为1 752 646元。2009年5月,双方签订《补充协议》,约定工程款的支付方式改为:"基础完成支付10万元;二层浇捣完成支付20万元;层面浇捣完成支付20万元;主体验收合格支付20万元;外脚手架拆除支付20万元;工程竣工验收合格后支付至合同价款60%……"2009年8月,双方再次签订《补充协议》,约定开工时间为2009年8月,竣工时间为2010年1月。2010年5月,工程主体完工,同年6月,外墙脚手架拆除。截至2010年4月,电器公司共计支付装潢公司工程款700 000元。2011年3月,装潢公司变更登记为浙江××建设有限公司(以下简称建设公司)。

2013年4月,建设公司向法院起诉,后于2013年10月申请撤回起诉。

建设公司以电器公司欠付工程款为由,提起诉讼,请求判令电器公司支付工程款以及逾期支付工程款的违约金;并依法确认建设公司对诉请金额享有优先受偿权。

一审判决后,建设公司不服,提起上诉。

判决主文

一审法院判决:解除原告建设公司与被告电器公司签订的建设工程施工合同;被告电器公司支付原告建设公司工程款846 828元及利息;驳回原告建设公司的其他诉讼请求。

二审法院判决:驳回上诉,维持原判。

裁判要旨

工程款优先权的成立并非以承包人完成工程施工为前提,即使工程尚未竣工,并不影响承包人根据法律规定享有工程款优先权。发生建设工程施工合同纠纷时工程未实际竣工的,约定的竣工之日为6个月的起算点;约定的竣工日期早于实际停工日期的,实际停工之日为6个月的起算点。

重点提示

随着企业投资规模的不断增长,发包人拖欠承包人工程款的行为已成为严重的社会问题。工程价款关系着承包人的切身利益,进而又牵涉广大建筑工人的切身利益。因此为解决发包人拖欠工程款的问题,维护承包人及广大建筑工人的利益,我国法律规定了工程价款优先受偿权制度。司法实践中,对于未竣工工程的承包人是否享有工程款优先权的认定,应当注意以下三点:(1)承包人主张工程款优先权须满足的条件。《民法典》第807条规定,发包人未按照约定支付价款的,承包人可以催告发包人在合理期限内支付价款。发包人逾期不支付的,除根据建设工程的性质不宜折价、拍卖外,承包人可以与发包人协议将该工程折价,也可以请求人民法院将该工程依法拍卖。建设工程的价款就该工程折价或者拍卖的价款优先受偿。上述法律规定保护了承包人的合法权益,为发包人拖欠工程款的问题提供了法律保障。且由此可知承包人行使工程款优先权的条件有以下几点:①债权是在建设工程合同中产生的。②承包人需按合同约定履行义务。③发包人在经承包人催告后仍未按照合同约定给付价款的,承包人可行使优先权。(2)无论工程是否竣工,承包人都可行使优先受偿权。对于工程未竣工时,承包人是否享有行使优先受偿权的权利,在实务中存在有争议,一般来说承包人在竣工合格后才可行使优先受偿权,但是若要等到工程竣工后才允许承包人行使工程款优先权，这并不符合建筑工程行业的现实，且对于承包人来说也显失公平。当发生威胁到承包人利益的情况时，如发包人消失等紧急状况，则应当允许承包人行使优先权。因此，无论工程是否竣工，承包人均可以行使优先受偿权。（3）工程款优先权的起算时间的认定。对于工程款优先权的起算时间，发生建设工程施工合同纠纷时工程已实际竣工的，工程实际竣工之日为6个月的起算点；发生建设工程施工合同纠纷时工程未实际竣工的，约定的竣工之日为6个月的起算点；约定的竣工日期早于实际停工日期的，实际停工之日为6个月的起算点。

3. 承包人存在过错是否影响其主张优先受偿

【案例】江苏××二建集团有限公司诉××农村商业银行股份有限公司浦东分行等建设工程施工合同纠纷案

案例来源

发布单位：《最高人民法院公报》2022年第9期（总第313期）

审判法院：最高人民法院

判决日期：2021年8月10日

案　　号：（2021）最高法民申3629号

基本案情

2015年4月，江苏××二建集团有限公司（以下简称二建公司）与上海××房地产开发有限公司（以下简称房地产公司）签订施工合同，约定二建公司承包涉案工程，该工程计划于2015年3月开工，2016年10月竣工；暂定合同总价1.8亿元；承包人对于发包人违约的情况可以依据合同约定要求发包人承担违约责任，且不得以任何形式停工、怠工。

2016年10月，双方又签订补充协议一份，约定：为保障第三方监管及时提交监管报告及房地产公司项目贷款的持续发放，二建公司配合在监管方要求的资金确认函上盖章；协议同时注明，该确认函不作为工程款已实际支付的结算依据；补充协议还对贷款分期发放的额度、承包人对应的收款金额以及超出部分如何返还给发包人等事宜作了约定。

2016年3月，××农村商业银行股份有限公司浦东分行（以下简称农商行）与房地产公司签订《固定资产借款合同》《抵押合同》，约定房地产公司以诉争工程为抵押向农商行借款4亿元，双方办理了抵押登记。截至2017年3月，农商行向房地产公司累计发放贷款3.73亿元，其中分9笔共计1.45亿元支付至二建公司的银行账户；二建公司又分9笔向房地产公司返还了1.15亿元，实际收取的工程款为3000万元。

二建公司认可部分《承包人收款确认函》由其出具，但认为确认函是应房地产公司的要求出具的，并非施工合同的真实履行状态；进入二建公司账户的资金，只是帮助房地产公司过渡银行贷款，绝大部分都返还给了房地产公司，房地产公司认可二建公司帮助过渡资金的陈述。

2017年，二建公司以房地产公司拖欠工程款为由，提起诉讼，请求判令房地产公司结算工程款等共计1.28亿元，同时主张对诉争工程享有优先受偿权。

一审判决后，二建公司、农商行均不服，提起上诉。

二审判决后，二建公司不服，申请再审。

再审法院于再审中另查明，二建公司于2016年3月至8月向农商行出具了五份《施工方已收到资金确认函》，确认收到工程款261 466 700元，但记录数额与实际收到工程款金额不符，并将其实际收到的145 432 901元工程款中的115 692 901元返还给了房地产公司，并帮助房地产公司骗取农商行贷款。

判决主文

一审法院判决：确认原告二建公司与被告房地产公司签订的施工合同解除；原告二建公司将涉案工程场地交还给被告房地产公司；被告房地产公司支付原告二建公司工程款人民币127 964 663.49元；原告二建公司在被告房地产公司欠付工程款人民币127 964 663.49元范围内就涉案项目工程折价或者拍卖的价款享有优先受偿权；被告房地产公司返还原告二建公司履约保证金人民币2 000 000元；被告房地产公司支付原告二建公司停工损失，按每天人民币10 500元计算自2017年3月起至判决生效之日止；被告房地产公司支付原告二建公司财务成本损失及利息；被告上海××企业发展有限公司就判决第三、五、六、七项对被告房地产公司的债务承担连带责任；驳回原告二建公司的其余诉讼请求。

二审法院判决：维持一审民事判决第一项、第二项、第三项、第五项、第六项、第七项、第八项、第九项；撤销一审民事判决第四项。

再审法院裁定：驳回再审申请人二建公司的再审申请。

裁判要旨

承包人出具虚假的工程款收款证明，应当认定承包人存在过错，此时承包人享有的优先受偿权不得对抗抵押权，承包人主张就其未获清偿的工程款债权享有建设工程价款优先受偿权的，人民法院不予支持。

重点提示

在建设工程竣工验收合格后，发包人有权依据双方合同约定要求承包人支付建设工程价款，但随着经济的不断发展，越来越多的企业扩大资产投资规模，因此拖欠工人工程款的现象也时有发生，建设工程价款优先受偿权的设立就能有效解决这一问题。在司法实践中，对于建设工程承包人向银行提供虚假的工程款收款证明，以帮助发包人套取贷款的行为是否影响其行使优先受偿权的问题，应当注意以下两点：(1)承包人存在过错会影响其行使其对建设工程价款的优先受偿权。《民法典》第132条规定："民事主体不得滥用民事权利损害国家利益、社会公共利益或者他人合法权益。"一切民事权利的行使，不得超过正当界限；否则，滥用民事权利者应承担侵权责任或其他法律后果。因此，在建设工程中，承包人不能滥用其享有的法定优先权即建设工程价款优先权，且在一定情况下，承包人自身的过错可能会使其失去该项权利。(2)承包人优先受偿权是否受到影响的判断。实务中，应当从承包人实施行为的主观过错、后果、是否损害他人合法权益、是否影响施工工人利益等因素综合认定其是否享有建设工程价款优先受偿权。首先，在主观过错方面。判断承包人主观上是否存在故意或重大过失行为，例如违反合同条款或法律法规，影响工程的进展或质量。其次，在后果方面。判断承包人的行为是否造成了建设工程项目的损失或延误等问题。再次，在是否损害他人合法利益方面。要考虑，承包人的行为是否损害到包括业主、供应商、其他承包商等第三方的合法利益。最后，在是否影响施工工人利益方面。判断承包人实施的行为是否影响到施工工人的薪酬以及工作环境、条件等。

4. 以物抵债取得的所有权能否对抗承包人的优先受偿权

【案例】××建筑公司诉丰×公司建设工程施工合同纠纷案

案例来源

发布单位：最高人民法院民事审判第一庭《民事审判指导与参考》2012年第3集（总第51集）

审判法院：××人民法院

基本案情

2006年，××建筑公司与丰×公司签订了一份建设工程施工合同，由××建筑公司承建丰×悦华购物中心营业楼工程，后工程经竣工验收合格。经结算，丰×公司尚欠××建筑公司工程款1700万元。

在此期间，丰×公司因筹建营业楼资金短缺向殷×借款3000万元。由于丰×公司无力按约定偿还借款，故将丰×悦华购物中心营业楼的部分商铺过户给殷×以抵偿其全部借款及利息，房产局为殷×办理了房屋所有权证，建筑面积14 300平方米。

由于丰×公司欠付的1700万元工程款一直未予偿还，××建筑公司经多次催讨未果，遂与丰×公司签订了一份《工程付款协议书》，约定：双方认定丰×公司拖欠××建筑公司工程款本金为1700万元，考虑到实际情况，丰×公司同意自2006年12月15日开始向××建筑公司支付利息，利息按中国人民银行同期同类贷款利率的四倍支付，直至还清为止；如丰×公司不能以现金方式支付给××建筑公司，则用丰×悦华购物中心营业楼的房屋清偿所欠工程价款本金及利息。此后，××建筑公司向丰×公司发了一份催款书，但丰×公司仍未按约定偿还工程款。

××建筑公司以丰×公司拖欠其工程款为由，提起诉讼，请求判令丰×公司偿还拖欠工程款1700万元及利息，并主张对丰×悦华购物中心营业楼享有优先受偿权。

一审判决后，双方当事人均未上诉，判决已生效。

殷×以其系丰×悦华购物中心营业楼建筑面积14 300平方米的商铺所有权人，一审判决认定事实不清、适用法律错误为由，提起申诉，人民法院经审查对本案进行再审。

再审判决后，××建筑公司不服，提出上诉。

判决主文

一审法院判决：被告丰×公司给付原告××建筑公司工程款1700万元及利息；如被告丰×公司未按判决主文第一项履行义务，原告××建筑公司有权在本判决主文第一项确定的工程款及利息范围内，对其承建的丰×悦华购物中心营业楼工程行使工程价款优先受偿权。

再审法院判决：再审被申请人丰×公司立即给付再审被申请人××建筑公司工程款1700万元及利息；如再审被申请人丰×公司未按判决主文第一项履行义务，再审被申请人××建筑公司有权在本判决主文第一项确定的工程款及利息范围内，对其承建的除再审申请人殷×所有的丰×悦华购物中心营业楼建筑面积14 300平方米的商铺以外的丰×悦华购物中心营业楼工程行使工程价款优先受偿权。

再审二审法院判决：维持一审第一项判决；撤销第二项判决，改判：如再审二审被申请人丰×公司未按判决第一项履行义务，再审二审申请人××建筑公司有权在判决第一项确定的工程款及利息范围内，对其承建的丰×悦华购物中心营业楼工程行使工程价款优先受偿权。

裁判要旨

建设工程价款优先受偿权的权利主体仅指建设工程施工合同的承包人，通过以物抵债方式取得建设工程所有权的当事人，不属于商品房的消费者，其所享有的所有权不能对抗承包人行使建设工程价款优先受偿权。

重点提示

建设工程价款优先受偿权是法律为保障工程价款实现而授予承包人的一项特殊权利，其是指承包人对于建设工程折价或合法拍卖所得的价款享有优先受偿的权利。但实务中，对于通过以物抵债方式取得建设工程所有权的第三人能否对抗承包人行使建设工程价款优先受偿权问题仍存在较大争议。司法实践中，认定承包人的优先受偿权是否优于以物抵债取得的建设工程所有权的问题时，应当注意以下两点：（1）建设工程价款优先受偿权的性质。对于建设工价款优先受偿权的性质,我国《民法典》第 807 条规定:"发包人未按照约定支付价款的,承包人可以催告发包人在合理期限内支付价款。发包人逾期不支付的,除根据建设工程的性质不宜折价、拍卖外,承包人可以与发包人协议将该工程折价,也可以请求人民法院将该工程依法拍卖。建设工程的价款就该工程折价或者拍卖的价款优先受偿。"由此可知,建设工程价款优先受偿权是承包人直接依据上述法律规定而并非合同约定享有的权利。实务中建设工程价款优先受偿权的性质存在争议。有观点认为建设工程价款优先受偿权本质上属于一种债权,但也有观点认为建设工程价款优先受偿权并非债权。我国主要采取法定优先权说,《最高人民法院关于审理建设工程施工合同纠纷案件适用法律问题的解释(一)》第 36 条规定:"承包人依据民法典第八百零七条的规定享有的建设工程价款优先受偿权优于抵押权和其他债权。"故该法条中已经明确将优先受偿权、抵押权以及其他债权区分开来,即建设工程价款优先受偿权在性质上属于法定优先权。(2)通过以物抵债方式取得建设工程所有权的当事人不属于商品房消费者。《最高人民法院关于商品房消费者权利保护问题的批复》中对于商品房消费者的交房请求权与承包人的建设工程价款优先受偿权,以及抵押权以及其他债权的优先级问题作出了规定,即商品房消费者以居住为目的购买房屋并已支付全部价款,主张其房屋交付请求权优先于建设工程价款优先受偿权、抵押权以及其他债权的,人民法院应当予以支持。但是通过以物抵债方式取得建设工程所有权的当事人,其权利本质上仍属于抵押权,不应认定其具有消费者的身份,不能适用前述批复认定其所有权可以对抗承包人的优先受偿权。

5. 建设工程价款优先受偿权的行使范围

【案例】 中铁×××局集团第四工程有限公司诉安徽××交通开发有限公司、安徽省高速公路××集团有限公司建设工程施工合同纠纷案

案例来源

发布单位:《最高人民法院公报》2016 年第 4 期(总第 234 期)

审判法院:最高人民法院

判决日期:2014 年 5 月 15 日

案　　号:(2014)民一终字第 56 号

基本案情

2003年，安徽××交通开发有限公司（以下简称交通公司）获得了高速公路建设经营权，同年年底，中铁×××局集团第四工程有限公司（以下简称中铁公司）经过招投标程序，与交通公司签订该公路路基工程施工合同，并约定交通公司将该公路某标段发包给中铁公司施工。施工过程中，安徽省××工程建设监理有限责任公司阜周高速公路路基工程总监理工程师办公室向包括中铁公司在内的各合同标段承包人发出工期计算开始时间。中铁公司按合同约定进行施工，但未在合同约定的工期内完工，即迟延一年完成原计划的工程量。之后，省政府召开建设协调会，决定由交通厅收回该高速公路建设经营权，并交由安徽省高速公路××集团有限公司（以下简称高速公司）作为项目新业主负责建设和经营。高速公司承担复工进场新施工单位的组织协调责任，原业主交通公司承担原施工单位及处理此前项目债权债务的责任。交通公司因此与中铁公司签订以全额退还质保金和退还多付的已完工已计量的工程款为内容的《协议书》，并在协议中约定以审计单位最终认定的数额确定未计量的工程量。

中铁公司以交通公司违反合同约定造成经济损失为由，提起诉讼，请求判令交通公司支付剩余工程款及利息，赔偿迟延支付工程预付款利息及两次停窝工损失和因工期延长和实际工程总价款减少而增加的管理费；确认中铁公司就其所主张的工程款和各项损失款项对案涉工程享有优先受偿权；高速公司对上述钱款承担连带支付责任。

一审判决后，中铁公司与交通公司均不服，分别提起上诉。

交通公司上诉称：一审判决认定停工所依据的统计表与其他证据相互矛盾，且系违法出具，依法不能作为定案依据，本公司已经证明中铁公司在2004~2005年期间涉案工程没有停工，不存在停工损失，一审判决认定在此期间存在停窝工损失属于认定事实错误；一审判决以《鉴定报告》为依据，判定双方分摊油料上涨的损失，违背事实和公平原则。

中铁公司上诉并答辩称：关于已完工未计量审计核减金额以及未纳入审计的工程款，此部分工程量确实存在，交通公司也已完全认可，故应据实结算；按照《协议书》约定，第二笔工程预付款交通公司逾期9个月支付，应支付在此期间的利息；一审法院仅支持2004年7~11月的停窝工损失，对其他停工期间的损失不予支持不具有事实和法律依据;2004年停工完全系交通公司资金不到位所造成,一审判决要求双方各承担50%原材料及油料上涨的损失不符合事实;根据《招标书》约定,管理费需要上调;为保护广大农民工的利息,应当确认本公司享有优先受偿权;安徽省政府回收该高速公路建设经营权,交给高速公司经营,并要求交通公司将遗留问题交给政府主管部门及高速公司处理,高速公司也应当对交通公司所欠债务承担连带责任。故请求驳回交通公司的上诉请求,改判撤销一审判决第二项,改判交通公司支付尚欠的工程款3 816 805.76元及自2009年6月1日开始至判决生效之日止的利息损失287 119.21元(暂计算至2010年10月30日),支付迟延支付工程预付款的利息201 018.62元,支付2004年3月至2005年3月第一次停工期间停窝工损失6 929 833.87元及2006年11月至2009年4月第二次停工期间停窝工损失400万元,支付1 559 618.82元的原材料及油料价差损失,支付因工期延长和实际工程总价款减少而引起的管理费增加的费用4 078 795元;确认本公司就案涉工程享有工程价款优先受偿权;高速公司承担连带支付责任。

交通公司辩称:对于已完工未计量的工程量,双方明确约定交由审计单位审核,审计单位核准的金额及核准程序并无不当,且本公司已经按照约定及时履行了告知中铁公司的义务,故这部分费用应驳回,本公司已经不欠中铁公司工程款及利息;关于延付工程款的情况,一审法院认定事实清楚,中铁公司没有提供证据证明本公司存在拖延支付工程款的情况,其上诉请求没有依据;关于停窝工损失,监理王×的签字是无效的,属王×的个人行为,《鉴定报告》依据无效的签字而鉴定的停窝工损失没有任何依据,且中铁公司并没有证据证明其实际支出了所主张的停窝工损失款项,这表明其并没有任何损失,进一步其也无权请求对该部分损失予以赔偿,即使有停窝工的行为,也是由于中铁公司自身原因造成的,一审法院判决支付第一次停工损失没有依据,本公司已经提起上诉请求,请予支持;关于2004年至2005年停工导致的材料价差损失问题,中铁公司并未提供证据证明其实际支出了价差部分的费用,且造成工程延期的原因是中铁公司组织不力造成的,此部分价差损失如果存在,也应该由中铁公司承担;关于中铁公司诉请的管理费问题,中铁公司没有证据证明实际发生了此部分费用,且此部分费用已经通过其实际误工损失予以补偿,中铁公司的诉请构成重复主张;中铁公司主张对案涉建设工程享有优先受偿权不具备法定的前提条件,一方面该建设工程属于公益性基础设施,不宜折价或者拍卖;

另一方面本公司与中铁公司的施工合同已经解除，中铁公司一直没有主张优先受偿权，应视为已经放弃了该权利。综上，请求驳回中铁公司的上诉请求，支持本公司的上诉请求。

高速公司辩称：同意交通公司的答辩意见。对于中铁公司主张对案涉工程享有优先受偿权问题，一方面案涉工程属于公共设施，不宜折价和拍卖；另一方面中铁公司在本案诉请属于因违约所造成的损失，不属于应支付的工作人员报酬、材料款等实际支出的费用，也不符合《最高人民法院关于建设工程价款优先受偿权问题的批复》第3条规定的条件，故中铁公司的该诉请应予驳回。对于中铁公司要求本公司承担连带责任问题，安徽省政府、安徽省交通厅文件均明确，案涉工程原债权、债务由交通公司负责处理，从未要求本公司承担连带支付责任，且交通公司系法定的具有民事权利能力和行为能力人，中铁公司所称的交通公司资不抵债的主张无法律依据，故其上诉要求本公司承担连带责任的请求无事实及法律依据。综上，请求驳回中铁公司的上诉请求。

判决主文

一审法院判决：被告交通公司赔偿原告中铁公司经济损失8 338 280.36元；驳回原告中铁公司其他诉讼请求。

二审法院判决：驳回上诉，维持原判。

裁判要旨

建筑工程价款包括承包人为建设工程应当支付的工作人员报酬、材料款等实际支出的费用，不包括承包人因发包人违约所造成的损失，承包人请求对因发包人违约所造成的建设工程价款行使优先受偿权的，人民法院不予支持。

重点提示

根据《民法典》的相关规定，承包人对标的建筑的建设工程价款享有优先受偿权。但在司法实践中，对于承包人可以主张优先受偿权的范围则时常成为争议的焦点，法院在处理上述问题的过程中应当注意以下两点：（1）建设工程价款所包含的范围。在实务中，建设工程款主要由以下部分构成：①预付款，即开工前发包人应预付给承包人用于为合同工程施工准备的款项，用于承包人为合同工程施工购置材料、工程设备，购置或租赁施工设备、修建临时设施以及组织施工队伍进场等,其金额比例一般不低于合同金额的10%,不高于合同金额的30%。②进度款,指在施工过程中,按逐月、多个月份合计(或形象进度、或控制界面等)完成的工程数量计算的各项费用总和,在工程实践中,发包人同意支付进度一般为合同价的70%;③结算款,即竣工结算款,指工程竣工结算后发包人应该支付给承包人的除质保金外的剩余工程价款,竣工结算款等于竣工结算价减去质保金和已付款后的金额,竣工结算款支付的前提条件是工程竣工验收合格。(2)因发包人违约造成的损失不在建设工程价款优先受偿权的行使范围内。《民法典》第807条规定了承包人可就建设工程折价或者拍卖的价款优先受偿,其设立目的在于保障工人的利益。《最高人民法院关于审理建设工程施工合同纠纷案件适用法律问题的解释(一)》第40条规定:"承包人建设工程价款优先受偿的范围依照国务院有关行政主管部门关于建设工程价款范围的规定确定。承包人就逾期支付建设工程价款的利息、违约金、损害赔偿金等主张优先受偿的,人民法院不予支持。"建设工程款的优先受偿权已经将承包人的利润纳入保护范围,就不宜再将逾期支付工程价款的利息纳入建设工程价款优先受偿权的保护范围。而且违约金、损害赔偿金与普通债权没有本质区别,对于保护建筑工人的利益也没有特别意义。因此,建设工程款优先受偿权的行使范围应限定在前述分析中建设工程价款的范围内,对于发包人违约所造成的损失,如违约金、损害赔偿金等,应当认定为一般债权,承包人据此主张优先受偿的,人民法院不予支持。

6. 建设工程价款优先受偿权的适用

【案例】××建设集团有限公司诉河南××置业有限公司建设工程施工合同纠纷案

案例来源

发布单位:最高人民法院2021年11月11日发布的指导案例171号

审判法院:最高人民法院

判决日期:2019年6月21日

案　　号:(2019)最高法民终255号

基本案情

2012年9月，河南××置业有限公司（以下简称置业公司）与××建设集团有限公司（以下简称建设公司）签订建设工程施工合同，约定由建设公司对案涉工程进行施工。次年6月，置业公司和建设公司又签订一份建设工程施工合同。合同签订后，建设公司进场施工。2014年11月，置业公司委托造价咨询公司对工程进行核算并出具结算审核报告，双方均确认。次月，建设公司第九建设公司向人民法院提交在建工程拍卖联系函，载明建设公司系案涉在建工程承包方，自项目开工，建设公司已完成产值2.87亿元，建设公司请求依法确认优先受偿权并参与整个拍卖过程。双方均认可案涉工程于2015年2月停工。

建设公司以置业公司严重违反合同约定欠付工程款为由，提起诉讼，请求法院判令解除双方签订的建设工程施工合同，确认置业公司欠付建设公司工程款288 428 047.89元，建设公司在欠付工程款范围内对案涉工程享有优先受偿权等。

一审判决后，置业公司不服，提起上诉。

建设公司辩称：一审法院的判决并无不当。根据相关案例与指导意见，当事人主张优先受偿权并非必须通过诉讼方式，本公司以发函的形式主张优先受偿权是有效的，且均在6个月的法定期限内。

判决主文

一审法院判决：双方签订的建设工程施工合同无效；被告置业公司欠付原告建设公司工程款288 428 047.89元，原告建设公司在工程价款范围内，对其施工的涉案工程折价或者拍卖的价款享有行使优先受偿权的权利。

二审法院判决：驳回上诉，维持原判。

裁判要旨

依债权人的申请，人民法院在强制执行发包人的建设工程时，承包人行使建设工程价款优先受偿权，向该法院主张其享有建设工程价款优先受偿权且未超过除斥期间。此时，发包人以承包人起诉时行使建设工程价款优先受偿权已超过除斥期间为由提起诉讼的，人民法院不予支持。

重点提示

建设工程价款优先受偿权是我国法律对于建筑工程施工行业的特别保护，其主要是指建设工程承包人基于建设工程承包法律关系，依据相关法律在实施建筑工程施工行为后所享有的建设工程价款优先于建设工程中的其他权利而优先获得清偿的民事权利。司法实践中，理解建设工程价款优先受偿权适用的问题时，应当注意以下三点：（1）建设工程价款优先受偿权的适用条件。《民法典》第807条规定："发包人未按照约定支付价款的，承包人可以催告发包人在合理期限内支付价款。发包人逾期不支付的，除根据建设工程的性质不宜折价、拍卖外，承包人可以与发包人协议将该工程折价，也可以请求人民法院将该工程依法拍卖。建设工程的价款就该工程折价或者拍卖的价款优先受偿。"由此可知，建设工程价款优先受偿权的适用条件有以下几点：①有权行使建设工程价款优先受偿权的主体系与发包人订立建设工程施工合同的承包人；②发包人未按建筑工程施工合同中与承包人约定的时间、进度支付工程价款；③承包人催告发包人在合理期限内支付工程价款，发包人逾期仍未支付；④依据建设工程的性质，不存在不宜折价、拍卖的情形。满足上述条件后，承包人与发包人双方就可以共同协议将工程折价或请求人民法院将工程依法拍卖，并在最终折价或拍卖后的工程价款范围内优先受偿。（2）建设工程价款优先受偿权的适用方式。实务中，由《民法典》第807条规定可知，承包人与发包人协议将该工程折价或发包人向人民法院依法申请拍卖涉案工程均为承包人行使建设工程价款优先受偿权的方式，不能随意限定承包人得以获得清偿的方式仅有一种，诉讼不是建设工程承包人行使建设工程价款优先受偿权的唯一方式，承包人在法定期限内通过发函的形式向发包人主张优先受偿权合法有效。（3）承包人向执行法院主张其享有建设工程价款优先受偿权且未超过除斥期间的，视为承包人依法行使了建设工程价款优先受偿权。《最高人民法院关于审理建设工程施工合同纠纷案件适用法律问题的解释（一）》第41条规定："承包人应当在合理期限内行使建设工程价款优先受偿权，但最长不得超过十八个月，自发包人应当给付建设工程价款之日起算。"由此可知，建设工程价款优先受偿权的除斥期间为18个月。执行法院依据其他债权人的申请对发包人的建设工程采取强制执行时，会造成承包人的建设工程价款优先受偿权的合法权益受损，此时，承包人向执行法院主张其享有建设工程价款优先受偿权且未超过除斥期间的，就应当视为承包人已经行使了其建设工程价款优先受偿权，更有利于解决发包人拖欠工程款的问题，并更好地保障建筑企业工人的基本权益。

7. 关于建设工程价款优先受偿权的追及效力问题

【案例】吉林中城建××房地产开发有限公司申请执行吉林××工程有限公司、吉林××交通房地产开发有限公司建设工程施工合同纠纷案

案例来源

发布单位：《最高人民法院公报》2012年第2期（总第184期）

审判法院：最高人民法院

判决日期：2011年8月17日

案　　号：（2011）执监字第15号

基本案情

关于吉林××工程有限公司（以下简称工程公司）与吉林××交通房地产开发有限公司（以下简称交通公司）建设工程施工合同纠纷案在执行过程中，交通公司通过《债务重组协议》，以出资的名义，将"中大世纪城"A区和B区土地使用权分别变更至吉林中城建××房地产开发有限公司（以下简称开发公司）和吉林××房地产开发有限公司（以下简称房地产公司）名下。随后，开发公司收购了交通公司在房地产公司的全部股权，房地产公司以1亿元价格并购交通公司的B区土地及未售房屋资产，同时，开发公司和房地产公司承接交通公司1亿元债务。上述资产及股权变更的结果是交通公司将B区土地转给了房地产公司，但不持有房地产公司的股权；将A区土地转给开发公司，在开发公司仅持有少量股权；而开发公司和房地产公司仅承担交通公司的部分债务。

工程公司以交通公司通过债务重组的方式转移资产，侵害其合法权益为由，申请追加开发公司和房地产公司为被执行人。

开发公司不服执行法院执行裁定，向最高人民法院提起申诉。

判决主文

执行法院裁定：追加开发公司为被执行人，并执行、处分其财产。

最高人民法院裁定：驳回申诉人开发公司的申诉。

裁判要旨

建设工程价款优先受偿权是承包人享有的物权，效力高于抵押权和其他一般债权；发包人恶意将涉案不动产转让，第三人知情的情况下受让该不动产，则建设工程价款优先受偿权的追及效力追及于第三人。

重点提示

建设工程价款优先受偿权是指承包人对于建设工程的价款就该工程折价或者拍卖的价款享有优先受偿的权利，优先于一般的债权。债务人以重组、收购的方式将土地等资产变更至新组建的公司名下，意图使债权人无法取得工程价款，由此引发纠纷，法院审理时应当注意以下三点：（1）建设工程价款优先权的效力。《民法典》第807条是有关于建设工程价款优先受偿的规定，其主要内容为："发包人未按照约定支付价款的，承包人可以催告发包人在合理期限内支付价款。发包人逾期不支付的，除根据建设工程的性质不宜折价、拍卖外，承包人可以与发包人协议将该工程折价，也可以请求人民法院将该工程依法拍卖。建设工程的价款就该工程折价或者拍卖的价款优先受偿。"《最高人民法院关于审理建设工程施工合同纠纷案件适用法律问题的解释（一）》第36条规定："承包人根据民法典第八百零七条规定享有的建设工程价款优先受偿权优于抵押权和其他债权。"结合上述法律规定来看，工程价款优先受偿权的对抗效力高于抵押权，具体表现为工程价款优先受偿权无须考虑抵押权成立时间的先后，也无须考虑优先受偿权是否登记。对于其他债权而言，基于商业利益的建筑物受让人的债权请求权不能对抗建设工程价款优先权的实现。此外应当注意的是，《最高人民法院关于人民法院办理执行异议和复议案件若干问题的规定》第29条规定："金钱债权执行中，买受人对登记在被执行的房地产开发企业名下的商品房提出异议，符合下列情形且其权利能够排除执行的，人民法院应予支持：（一）在人民法院查封之前已签订合法有效的书面买卖合同；（二）所购商品房系用于居住且买受人名下无其他用于居住的房屋；（三）已支付的价款超过合同约定总价款的百分之五十。"由此可知，工程价款优先受偿权还应当受到限制。（2）建设工程价款优先受偿权的追及效力。物权的追及效力是指无论标的物流转至何人之手，除法律另有规定外，物权人都有权追及物之所在并直接支配该物的效力。建设工程价款优先受偿权是一种法定担保物权，法律并未明文排除建设工程价款优先受偿权的追及效力，目前我国未设立工程价款优先受偿权的登记制度，建设工程价款优先受偿权若想公示，可对该标的工程进行财产保全。在未进行保全公示的情况下，虽不必然产生追及效力，但第三人在明知或应当知道发包人欠付工程款的情况下，仍受让涉案不动产，此时应当认定建设工程款优先受偿权有追及效力，受让人应当支付工程款。（3）建设工程价款优先受偿权在法定情形下可以放弃。《最高人民法院关于审理建设工程施工合同纠纷案件适用法律问题的解释（一）》第42条规定："发包人与承包人约定放弃或者限制建设工程价款优先受偿权，损害建筑工人利益，发包人根据该约定主张承包人不享有建设工程价款优先受偿权的，人民法院不予支持。"结合上述法律规定，可以得出以下结论：首先，原则上承包人放弃或者限制建设工程价款优先受偿权的行为有效，建设工程价款优先受偿权本质上是一种私权，在权利人意思表示范围内，自然可以自由处分该权利，放弃或者限制优先受偿权可通过单方承诺的方式，也可以通过与发包人或建设工程所有人签订协议的方式。其次，该部分权利的放弃或者限制还应当受到限制，承包人限制或放弃工程价款优先受偿权如果违反法律规定，如存在与发包人恶意串通，损害第三人利益的情形，应当认定处分该权利的行为无效。同时，承包人放弃或者限制建设工程价款优先受偿权损害建筑工人利益的，放弃或限制的行为无效。建筑工人的劳务报酬系从承包人处取得，如承包人不能取得工程价款，可能导致其生产经营和资金发生困难，建筑工人的劳务报酬无法得到保障。如任由承包人放弃或限制建设工程价款优先受偿权，将可能导致承包人责任财产减少，损害建筑工人的利益，这显然与建设工程价款优先受偿权的立法目的相悖。在司法实践中，应当对承包人清偿工人工资的能力进行审查，如果承包人具有支付工人劳动报酬的能力，则该处分行为有效。

8. 审计结论作出的时间是否影响优先受偿权的起算时间

【案例】安徽××建设工程有限公司、合肥×××置业有限责任公司与合肥××新城建设投资有限公司建设工程施工合同纠纷案

案例来源

发布单位：最高人民法院第四巡回法庭：当庭宣判十大案例

审判法院：最高人民法院

判决日期：2017 年 12 月 8 日

案　　号：（2017）最高法民终 655 号

基本案情

2009 年 7 月与 2010 年 2 月，合肥×××置业有限责任公司（以下简称置业公司）与安徽××建设工程有限公司（以下简称建设公司）先后签订了《工程承包协议书》《建设工程施工合同》。合同履行过程中，因置业公司资金链断裂，建设公司两次停、复工，导致涉案工程的严重滞后，引发众多商户上访。2013 年 4 月，合肥××新城建设投资有限公司（以下简称投资公司）与置业公司签订《借款合同》，约定投资公司向置业公司出借不超过 5000 万元的借款，以完成涉案工程后续建设。2014 年 6~7 月，涉案各分项工程出具的审计结论为涉案工程总价款为 1.31 余亿元。置业公司已付建设公司工程款合计 9632 余万元。

建设公司以置业公司与投资公司拖欠工程款为由，提起诉讼，请求判令置业公司与投资公司支付工程欠款 3936 余万元及利息；赔偿停工损失 2828 余万元；建设公司对涉案建设工程价款依法享有优先受偿权。

一审判决后，建设公司、置业公司均不服，提出上诉。

判决主文

一审法院判决：被告置业公司支付原告建设公司工程欠款 3501 余万元及利息，赔偿停工损失 146 余万元；驳回原告建设公司的其他诉讼请求。

二审法院判决：驳回上诉，维持原判。

裁判要旨

发包人欠付承包人工程款时，承包人享有建设工程价款优先受偿权以保障其工程价款权利的实现。建筑工程价款优先受偿权的起算时间与审计结论的作出时间并无关系，即不能以审计结论计算出工程款数额的时间作为优先受偿权行使期限的起算点。

重点提示

建设工程施工合同纠纷中的优先权问题始终是实务界与理论界争议的焦点，实务中，最主要的争议焦点就是优先权行使期限的起算点如何认定的问题。司法实践中，对于审计结论作出的时间是否影响优先受偿权的起算时间的认定，应当注意以下两点：(1) 发包人应当给付建设工程价款之日的辨析。根据《最高人民法院关于审理建设工程施工合同纠纷案件适用法律问题的解释（一）》第41条规定："承包人应当在合理期限内行使建设工程价款优先受偿权，但最长不得超过十八个月，自发包人应当给付建设工程价款之日起算。"对发包人应当给付建设工程价款之日，实务中多认为是工程价款确定之日。在发包人应当给付工程价款日期将近之前，工程价款仍未结算清楚并确定数额的，会在事实上阻碍承包人向发包人请求工程款的权利行使，同样以工程款的债权为依据主张的工程价款优先受偿权也会受到阻碍，因此，应以工程价款确定之日作为工程价款优先受偿权的起算日期。(2) 不能以审计结论得出工程款的时间作为优先受偿权行使期限的起算点。根据上述可知，建设工程已经竣工的，应以实际工程竣工日作为承包人行使优先受偿权的起算点。承包人在提出涉案工程价款的审计结论的期间不可能主张优先受偿权。承包人在明知发包人欠付其工程款且存在不能收回的风险时，应当在法律规定的期限内积极行使权利。审计结论是用以确定欠付工程款具体数额的，当发包人确已欠付承包人工程款时，审计结论的作出时间与优先受偿权行使期限的起算点不具有关联性。

9. 建设工程价款优先受偿权行使起算时间与期限的确定

【案例】浙江××建设工程有限公司诉黄山××投资信息有限公司建设工程价款优先受偿权纠纷案

案例来源

发布单位：最高人民法院《人民司法·案例》2012年第18期（总第653期）
审判法院：浙江省绍兴市中级人民法院
判决日期：2012年5月8日
案　　号：（2011）浙绍民终字第1288号

基本案情

2007年7月，浙江××建设工程有限公司（以下简称建设公司）通过竞标承包黄山××投资信息有限公司（以下简称投资公司）发包的××信息培训中心工程项目（以下简称涉案工程）并签订施工合同及补充协议，约定：合同价款以实际工程量和审计决算为准；工程款的支付方式为，建设公司垫资从基础施工至±0.00以上二层楼板，投资公司支付原告所垫资部分工程量的60%工程款，二层以上按楼层进度工程量付85%工程款，该工程主体框架封顶后，投资公司一次性支付至原告所垫资部分的90%工程款。主体工程验收合格后1个月内，即支付原告全部主体框架的97%工程款，留3%工程款作质量保修金。后建设公司进场施工，至2008年4月施工至第四层，投资公司仅支付工程款10万元导致无法正常施工。2008年6月，双方签订关于涉案工程停工的相关事项确认书。

建设公司以投资公司未按约支付工程款，造成工程长期停工，合同无法继续履行为由，提起诉讼，请求判令：解除双方之间签订的关于涉案工程项目的建设工程施工合同；确认建设公司对涉案工程的折价或拍卖款享有优先受偿权。

投资公司辩称：建设公司主张对工程项目享有优先受偿权与法不符。根据《最高人民法院关于建设工程价款优先受偿权问题的批复》第4条规定，建设工程承包人行使优先权的期限为6个月，自建设工程竣工之日或建设工程约定的竣工之日起计算。涉案工程尚未竣工，双方签订的合同竣工日期为2008年7月10日，起诉日为2009年5月5日，故其主张优先受偿权不符合法律规定。

一审判决后，投资公司不服，提起上诉称：原审法院确定建设公司对涉案工程享有优先受偿权不当。

建设公司答辩称：一审法院签订的确认书中已明确约定在施工方所在地进行诉讼。投资公司未提出管辖异议，故一审法院管辖该案，程序并无不当；本公司申请对工程造价进行鉴定，并由省高级人民法院指定由一审法院委托进行鉴定，该鉴定报告符合法律规定，程序上也无不当，可以作为定案依据；现二审中提出工程质量鉴定申请属于滥用诉权。遂请求二审法院依法驳回上诉，维持原判。

判决主文

一审法院判决：解除双方之间签订的关于涉案工程项目的建设工程施工合同；原告建设公司对所承建的涉案工程项目的工程款（原告建设公司承建部分）享有优先受偿权。

二审法院判决：维持一审民事判决第一项；撤销一审判决第二、三项；上诉人投资公司应支付给被上诉人建设公司工程款 4 468 460 元，赔偿停工损失 1 761 462 元，合计人民币 6 229 922 元，限本判决生效后 30 日内付清；驳回被上诉人建设公司的其他诉讼请求。

裁判要旨

承包人所享有的建设工程价款的优先受偿权无须登记，若不对其行使期限加以限制，会对其他债权人的合法权益造成侵害，不利于经济秩序稳定，故《最高人民法院关于审理建设工程施工合同纠纷案件适用法律问题的解释（一）》第 41 条规定，建设工程价款的优先受偿权应当在 18 个月内行使；而对于优先受偿权的起算时间，则应当根据涉案工程是否竣工结算等情况分别讨论。

重点提示

明确建设工程价款优先受偿权的行使期限与起算时间，有利于督促承包人尽快行使建设工程价款优先受偿权，维护建筑市场秩序安全与公平，并保护相关他人的合法权益。司法实践中，认定建设工程价款优先受偿权行使时间与期限的问题时，应当注意以下两点：（1）建设工程价款优先受偿权的行使期限。由于建设工程价款优先受偿权的生效无须登记，不具有公示的形式，其行使对银行等抵押权人及其他债权人的影响巨大，故为了防止因承包人长期怠于行使优先受偿权而妨碍其他权利人权利实现的情形出现，促使承包人积极行使权利，同时也为了保护其他权利人的合法权益及时得到实现，稳定社会经济秩序，《最高人民法院关于审理建设工程施工合同纠纷案件适用法律问题的解释（一）》第 41 条规定："承包人应当在合理期限内行使建设工程价款优先受偿权，但最长不得超过 18 个月，自发包人应当给付建设工程价款之日起算。"由此可知，建设工程价款的优先受偿权应当认定为 18 个月，承包人超出此期限仍未行使建设工程价款优先受偿权的,应当认定其放弃行使该权利。但应当注意的是,在本司法解释生效之前发生的建设工程价款优先受偿权的纠纷,则应当适用《最高人民法院关于建设工程价款优先受让权问题的批复》第4条,该批复中将建设工程承包人行使优先权的期限具体规定为6个月,即承包人未在6个月内行使优先受偿权的应视为其放弃该权利。(2)行使建设工程价款优先受偿权的起算时间。前述分析中提到,建设工程价款的优先受偿权自发包人应当给付建设工程价款之日起算,但建设工程施工纠纷通常案件事实复杂,很难直接得出建设工程价款优先受偿权的起算时间。一般来说,应当以建设工程是否正常竣工并交付为前提,分情况判断行使建设工程价款优先受偿权的起算时间:①当建设工程正常竣工并实际交付时,承包人应当在建设工程交付当天行使建设工程价款优先受偿权并要求发包人进行付款,承包人将竣工并经验收合格的建设工程交付给发包人后,发包人便完全掌握了该工程,并可以进行占有、使用、获得利润等,但承包人仍未获得相应的施工工程价款的,其可以向发包人主张欠付工程款并行使优先受偿权。②建设工程未正常竣工交付且工程款也未结算的,承包人应当在起诉当天行使建设工程价款优先受偿权并要求进行付款,建设工程未正常竣工的,承包人与发包人双方无法依据建设工程合同结算工程价款,进而发包人应付工程价款时间也就无法确定,此时承包人通常会向人民法院请求确认其享有建设工程价款优先受偿权,将起诉之日作为行使优先受偿权的起算时间,更利于提高司法效率。③建设工程未正常竣工结算且施工合同解除或者终止履行的,应区分情况认定应付工程款之日,若因发包人原因造成工程停工,且未达成合意复工的,可以以双方建设工程合同解除或双方约定合同终止履行时间,作为发包人应当支付承包人工程价款的时间;若因承包人原因造成工程停工,且未达成合意复工的,承包人无权主张工程价款及优先受偿权;若发包人与承包人在合同解除后就工程价款结算支付达成合意的,那么就应当以合意约定支付工程价款的时间作为优先受偿权的起算时间。

第八章 建设工程施工合同纠纷审理程序

一、诉讼管辖

1. 仲裁机构约定明确的认定

【案例】中国××集团港航建设有限公司诉××综合实验区土地储备中心建设工程施工合同纠纷案

案例来源

发布单位：最高人民法院中国应用法学研究所《人民法院案例选》第4辑

审判法院：最高人民法院

判决日期：2019年9月29日

案　　号：（2019）最高法民终1500号

基本案情

2011年9月，中国××集团港航建设有限公司（以下简称建设公司）与××综合实验区土地储备中心（以下简称土地中心）签订了工程投资建造BT项目合同，载明：建设公司作为该项目投资方及施工总承包方，建设内容包括盐田造地面积500万平方米、吹填工程量约2000万方及临时排水沟、道路等，建设方式采用分块施工、分块验收、分块采购；合同签订后，建设公司依约于2011年10月开始建设施工，于2013年12月竣工，2014年5月通过整体交工验收；对于未能友好解决或通过争议评审解决的争议，发包人或承包人任一方均有权提交给工程所在地的仲裁委员会仲裁。2015年12月，海峡两岸仲裁中心成立。

建设公司以土地中心欠付工程款及利息为由，提起诉讼，请求判令土地中心支付拖欠建安费合计111 264 498.97元；支付超出采购期利息23 586 961元。

一审裁定后，建设公司不服，提起上诉称：请求撤销一审裁定，指令一审法院继续审理本案。

判决主文

一审法院裁定：驳回原告建设公司的起诉。
二审法院裁定：驳回上诉，维持原裁定。

裁判要旨

仲裁是常见的用于解决合同、财产权益纠纷的方式，其与诉讼解决纠纷方式有着显著区别。对于仲裁机构的选择，当事人可以自行选择解决纠纷的仲裁机构。当事人签订仲裁条款时，约定的仲裁机构尚未成立，纠纷发生时，约定的仲裁机构成立，仲裁机构的不确定性已经得到确定，双方当事人应根据仲裁协议申请仲裁。

重点提示

仲裁作为常见的合同、财产权益纠纷解决的方式之一，与以诉讼方式解决纠纷有着显著区别。诉讼当事人并不必然就受理法院作出选择，而仲裁方式却是双方作出选择的结果，这就必然牵涉到仲裁协议效力的认定问题。司法实践中，对于协议签订时仲裁机构尚未成立，但在纠纷发生时仲裁机构已经成立的，能否认定为仲裁机构约定明确，应当注意以下三点：（1）仲裁机构的选择。《仲裁法》第6条规定："仲裁委员会应由当事人协议选定。仲裁不实行级别管辖和地域管辖。"由此可知，解决纠纷的仲裁机构可由当事人自行选择，这是仲裁区别于诉讼的一个重要特点。正确选择仲裁机构能够保障纠纷得到公正、及时以及低成本的解决。故为正确选择仲裁机构，当事人应当考虑以下几个因素：①要选择仲裁成本低的仲裁机构。相较于国外仲裁机构来说，选择由国内的仲裁机构解决纠纷更加节约成本。且近年来，我国仲裁机构经过不断的发展，已经有充分的能力解决各种纠纷，不输国外仲裁机构。②要选择大城市的仲裁机构。大城市的仲裁机构经验更加丰富且有着优秀的仲裁队伍，能够保障纠纷得到高质量的解决。同时，交通也十分便利，便于当事人参加仲裁活动。③要选择就近的仲裁机构。就近选择仲裁机构，能够减少当事人参加仲裁活动的成本。（2）仲裁机构在纠纷发生时成立的，属于仲裁机构已经确定，仲裁协议有效。根据《仲裁法》第 18 条"仲裁协议对仲裁事项或者仲裁委员会没有约定或者约定不明确的，当事人可以补充协议；达不成补充协议的，仲裁协议无效"的规定可知，仲裁协议中应当明确约定仲裁机构的名称。仲裁机构通常在仲裁协议签订时就应当确定，以确保在发生纠纷时能够顺利进行仲裁程序。即仲裁协议中应当包含仲裁机构的名称、联系方式以及适用的仲裁规则等相关信息。此外，仲裁协议中约定的仲裁机构是在纠纷发生时才成立的，虽成立时间晚于仲裁协议约定，但仲裁机构的不确定性已经得到确定，故仲裁协议仍有效。当纠纷发生时，双方应按照仲裁协议的约定选择仲裁机构，并按照仲裁机构的规则和程序进行仲裁。（3）如果在订立仲裁协议时仲裁机构未成立，可以考虑以下几种解决方案：①选择其他仲裁机构：如果原本选择的仲裁机构未能成立，可以考虑选择其他的仲裁机构进行仲裁。在选择新的仲裁机构时，应该考虑其专业性、信誉度和适用的仲裁规则等因素。②协商解决：双方可以协商达成一致，选择其他解决争议的方式，例如选择诉讼或其他替代性争议解决机制。③请求法院指定仲裁机构：如果双方无法就仲裁机构达成一致，可以向相关法院提出请求，由法院指定一个仲裁机构进行仲裁。④重新订立仲裁协议：双方可以重新订立仲裁协议，明确选择仲裁机构并规定相关的仲裁程序。⑤无论采取哪种解决方案，双方应该保持沟通，并尽量达成一致，以便有效解决争议。

2. 跨区诉讼中重复起诉及合并审理问题的处理

【案例】×× 经济技术开发区市政建设工程有限公司诉杭州 ×× 管道集团有限公司、浙江 ×× 管道股份有限公司建设工程施工合同纠纷案

案例来源

发布单位：最高人民法院发布：第二巡回法庭发布关于公正审理跨省重大民商事和行政案件十件典型案例之二

审判法院：最高人民法院

判决日期：2016 年 6 月 30 日

案　　号：（2016）最高法民再 172 号

基本案情

2012年，××经济技术开发区市政建设工程有限公司（以下简称市政公司）起诉杭州×××管道集团有限公司（以下简称杭州管道公司）、浙江××管道股份有限公司（以下简称浙江管道公司），请求解除双方签订的相关协议并支付违约金。沈阳市中级人民法院（以下简称沈阳中院）认为，双方签订的两份协议无效，如市政公司认为存在因工程质量问题给其造成的损失，可在结算工程款时一并扣除，故判决驳回市政公司的诉讼请求，辽宁省高级人民法院二审维持原判。2013年8月13日，杭州管道公司在浙江省长兴县人民法院（以下简称长兴法院）对市政公司提起诉讼，请求判令市政公司支付工程款。长兴法院在查明事实中认定本案正在沈阳中院进行审理。长兴法院其后作出市政公司给付工程价款的判决。市政公司上诉后，二审维持原判。

市政公司以浙江管道公司、杭州管道公司工程存在质量问题，给其造成损失为由，提起诉讼，请求判令浙江管道公司、杭州管道公司赔偿损失。

杭州管道公司对本案管辖权提出异议，认为本案已由长兴法院立案审理，应移送长兴法院。

一审裁定后，管道公司不服，提起上诉。

二审裁定后，市政公司不服，申请再审。

判决主文

一审法院裁定：驳回被告浙江管道公司的管辖权异议。

二审法院裁定：撤销一审法院裁定，驳回被上诉人市政公司的起诉。

再审法院裁定：撤销一、二审法院裁定，指令一审法院进行审理。

裁判要旨

案件涉及跨区域诉讼有可能涉及管辖权的确定、重复起诉及合并审理三个方面的法律适用问题。在受案法院都有管辖权的情况下，应当审查是否构成重复起诉以及案件是否能够合并审理。本案两院审理的诉讼标的具有关联性，但因先受理案件已经审结，后受理法院应当独立审理此案。

重点提示

跨区诉讼中受案法院的管辖权问题始终是司法实践中争议的焦点,在两地区法院均有管辖权的情况下,双方当事人的诉讼请求涉及重复起诉和合并审理的问题,为避免当事人诉累和判决冲突,提高法院办案效率,审理案件时应当注意以下两点:(1)合并审理的条件。根据《民事诉讼法》及相关司法解释规定,法院合并审理案件应当具备以下条件:①受诉法院对需要合并的案件均具有管辖权,这是合并审理的前提条件,如果法院对合并的案件不具有管辖权,则不应当合并审理。②合并审理的案件在同一诉讼程序中。③合并审理的案件中的诉讼标的相互关联。除此之外,合并审理还有限制条件:在案由上,合并审理限制在相邻权纠纷、土地承包合同纠纷、侵权损害赔偿纠纷、追索扶养费、医疗费用、劳务报酬纠纷、民间小额借贷纠纷、继承纠纷案件;在标的额上,一般将合并审理案件的标的额限制在 10 000 元以下,涉及人身损害赔偿的除外;在主体上,一般将诉讼主体限制为自然人。但若关联诉讼中的一件已经由受案法院作出判决,则应认定两案不再具有合并审理的条件。(2)重复起诉的认定。重复起诉是指基于同一个事实和理由而提起的诉讼,或者就同一案件向两个法院提起的诉讼。其中,诉是基于一定的民事权利义务争议,一方当事人以另一方当事人为相对方,向特定的人民法院提出的进行审判的请求。诉的构成要素包括三方面:第一,诉的主体,即原告与被告;第二,诉的客体,即诉讼标的与诉讼请求;第三,诉的原因,即民事权利义务争议发生的事实,包括民事法律事实和民事纠纷事实。结合《民事诉讼法》的规定,存在以下情形时,构成重复起诉:①后诉与前诉的当事人相同;②后诉与前诉的诉讼标的相同;③后诉与前诉的诉讼请求相同,或者后诉的诉讼请求实质上否定前诉裁判结果。当构成诉的客体不同,诉的主体和诉的原因相同,即属于两个独立的诉。此时,就两个独立的诉提起的诉讼亦不属于重复起诉。

3. 建设工程施工合同纠纷的管辖认定

【案例】上海××置业有限公司诉上海浦东××建筑有限公司、福建省××建筑工程有限公司建设工程施工合同纠纷案

案例来源

发布单位：最高人民法院《人民司法·案例》2015年第18期（总第725期）

审判法院：福建省高级人民法院

判决日期：2015年10月28日

案　　号：（2015）闽民终字第451号

基本案情

2014年8月4日，上海××置业有限公司（以下简称置业公司）起诉称：2009年8月30日，置业公司与福建省××建筑工程有限公司（以下简称工程公司）签订了盛世豪园二期2标段建筑安装工程施工承包合同书。2009年10月10日，工程公司与福建省××建筑工程有限公司（以下简称建筑公司）签订盛世豪园二期1、2标段建筑工程联营施工合同，约定建筑公司承包土建和工程安装。因建筑公司的施工质量问题，置业公司为此支付整改工程款人民币115万元和鉴定费8万元。此外，因建筑公司施工问题造成工程严重拖延，质量、安全问题不断，部分商铺拖延至2014年1月22日方才通过验收；地下部分至今仍未通过验收。

置业公司以工程公司逾期完工构成违约为由提起诉讼，请求法院判令：工程公司、建筑公司返还超付的工程款人民币3764.4521万元；工程公司、建筑公司支付工期延误造成的逾期违约金400万元；工程公司、建筑公司返还因施工质量事故支付的整改工程款115万元及鉴定费8万元；工程公司、建筑公司返还工程质量维修费用690.201 274万元。上述费用总计4977.653 374万元。

泉州市中级人民法院受理后，建筑公司在答辩期间提出管辖权异议称：建筑公司与置业公司之间无合同关系，而建筑公司与工程公司之间签订的《联营施工合同》第23条争议解决条款明确约定"双方之间的争议由工程所在地人民法院管辖"。因此，泉州市中级人民法院对本案不具有管辖权，应移送有管辖权的上海市杨浦区人民法院或者上海市浦东新区人民法院审理。

一审裁定后，建筑公司不服，提起上诉。

二审法院在审理过程中发现，该问题涉及《最高人民法院关于适用〈中华人民共和国民事诉讼法〉的解释》（以下简称《解释》）适用的时间效力问题，特向最高人民法院请示。

最高人民法院认为：根据《最高人民法院关于修改后的民事诉讼法施行时未结案件适用法律若干问题的规定》第2条关于"2013年1月1日未结案件符合修改前的民事诉讼法或者修改后的民事诉讼法管辖规定的，人民法院对该案件继续审理"的规定，泉州市中级人民法院在2014年8月4日受理置业公司与工程公司、建筑公司建设工程施工合同纠纷时，符合当时法律和司法解释关于管辖的规定，故本案可由泉州市中级人民法院继续审理，不适用自2015年2月4日起施行的《解释》第28条关于建设工程施工合同纠纷按照不动产纠纷确定管辖的规定。

判决主文

一审法院裁定：驳回被告建筑公司对本案管辖权提出的异议。

二审法院裁定：驳回上诉，维持原裁定。

裁判要旨

根据《民事诉讼法》以及相关司法解释可知，建设工程施工合同纠纷案件按照不动产纠纷，由不动产所在地法院管辖。但本案发生于2015年以前，《解释》于2015年实施，在此之前发生纠纷、之后未审结的案件，不受该《解释》第28条[①]中有关规定的影响，受案法院受理时符合当时《民事诉讼法》及其司法解释中关于管辖的规定的，可以继续审理该案。

重点提示

关于建设工程施工合同纠纷类案件的管辖问题，于2015年实施的《解释》中已作出了明确规定，但对于在《解释》实施之前产生争议、在《解释》实施之后未审结的案件的管辖问题就成了司法实践中争议的焦点。人民法院在处理上述问题的过程中应当注意以下两点：（1）建设工程施工合同纠纷类案件的

---

① 2022年《最高人民法院关于适用〈中华人民共和国民事诉讼法〉的解释》沿用了此规定，未作实质性修改。

管辖原则。《解释》第 28 条第 2 款中对于建设工程施工合同纠纷的管辖问题所作出的规定是:"农村土地承包经营合同纠纷、房屋租赁合同纠纷、建设工程施工合同纠纷、政策性房屋买卖合同纠纷,按照不动产纠纷确定管辖。"同时,《民事诉讼法》第 34 条第 1 项规定,因不动产纠纷提起的诉讼,由不动产所在地人民法院管辖。也就是说,自《解释》实施后,建设工程施工合同纠纷类案件应当参照不动产纠纷,由不动产所在地人民法院进行管辖。这是《民事诉讼法》关于专属管辖的规定,具有强制性、排他性和有限性,当事人即使对于管辖法院作出了约定,也不得对抗专属管辖。(2)《解释》适用时间的效力是否具有溯及力。《解释》实施于 2015 年 2 月,前述所分析的内容指的是《解释》实施后产生纠纷的管辖情况,但实务中出现争议的大多是纠纷产生于《解释》实施之前,而在《解释》实施之后该案仍未审结,此时对于原受案法院还是否继续对于该案拥有管辖权的问题,就需要考虑《解释》的溯及力的问题。溯及力,就是指法律溯及既往的效力,即法律对其生效以前的事件和行为是否适用。《立法法》第 104 条规定:"法律、行政法规、地方性法规、自治条例和单行条例、规章不溯及既往,但为了更好地保护公民、法人和其他组织的权利和利益而作的特别规定除外。"针对前述问题,《最高人民法院关于修改后的民事诉讼法施行时未结案件适用法律若干问题的规定》第 2 条规定:"2013 年 1 月 1 日未结案件符合修改前的民事诉讼法或者修改后的民事诉讼法管辖规定的,人民法院对该案件继续审理。"也就是说,受案法院在受理案件时,符合当时《民事诉讼法》及其司法解释中关于管辖的规定的,可以继续审理该案,不受 2015 年实施的《解释》中第 28 条关于建设工程施工合同纠纷按照不动产纠纷确定管辖的规定的影响。

4. 开庭后发现案件不属于本院管辖的处理

【案例】许 × 付诉胜 × 公司建设工程施工合同纠纷案

案例来源

发布单位:最高人民法院《人民司法·案例》2016 年第 26 期(总第 757 期)
审判法院:内蒙古自治区察哈尔右翼后旗人民法院
判决日期:2015 年 6 月 8 日
案　　号:(2015)察后商初字第 98 号

基本案情

2009年9月,许×付与胜×公司签订了联合探矿合同书,约定由许×付为胜×公司坐落于内蒙古自治区××县南×窑的煤矿进行探矿。合同履行期限为2009年9月至2011年4月。2014年8月,胜×公司出具"实欠许×付工程款330万元,押金待核对手续后一并结算"的结账说明一份。许×付与胜×公司约定的合同履行地为内蒙古自治区察哈尔右翼后旗。胜×公司在答辩期间没有提出管辖权异议,并到庭参加诉讼。

许×付以胜×公司拖欠工程款为由,提起诉讼,请求判令诉胜×公司给付欠工程款330万元;

胜×公司辩称:本公司仅认可欠许×付工程款和保证金110.5万元,请求驳回许×付的其他诉讼请求。

判决主文

法院裁定:裁定驳回原告许×付的起诉。

裁判要旨

合同纠纷的双方当事人可以书面协商约定由被告住所地、合同履行地、合同签订地、原告住所地、标的物所在地等与争议有实际联系地点的人民法院管辖,但不得违反级别管辖和专属管辖。专属管辖具有优先性、强制性和排他性。因此,对于建设工程施工合同纠纷,其属于依法应当按照不动产纠纷确定管辖的专属管辖范围并优先于应诉管辖。此外,人民法院发现受理的案件不属于本院管辖的,应当在法律规定的移送期限内移送至有管辖权的法院进行审理。

重点提示

确定是否具有管辖权是人民法院受理并审判案件的前提条件,对于在建设工程施工合同纠纷中,若人民法院在开庭后才发现本案不具有管辖权应当如何处理的问题,在司法实践中应当注意以下两点:(1)建设工程施工合同纠纷类案件管辖法院的确定。对于建设工程施工合同纠纷类案件的管辖问题,《最高人民法院关于适用〈中华人民共和国民事诉讼法〉的解释》第28条第2款作出了规定:"农村土地承包经营合同纠纷、房屋租赁合同纠纷、建设工程施工合同纠纷、政策性房屋买卖合同纠纷,按照不动产纠纷确定管辖。"与此同时,《民事诉讼法》第34条还规定,因不动产纠纷提起的诉讼,由不动产所在地人民法院管辖。由此可知,建设工程施工合同纠纷应当作为不动产纠纷,在建设工程施工所在地人民法院进行审理。虽然,依据当事人的意思自治原则,当事人有权自行约定管辖法院,但《民事诉讼法》第34条是对于专属管辖的规定,专属管辖具有强制性、排他性和有限性的特点,当事人的约定不得违反专属管辖的规定。因此,建设工程施工合同纠纷引发的案件应当依照专属管辖,由不动产所在地予以管辖。(2)移送管辖的限制。《民事诉讼法》第37条规定:"人民法院发现受理的案件不属于本院管辖的,应当移送有管辖权的人民法院,受移送的人民法院应当受理。受移送的人民法院认为受移送的案件依照规定不属于本院管辖的,应当报请上级人民法院指定管辖,不得再自行移送。"由此可知,人民法院发现受理的案件不属于本院管辖的情况下,应当严格按照法律规定移送给有管辖权的法院,该人民法院应当受理。若该法院认为其没有该受移送的案件管辖权的,应报请上级进行指定管辖,不得再自行移送。但该制度存在没有规定移送管辖期限这一漏洞,为此我国又在《最高人民法院关于适用〈中华人民共和国民事诉讼法〉的解释》第35条中规定:"当事人在答辩期间届满后未应诉答辩,人民法院在一审开庭前,发现案件不属于本院管辖的,应当裁定移送有管辖权的人民法院。"该规定明确规定了移送管辖期限,即人民法院发现受理的案件不属于本院管辖的,应当在法律规定的移送期限内移送至有管辖权的法院进行审理。

5. 适用合同概括约定是否产生仲裁协议并入的效力

【案例】辽宁省××市公路建设开发总公司诉中国×××国际经济技术合作公司、河北省秦皇岛市××国际实业有限公司建设工程施工合同纠纷案

案例来源

发布单位:最高人民法院《人民司法·案例》2015年第8期(总第715期)
审判法院:最高人民法院
判决日期:2014年12月8日
案　　号:(2014)民四终字第43号

基本案情

中国×××国际经济技术合作公司（以下简称国际公司）和蒙古国政府签订《建设工程承包合同》，合同约定：蒙古国政府将蒙古国达尔汗到额尔登特公路的工程发包给国际公司，并约定合同发生争议（争议区分为与蒙古/科威特承包商之间的争议和与外国承包商之间的争议）时，交由仲裁机构仲裁。之后，作为总承包方的国际公司将此工程分包给辽宁省××市公路建设开发总公司（以下简称公路公司）施工，双方签订了《施工合同》，约定公路公司认可国际公司与发包方蒙古国政府所签订的合同中的所有条款。在《施工合同》履行过程中，因公路公司与秦皇岛市××国际实业有限公司（以下简称实业公司）未完全履行合同，双方发生纠纷。

公路公司以国际公司、实业公司未按照约定履行合同义务，应承担责任为由，提起诉讼，请求判令国际公司、实业公司继续履行合同或承担赔偿责任。

诉讼中，实业公司提出管辖权异议称：公路公司在与国际公司签订的合同中约定，其承认国际公司与蒙古国政府之间合同的全部效力，当然包括仲裁条款。故在建设工程施工合同发生纠纷后，公路公司应向仲裁机构申请仲裁，不应向法院起诉。因此，请求将案件移送仲裁机构仲裁。

一审法院裁定后，实业公司不服，提起上诉称：公路公司与国际公司签订合同时概括承认了国际公司和蒙古国政府之间合同的效力，仲裁条款亦包含在内。因此在建设施工合同发生纠纷后，应交由仲裁机构仲裁，不能向法院起诉。一审法院驳回本公司的管辖权异议没有法律依据。

判决主文

一审法院裁定：驳回被告实业公司对本案管辖权提出的异议。

二审法院裁定：驳回上诉，维持原裁定。

裁判要旨

在合同中概括性约定当事人的权利义务适用其他合同有关约定的表述，一般不发生仲裁协议并入的效力，除非当事人能够证明其对仲裁协议的并入尽了合理的提醒义务，或者能够证明对方当事人明知或应知仲裁协议的并入。

重点提示

仲裁协议条款是实践中当事人在合同内约定解决纠纷的一种方式，发生合同争议时，当事人应当按照该仲裁条款提请仲裁。对于当事人约定权利义务概括适用另一合同的相关规定，此时，另一合同中的有效仲裁条款是否适用于当事人之间权利义务履行过程中产生争议的问题，在司法实践中应当注意以下两点：（1）仲裁协议效力扩张的原因及表现。通常来讲，只有当事人之间具有书面仲裁协议的才能提起仲裁，仲裁协议仅对签字方有效，这是由于合同具有相对性。虽然相对性原则是合同的基本原则，即原则上合同项下的权利义务只能赋予当事人或加在当事人身上，合同只能对合同当事人产生拘束力，对合同外第三人不发生效力，仲裁协议也不例外，但是在特定情形下合同的相对性可以有所突破。在合同中可以直接规定第三方受益人的权利，也可以赋予第三人主张该权益的权利，在此情况下，即使第三方未在仲裁协议上签字，当事人也可以为该非签字方设定权利，这就是仲裁协议的效力扩张至未签字方。（2）影响仲裁协议并入的因素。《最高人民法院关于适用〈中华人民共和国仲裁法〉若干问题的解释》第11条规定："合同约定解决争议适用其他合同、文件中的有效仲裁条款的，发生合同争议时，当事人应当按照该仲裁条款提请仲裁。涉外合同应当适用的有关国际条约中有仲裁规定的，发生合同争议时，当事人应当按照国际条约中的仲裁规定提请仲裁。"这是对于仲裁协议并入的效力认定的规定。影响仲裁协议并入的主要因素有：①提示义务的程度。合同的协商性影响提示义务的程度，如果公司的普遍性条款在本合同属于格式合同，那么当事人就仲裁条款应当最大程度的尽到提示义务。②行业常规的影响。某些特别的行业在其主导部门或者行业协会的影响下，制定格式合同，并对格式合同中的仲裁协议作出了明确的说明，长此以往形成固定的行业规范。但不能当然地认定仲裁协议并入的效力，需要结合其他因素。③当事人主体是否要保持一致性。当事人概括约定的合同或是其曾签订的合同，或是其他主体之间的合同，若概括约定的是当事人曾签订的合同，则当事人主体达到一致性，可以推断双方当事人之间承认仲裁协议并入的效力；相反，当事人概括承认的是其他主体签订的合同，则不具有仲裁协议并入的效力。④当事人意思自治。概括约定合同条款不具有仲裁协议并入的效力，只是一般规定。但若根据当事人之间的合同订立环境、过程，交易习惯，可以认定当事人的真实意思表示已对仲裁条款达成合意，则应承认仲裁条款并入的效力。

6. 反诉撤诉后基于同一事实提起的诉讼是否构成重复诉讼

【案例】 陕西××实业有限责任公司诉××大学齐鲁医院建设工程施工合同纠纷案

案例来源

发布单位：最高人民法院审判监督庭《审判监督指导》2013年第1辑（总第43辑）

审判法院：最高人民法院

判决日期：2013年11月16日

案　　号：（2013）民一终字第161号

基本案情

2008年5月，陕西××实业有限责任公司（以下简称实业公司）与××大学齐鲁医院（以下简称齐鲁医院）签订《××大学齐鲁医院门诊保健综合楼幕墙工程施工合同》，约定由实业公司对齐鲁医院幕墙工程进行施工，后齐鲁医院单方要求解除合同并私自将工程交给其他施工单位施工，给实业公司造成巨大损失。

实业公司遂以齐鲁医院在工程施工中私自解除合同并私自将工程交给其他施工单位，构成违约为由，提起诉讼，请求确认齐鲁医院的行为已构成违约，导致合同不能继续履行；判令齐鲁医院支付拖欠的工程款 10 578 602.08 元及利息 991 200 元，赔偿因拖延付款等违约行为给其造成的停工损失、材料损耗等费用 13 580 800 元，其他经济损失 18 763 070 元；并判令齐鲁医院向其支付既得利益损失 6 195 000 元。

另查明，实业公司曾在山东省济南市历城区人民法院审理的齐鲁医院与实业公司的建设工程施工合同纠纷中提起反诉后撤回反诉，本案系其以相同的事实、理由以及增加的诉讼标的再次提起的诉讼。

一审裁定后，实业公司不服，提起上诉称：根据《民事诉讼法》的有关规定，山东省高级人民法院将本案交济南市中级人民法院审理应当报请上级人民法院批准，但本案未经报请批准，故济南市中级人民法院无权审理。

判决主文

一审法院裁定：本案由山东省济南市中级人民法院管辖。

二审法院裁定：驳回上诉，维持原裁定。

裁判要旨

诉讼程序中，本诉的被告可以本诉的原告为被告，提起与其相关联的反诉，反诉亦属独立的诉。在当事人撤回反诉后，又基于同一法律关系或同一法律事实向其他法院提起不同诉讼请求的，不属于重复诉讼，但为确保公平和一致性，避免浪费司法资源，受理法院应当将案件移送原审理法院合并审理。

重点提示

反诉，是指在一个已经开始的民事诉讼程序中，本诉的被告以本诉原告为被告，向受理法院提出的与本诉有牵连关系的独立的诉。由此可知，反诉的提起亦应满足法律规定的起诉条件，并可作为独立的诉讼存在，与本诉具有同等的法律地位。司法实践中，认定被告撤回反诉后，基于同一法律关系向不同级别管辖法院提起的诉讼是否属于重复诉讼时，应当注意以下两点：（1）重复诉讼的判定。对于重复诉讼，《最高人民法院关于适用〈中华人民共和国民事诉讼法〉的解释》第247条明确规定："当事人就已经提起诉讼的事项在诉讼过程中或者裁判生效后再次起诉，同时符合下列条件的，构成重复起诉：（一）后诉与前诉的当事人相同；（二）后诉与前诉的诉讼标的相同；（三）后诉与前诉的诉讼请求相同，或者后诉的诉讼请求实质上否定前诉裁判结果。当事人重复起诉的，裁定不予受理；已经受理的，裁定驳回起诉，但法律、司法解释另有规定的除外。"由此可知，应当从主体、诉讼标的以及诉讼请求三方面判断是否构成重复起诉。首先，在主体方面。对于重复起诉中的当事人，后诉与前诉的当事人完全一致，即后诉的原告与前诉的原告相同，且后诉的被告仍是前诉的被告。其次，在诉讼标的方面，诉讼标的是当事人在法律范畴上的权利义务或法律关系。当事人在前诉中已对权利义务或法律关系作出判断的，若在后诉中仍提起则构成重复诉讼。最后，在诉讼请求方面。诉讼请求是对诉讼标的的具体化，是当事人在诉讼中依诉讼标的向人民法院提出的具体请求。重复诉讼中的前诉与后诉诉讼请求相同。在判断诉讼请求是否相同时，要先分辨单一之诉与合并之诉，单一之诉通过外观即可判断诉讼请求是否相同；合并之诉则需要进一步分析，通过拆分合并形态下的诉讼请求，判断诉讼请求是否相同。对于被告撤回反诉后基于同一法律事实、不同诉讼标的向不同层级的人民法院提起的新的诉讼而言，反诉与本诉本身属于两个独立的诉，即使当事人撤回反诉后重新提起诉讼，其也不符合前述分析中对于重复诉讼的构成要件的描述，因此不应当认定其属于重复诉讼而予以裁定驳回。（2）基于同一法律关系或事实产生的纠纷，以不同诉讼请求向不同人民法院提起诉讼时的处理。由前述分析可知，被告撤回反诉后基于同一法律事实提起的新诉与本诉不构成重复诉讼，但立案法院能否对此类案件进行审理则需要结合案件事实作进一步分析。根据《最高人民法院关于适用〈中华人民共和国民事诉讼法〉的解释》第221条"基于同一事实发生的纠纷，当事人分别向同一人民法院起诉的，人民法院可以合并审理"的规定以及《民事诉讼法》第37条、第38条的有关规定可知，司法实践中为了避免重复诉讼，审理一致，提高司法效率，减少司法工作人员的工作负担，当事人基于同一法律关系或同一法律事实发生纠纷后，又以不同诉讼请求分别向不同法院起诉时，上述多个案件应当统一由一个法院进行合并审理。第一种情况：法院在立案后发现有其他法院拥有管辖权且更适合立案审理的情况后，应当在规定期限内裁定将案件移送给有管辖权的法院进行合并审理；第二种情况：存在受理法院均有管辖权的情况时，后立案的法院在得知存在先立案的法院后，应当在规定期限内裁定将案件移送给先立案的法院进行合并审理。此外法院之间对于管辖权发生争议时，在停止审理的同时，也要依据《民事诉讼法》中关于协商解决管辖权争议规定，在法院之间协商未果后，报请上级人民法院进行指定管辖。

7. 行使撤销权是否必然导致中止诉讼

【案例】 重庆市××建筑劳务服务有限公司诉安徽××工程有限公司西安分公司建设工程施工合同纠纷案

案例来源

发布单位：《人民法院报》2014年1月16日刊载
审判法院：陕西省西安市中级人民法院
案　　号：（2013）西民四终字第00507号

基本案情

安徽××工程有限公司西安分公司（以下简称工程公司）承建陕西省××市××县民主镇的安置房工程。2010年12月，上述工程交由重庆市××建筑劳务服务有限公司（以下简称服务公司）承建。工程公司与服务公司签订了建筑劳务合同，并在合同中约定劳务费支付方式以及工程量的计取方式。服务公司在合同签订后，履行了合同义务，该工程未整体验收，但已投入使用。之后，工程公司与服务公司因劳务费发生争议，经××市清欠办主持达成如下协议：工程公司支付180万元劳务费给服务公司，若不按期支付，则无条件支付253万元劳务费给服务公司。工程公司在该协议签订后，仍未支付劳务费。

服务公司以工程公司未按协议约定向其支付劳务费为由，提起诉讼，请求判令工程公司向其支付劳务费253万元。

一审判决后，工程公司不服，提起上诉称：本公司曾于2013年5月以重大误解为由向另案法院提起诉讼，请求将本公司与服务公司签订的建筑施工合同约定的工程量计取方式进行调整，本案应中止审理。因此，请求撤销一审法院判决，发回重审。

判决主文

一审法院判决：被告工程公司向原告服务公司支付劳务费253万元。

二审法院判决：驳回上诉，维持原判。

裁判要旨

一方当事人以建设施工合同拖欠工程款为由提起诉讼后，另一方以其对合同部分条款存在重大误解为由另案提起撤销权之诉，因本案审理已涉及另案的审理范围，故无须等待另案的审理结果，人民法院不应中止诉讼。

重点提示

中止诉讼是指在诉讼过程中，诉讼程序因一些特殊情况的发生而中途停止的一种法律制度。司法实践中，认定行使撤销权是否必然导致诉讼中止时，应当注意以下三点：（1）撤销权的行使。撤销权是《民法典》中规定的一种用以确保当事人之间法律关系稳定的一种重要权利，其在性质上属于形成权，撤销权人依据自己的意思变更或消灭合同效力，通过行使撤销权消灭有瑕疵的民事法律行为。我国《民法典》中明确规定着以下几种可撤销的民事法律行为：①基于重大误解实施的民事法律行为；②以欺诈手段实施的民事法律行为；③以胁迫手段实施的民事法律行为；④显失公平的民事法律行为。其中重大误解在实务中最为常见，当事人因自己的过错对民事法律行为的内容等方面产生误解，以此订立民事法律行为，并造成一定后果。即发现民事行为中存在重大误解时，有权行使撤销权，请求人民法院或仲裁机构变更或解除。但撤销权的行使也要注意期限问题，根据《民法典》第541条的规定："撤销权自债权人知道或者应当知道撤销事由之日起一年内行使。自债务人的行为发生之日起五年内没有行使撤销权的，该撤销权消灭。"故提起撤销权之诉的当事人应当自知道或者应当知道撤销事由之日起1年内行使撤销权，若5年内仍未行使则撤销权消灭。（2）中止诉讼的适用情形。民事诉讼开始后，可能会出现一些特殊情况影响诉讼，人民法院会暂停诉讼程序的进行，使案件处于搁置阶段。待中止诉讼原因消失后，人民法院才会继续对案件进行审理，作出最终裁判。根据《民事诉讼法》中的规定可知中止诉讼有以下几个情形：①一方当事人死亡，需要等待继承人表明是否参加诉讼的；②一方当事人丧失诉讼行为能力，尚未确定法定代理人的；③作为一方当事人的法人或者其他组织终止，尚未确定权利义务承受人的；④一方当事人因不可抗拒的事由，不能参加诉讼的；⑤本案必须以另一案的审理结果为依据，而另一案尚未审结的；⑥其他应当中止诉讼的情形。前四种情形系当事人自身原因导致其无法参加诉讼并造成诉讼中止，对当事人的实体权利义务影响较小；后两种则与当事人的实体权利义务相关，适用不当会对当事人的合法权益造成损害。诉讼中止不仅能够维护司法威严，同时也表明中止不等于结束诉讼，待中止结束后诉讼仍将进行。（3）当事人以重大误解为由行使撤销权并不必然导致诉讼中止。根据前述分析可知，案件必须以另一案的审理结果为依据，而另一案尚未审结系中止诉讼的一种情形。故该规定的中止诉讼情形应当包含以下两个条件：一是另一案的审理结果影响着本案的裁判，如果不是必须等待另一案的审理结果，则无须中止诉讼；二是另一案尚未审结，即尚未发生法律效力。因此，当事人以重大误解为由另案提起的撤销权之诉，超过1年除斥期间且撤销权之诉的审理结果并不会影响本案的处理时，人民法院不应中止诉讼。

8. 另行起诉违反一事不再理原则的认定

【案例】河源市××××建筑工程公司诉××县人民政府建设工程施工合同纠纷案

案例来源

发布单位：《最高人民法院公报》2013年第6期（总第200期）
审判法院：最高人民法院
判决日期：2011年10月26日
案　　号：（2011）民再申字第68号

基本案情

河源市××××建筑工程公司（以下简称工程公司）与××县人民政府（以下简称××县政府）成立的指挥部签订施工合同，约定由工程公司承建涉案工程，双方对工程质量、工程验收及违约责任等事项作出了明确约定。合同签订之后，工程公司即进场施工，并完成了部分工程量，但因征地拆迁等原因，导致逾期完工。此后，指挥部与工程公司对施工问题进行了验收结算，××县政府向工程公司承诺支付拖欠的工程款。

经查明，工程公司已经在××市公路局设计室出具的《审核报告》中加盖了公章，确认该报告中认定的工程造价。另外，××省交通工程造价管理站曾出具《省道227（原1920）线龙川老隆至江广亭段改建工程调整投资规模审查意见》（以下简称《审查意见》），确认工程总投资为346 016 100元。

工程公司以《审核报告》为依据，认定指挥部未能支付全部工程款为由，提起诉讼，请求法院判令××县政府、指挥部支付共计15 061 995.39元的工程款以及相应利息。

诉讼中，受案法院根据工程公司的申请，河源市××工程造价咨询有限公司对涉案工程造价进行鉴定，据此作出《第三期工程造价鉴定报告》（以下简称《鉴定报告》）中认为，工程鉴定总造价为98 798 429元。工程公司遂依据咨询公司作出的《鉴定报告》增加诉讼请求，即请求××县政府、指挥部支付工程款本金4 506 688元以及相应利息。但随后，工程公司又撤回了增加的诉讼请求。

嗣后，受案法院根据《审核报告》作出××县政府向工程公司支付工程款 15 061 995.39 元及其利息的民事判决。宣判后，××县政府提出上诉，二审法院改判××县政府向工程公司支付工程款 14 792 283.71 元及其利息。该判决现已经发生法律效力。

工程公司以依据《鉴定报告》，××县政府仍欠付工程款为由，提起诉讼，请求判令××县政府根据《鉴定报告》的内容支付工程款 4 506 688 元及相应利息。

一审判决后，××县政府不服，提起上诉。

二审判决后，工程公司不服，申请再审。

再审裁定后，工程公司不服，申请再审称：本公司提交的工程款结算表系新证据，该证据足以推翻二审法院再审裁定；二审法院再审认定的基本事实缺乏证据证明，该判决结果没有对 4 506 688 元工程款进行判决，故本公司对该部分工程款问题另行起诉，不违反一事不再理原则。而二审法院认定本公司就该部分工程款提起诉讼，违反一事不再理原则，于法无据；二审法院再审裁定所依据的《审核报告》《审查意见》均非具备工程造价咨询企业资质的单位作出；再审法院遗漏本公司的诉讼请求，没有对 4 506 688 元工程款进行判决的事实。

××县政府辩称：工程公司的再审申请缺乏事实与法律依据，请求予以驳回。

判决主文

二审法院再审裁定：驳回申请人工程公司的起诉。

再审法院裁定：驳回申请人工程公司的再审申请。

裁判要旨

原告提出诉讼请求并经人民法院作出生效裁判后，又以实际争议标的额超出原诉讼请求为由，就超出的数额另行提起诉讼，系对同一争议事实再次起诉，违反一事不再理的民事诉讼原则，人民法院不应予以支持。

重点提示

一事不再理原则是指判决或裁定已经生效的案件，除法律另有规定外不得再起诉,也不得再受理的诉讼原则。在司法实践中,对于建设工程施工合同当事人以实际争议的标的额超出原诉讼请求为由提起的诉讼是否违反一事不再理原则的问题,应当注意以下两点:(1)构成重复起诉的条件。根据《民事诉讼法》第247条的有关规定可知,当事人就已经提起诉讼的事项在诉讼过程中或者裁判生效后再次起诉,且符合以下条件的,应当认定其构成重复起诉:①后诉与前诉当事人相同;②后诉与前诉的诉讼标的相同;③后诉与前诉的诉讼请求相同,或者后诉的诉讼请求实质上否定前诉裁判结果。如果当事人另行提起的诉讼符合上述条件被认定为重复起诉的,人民法院应当裁定不予受理该案,已经受理的,则应裁定驳回起诉,但法律、司法解释另有规定的情况除外。(2)当事人以实际争议的标的额超出原诉讼请求为由提起的诉讼是否违反一事不再理原则的认定。前述分析中已经阐明了重复诉讼的构成要件,对于当事人以实际争议的标的额超出原诉讼请求为由提起的诉讼而言,首先,由于两次起诉均是针对同一项建设工程提出,发包人与承包人必然相同,即符合后诉与前诉当事人相同的条件;其次,第二次起诉的原因仅系实际争议的标的额超出原诉讼请求,故两次诉讼的标的并无差别,符合后诉与前诉的诉讼标的相同;最后,在建设工程施工合同纠纷中,无论另行提起的第二次诉讼的标的额为多少,其本质均为主张工程款,故也构成后诉与前诉的诉讼请求相同。综上所述,此类情况下的诉讼构成重复起诉,人民法院应当依法裁定不予受理或驳回起诉。

二、诉讼参加人

第三人撤销之诉中对调解书错误部分的处理

【案例】 蔡××诉沭阳××混凝土有限公司、江苏××建设集团有限公司第三人撤销之诉案

案例来源

发布单位:最高人民法院《人民司法·案例》2017年第7期(总第774期)

审判法院:江苏省宿迁市中级人民法院

判决日期:2016年3月1日

案　　　号：（2016）苏民终 184 号

基本案情

江苏××建设集团有限公司（以下简称建设公司）与沭阳县××建设开发有限公司（以下简称开发公司）签订建设工程施工合同约定：由建设公司承建开发公司开发的三幢楼房，实际施工人为蔡××。此工程工期为两年，于 2009 年 7 月 2 日开工。开工 3 日后，××公司梦溪小区项目部（以下简称项目部）与沭阳××混凝土有限公司（以下简称混凝土公司）订立了预拌混凝土销售合同，在约定价格、规格、结算、付款方式和违约责任的同时约定上述工程的预拌混凝土向混凝土公司购买。该合同加盖了项目部的印章且由蔡××签字确认。履行合同时，蔡××共使用了价值 295.76 万元的混凝土，并分四次向混凝土公司的经手人朱××共支付了 172 万元，均有收条，且注明了为该工程的混凝土价款。

2014 年 12 月，混凝土公司以建设公司欠付货款和违约金共计 340 万元为由，向宿迁市中级人民法院起诉，诉讼中经申请法院保全了建设公司的 340 万元工程款。次年 1 月，双方达成调解协议约定：建设公司于一周内向混凝土公司支付货款和违约金共 320 万元，其他事项混凝土公司不再追究，且法院出具了（2015）宿中商初字第 0008 号民事调解书（以下简称调解书）。在此次调解中，法院未通知蔡××参加诉讼，且除本工程外，蔡××在其承建的其他工程中也向混凝土公司购买了预拌混凝土。之后，混凝土公司向法院申请强制执行，法院作出裁定要求财政局提取已保全的建设公司的 340 万元工程款。此后，在开发公司提出的执行异议中，蔡××知道了针对预拌混凝土达成的调解协议一事。

蔡××以在梦溪小区项目中，其向混凝土公司购买预拌混凝土的货款均已支付，混凝土公司与建设公司恶意串通虚构未支付 340 万元工程款的事实，其应作为第三人参加诉讼，而其对双方达成调解一事并不知晓为由，提起诉讼，请求撤销法院已作出的民事调解书。

混凝土公司辩称：首先，调解一事是蔡××与朱××事先商定好的，蔡××称其不知道此事与事实不符。其次，朱××于 2014 年年初称混凝土的销售款未结算，并将账单与合同一并交给本公司，说需要起诉。根据朱××上交的账单显示建设公司欠付款与违约金共 340 万元，本公司提出少收取违约金 20 万元后双方达成一致。最后，司法机关曾因蔡××控告本公司伪造证据虚构债务而对本公司展开调查，经调查本公司不存在违法行为，且并不存在蔡××所说的已经付清全部价款的情况，本公司仅收到工程混凝土货款 172 万元，本公司同意从调解书确定的金额中扣除 62 万元本金以及对应的违约金。综上，请求依法改判。

一审判决后，混凝土公司不服，提起上诉称：即使蔡××为本案的第三人，调解书亦只能部分撤销而不应该全部撤销。

二审法院受理后，混凝土公司提出撤诉申请。

判决主文

一审法院判决：撤销本院于 2015 年 1 月 8 日作出的（2015）宿中商初字第 0008 号民事调解书。

二审法院裁定：准许上诉人混凝土公司撤回上诉。

裁判要旨

第三人对调解书提起撤销之诉，调解书内容部分错误的，若该错误部分不具有完整的独立性，与调解书的其他部分内容相互关联成为一个整体，是当事人对整体民事权利义务的一种安排，则无法区分，应该撤销调解书，而不能仅撤销错误部分。

重点提示

第三人撤销之诉是指非因自身原因没有参加到他人之间的审判程序，针对双方当事人之间生效裁决对其不利部分予以撤销的请求，该制度设立的目的在于遏制虚假诉讼，纠正错误判决，保护第三人合法权益。在第三人撤销之诉中，对于第三人请求撤销的调解书内容存在错误时应当如何处理，在司法实践中应当注意以下两点：（1）调解书与判决书的区别。调解书与判决书虽然均为人民法院作出的具有法律效力的裁判文书，但二者无论是在形式上还是实质上均存在很大的不同。具体来讲，调解书和判决书存在以下区别：①格式上，判决书的格式相较于调解书而言更为复杂；②生效时间不同，调解书自当事人签收后即为生效，判决书需要自上诉期过后才生效；③解决纠纷方式不同，判决书体现国家意志，经过法院审理后，依照法律法规制作文书，以判决的形式解决纠纷，调解书则是体现当事人意志，法院以调解的方式促使双方达成协议，进而制作的文书。从上述区别上来看，结合各自的特点，可以发现判决书中所判决的内容往往是相互独立的，错误部分往往不影响其他判决内容；而调解书中的内容则通常具有关联性，部分内容错误会对整体产生影响。因此，对调解书内容错误部分的处理方式，不能完全等同于判决书，不能简单地部分撤销或改变，需要具体情况具体处理。（2）调解书内容错误的处理方式。将调解书纳入撤销之诉的范围之中，实际上是考虑到调解书中的内容也可能会侵犯到第三人的合法权益，但又因为调解书与判决书有所区别，因此，不能完全适用第三人撤销之诉中对判决书的处理方法。在调解书的内容存在错误的情况下，应当根据调解书内容可分与否的情况来进行处理：在调解书的内容独立可分的情况下，撤销某一项内容不影响调解书整体内容，在第三人撤销之诉中可以直接对该部分进行改变或者撤销；而如果调解书中的各项内容相互关联，互为整体，则为了防止当事人之间的权利义务失衡，不能仅对错误部分进行改判，在撤销调解书更为合理的情况下应当撤销该调解书。

三、诉讼证据

1. 鉴定机构因程序瑕疵作出的撤销决定能否作为再审新证据

【案例】 河南省××建设工程有限公司诉新乡市××房地产开发有限公司建设工程施工合同纠纷案

案例来源

发布单位：最高人民法院《人民司法·案例》2016年第5期（总第736期）
审判法院：最高人民法院
判决日期：2015年11月10日
案　　号：（2015）民申字第2169号

基本案情

河南省××建设工程有限公司（以下简称建设公司）承建新乡市××房地产开发有限公司（以下简称房地产公司）的"新乡新市场改造项目"1、2、

3号楼及周边裙房等工程,并签订了两份合同价款、争议解决方式均有差异的建设工程施工合同。在施工过程中,房地产公司向建设公司提交过就建设公司向该公司提交的误工报告出具《回复函》,表示同意赔付误工损失,在相关工程交付使用并竣工验收后建设公司将竣工结算报告和结算清单交给房地产公司,房地产公司审核后出具对"钢筋调价"有异议的书面《证明》,并确认了当时所欠的工程款额,此外双方还签订《工程付款及工程进度补充(协议)》,约定房地产公司额外补贴材料差价100万元整,但双方在随后的工程款结算中对工程款的数额产生了异议。

建设公司以房地产公司违反合同约定为由,提起诉讼,请求判令房地产公司偿还建设公司15 395 862.07元及利息。

一审判决后,房地产公司不服,提起上诉称:一审法院审理程序严重违法,工程款数额严重错误,请求撤销一审法院判决,依法改判或发回重审。

建设公司辩称:房地产公司未在答辩期间提出管辖异议,法院有管辖权;《证明》系双方依据情势变更原则,经协商一致对工程结算价格的变更,符合法律原则,一审法院依据《证明》作为双方的结算依据并无不当;在房地产公司因拆迁持续不到位的情况下,1号楼直到当年2月才开工,存在误工事实,一审支持60万元误工损失并无不当;根据当年的《补充协议》约定,100万元材差款应予支持。

二审判决后,房地产公司不服,申请再审称:一、二审主要证据《证明》中本公司印章检验结论已被撤销,应当认定属于有新的证据证明原判决、裁定认定的事实确有错误。

二审判决后,鉴定中心以《关于撤销豫公专痕鉴字0072号鉴定书决定》文件,撤销了原鉴定书。

河南××司法鉴定中心称:撤销决定是经房地产公司申请作出的。房地产公司要求鉴定中心撤销原鉴定的依据是司法部《司法鉴定执业分类规定(试行)》(以下简称《分类规定》)第3条、第10条以及第11条的有关规定,据此,房地产公司称本案证明中所盖房地产公司印章真实与否应属文书司法鉴定,而非原鉴定中的痕迹司法鉴定。由于鉴定人李××、詹××在作出原鉴定时的执业范围不包括文书司法鉴定,故应撤销原鉴定书。但印章印文既有文字属性,更有痕迹属性,还有图像的属性,使用痕迹鉴定手段进行鉴定并无不妥,且本中心指派的两名鉴定人员均长期从事刑事技术、刑事侦查教学和科研工作，具有痕迹、图像的鉴定能力，本案的鉴定意见不存在错误。

判决主文

一审法院判决：被告房地产公司支付原告建设公司工程款 12 367 394.16 元及利息；支付原告建设公司材料补贴款 100 万元；赔付原告建设公司误工损失费用 60 万元；驳回原告建设公司的其他诉讼请求。

二审法院判决：维持一审法院判决第二、三、四项；变更一审法院判决第一项为上诉人房地产公司支付被上诉人建设公司工程款 11 676 114.16 元及利息。

再审法院裁定：驳回申请人房地产公司的再审申请。

裁判要旨

鉴定机构根据一方当事人申请，以原鉴定意见存在程序瑕疵为由撤销了原决定。但该当事人拒绝进行重新鉴定，仅以撤销决定构成新证据为由提出申诉。法院审查发现司法鉴定中心原鉴定意见正确，仅存在程序瑕疵，该程序上的瑕疵并不影响原鉴定结果的准确性、客观性、公正性，对案件事实的认定不产生影响，不足以推翻原判决的相应判项，应认定撤销决定不符合《民事诉讼法》第 211 条第 1 款第 1 项关于新证据的规定。

重点提示

司法鉴定意见在实务中常作为认定案件事实的重要依据出现，但鉴定机构因鉴定意见存在程序瑕疵而决定撤销鉴定意见的情况也时有发生，在这种情况下，鉴定机构出具的撤销决定能否作为当事人申请再审的新证据就成了争议的焦点，在解决此类问题的过程中应当注意以下两点：（1）鉴定意见书的效力认定。在审判工作的实务中，司法鉴定意见书要想作为认定案件事实的证据，其制作过程应当符合法定程序，结合《司法鉴定程序通则》和《最高人民法院关于人民法院民事诉讼中委托鉴定审查工作若干问题的规定》，司法鉴定的具体程序如下：首先，由当事人在举证期限届满前向法院提起申请；其次，提供需提供鉴定的检材及对比样本，这个需经对方当事人质证；再次，双方协商选定或摇号选定鉴定机构鉴定，如协商不成，由人民法院指定；最后，鉴定机构接收鉴定申请后，凭借自己专业技术依法作出鉴定意见。鉴定中心的鉴定行为属于职务行为，在符合鉴定程序且鉴定机构具有相应鉴定资质的情况下，其出具的鉴定意见书应当认定有效。（2）鉴定意见书撤销的程序及效力。从实践来看，鉴定中心无权自行撤销其作出的鉴定书，而是应当向法院或者行政机关提出申请，经法院或行政机关裁定方可撤销。另外，若当事人认为鉴定程序或鉴定意见存在错误时，亦应当向人民法院或司法行政机关提出申请，由人民法院或司法行政机关进行审查，认定确实存在需要撤销情形的，应当作出撤销的裁定，鉴定中心依据人民法院或司法行政机关的裁定作出撤销决定。鉴定机关的鉴定意见存在瑕疵而撤销时，不应当一概认定被撤销的鉴定意见不具有效力，而是应当审查该瑕疵是否影响鉴定意见的整体效力；若鉴定机构出具的鉴定意见仅存在程序瑕疵，但实质正确且不影响原审法院对事实认定的情况下，当事人以此为由提起上诉或申诉时，人民法院应当裁定驳回上诉或再审申请。

2.建设工程中工程价款的举证责任分析

【案例】四平市××建筑有限公司诉中冶天工上海×××建设有限公司、中冶天工上海×××建设有限公司建筑分公司等建设工程分包合同纠纷案

案例来源

发布单位：最高人民法院《中国裁判文书网》

审判法院：最高人民法院

判决日期：2014年7月15日

案　　号：（2013）民申字第1868号

基本案情

中冶天工上海×××建设有限公司（以下简称建设公司）于2009年8月承包安徽省安庆市××房地产开发有限公司（以下简称房地产公司）位于安庆市的××宜景城一期工程，包括售楼中心施工图上显示的主体建筑及其装饰安装等项目。双方为此签订《××宜景城一期建筑工程承包合同》，约定建设公司不得将该工程转包，具体的分包事项须经房地产公司书面同意。同年12月，建设公司将××宜景城一期工程1-22栋、1-23栋、1-28栋、1-29栋、1-33栋、1-35栋工程分包给四平市××建筑有限公司（以下简称建筑公司），双方为此签订工程质量维修书，建设工程安全环境管理，消防交通管理等一系列协议，双方约定工程分包的范围可以由建设公司依据现场条件及建筑公司的组织能力进行相应调整，建筑公司缴纳了 80 万元作为工程履约保证金。

建筑公司于 2009 年 10 月进场施工，因其管理混乱和工期缓慢，导致其无法完成分包工程的工期和质量要求，中冶天工上海×××建设有限公司建筑分公司（以下简称建设公司分公司）遂调整了建筑公司的承包范围，将 1-28 栋、1-29 栋（除承台基础部分）、1-35 栋的建筑工程从建筑公司的承包范围中划出。在建筑公司施工过程中，王×发作为建筑公司的全权代表担任××宜景城工程的项目负责人，同时还履行合同谈判和签署、项目管理、工程结算、工程资金、费用结算、甲供材、物品领用确认及签署和签收所有与该工程相关的文件资料等职责。建筑公司的另一代理人王×波则仅在项目管理、工程资金、费用结算、甲供材、物品领用确认及所有与该工程相关的文件资料的签署和签收的范围内履行职责。

因建筑公司承建的 1-22 栋、1-23 栋、1-33 栋三个工程存在质量问题，其对上述三栋楼的施工被建设公司分公司于 2010 年 9 月中止，双方还终止了承包合同的实施，并于 2011 年 1 月就建筑公司已经完成的施工项目进行了工程款决算。建筑公司承建的工程总价值为 9 548 783 元，其中包括建设公司提供的 5 743 137.5 元建材，应扣款项为 185 023.75 元，建设公司还应支付 3 620 621.75 元给建筑公司。建设公司的贾×升与建筑公司的全权代理人王×发及编制张×、查×峰均对该决算予以签字确认。建设公司曾向建筑公司支付工程款 238 万元，同时还代发 1 720 525.5 元农民工工资。此外，建设公司还于 2010 年返还 20 万元的履约保证金给建筑公司。

建筑公司承建的安庆××宜景一期工程 1-22 栋、1-23 栋、1-29 栋、1-33 栋已于 2012 年 3 月 31 日验收合格并完成交付，房地产公司依约支付 90% 的工程款给建设公司，余款在扣除 5% 的工程质量保修金后，于工程竣工结算后一次性支付。

建筑公司以其承建的工程已经严守合同并交付，但建设公司、建设公司分公司拖欠工程款为由，提起诉讼，请求判令建设公司、建设公司分公司支付尚欠工程款、履约保证金 171.2 万元并承担相应利息。

一审判决后，建筑公司不服，提出上诉称：第一，在本方与建设公司未对工程款进行全部决算的前提下，一审法院即依据《工程结算书》认定本方承建的工程价款为 9 548 783 元，明显错误；第二，建设公司仅向本方提供 5 472 143.37 元的建材，其代付的农民工工资为 1 507 025.5 元，一审法院对上述款项认定错误；第三，本方对案涉工程量进行鉴定的申请未被批准，违反法定程序。据此，请求撤销一审判决，改判建设公司、建设公司分公司向本方支付工程款111.2万元及利息。

建设公司、建设公司分公司共同辩称：第一，本方已与建筑公司就工程结算达成协议并经双方确认，建筑公司并无申请鉴定的权利；第二，关于已付工程款及本方代付的农民工工资，一审法院认定正确，故应予扣除；第三，因建筑公司并未实际完成工程，故本方存在超付工程款的现象。一审判决法院事实认定清楚，法律适用正确，请求维持一审判决。

房地产公司答辩称：一审判决驳回建筑公司对本方的诉讼请求正确。

二审判决后，建筑公司不服，申请再审称：第一，二审判决依据的主要证据为建设公司提交的《工程结算书》与本方提交的《工程结算书》，二者封面等处存在差异，建设公司所提交的结算书系其事后伪造；第二，二审法院认定的建设公司先行支付的工程款以及代付工资存在错误，其中，建设公司项目部副经理韩×军曾从238万元工程款中取出5万元用于处理工程事故，且本方仅承担其中的2.4万元，故本方实际收到的工程款为235.4万元。建设公司给付李×久、苏×国及蔡×和的资金与本方无关，郭×虎、王×等五人收到的3000元上缺少本人签名，故是否实际支付不能确定。综上，建设公司及其分公司仅代付了1 507 025.5元的工资。

建设公司提交意见称：建筑公司的申请缺乏事实与法律依据，请求予以驳回。

判决主文

一审法院判决：被告建设公司返还原告建筑公司履约保证金60万元，驳回原告建筑公司其他诉讼请求。

二审法院判决：驳回上诉，维持原判。

再审法院裁定：驳回再审申请人建筑公司的再审申请。

裁判要旨

除举证责任倒置的法定例外情形外，"谁主张，谁举证"是我国现行民事诉讼法律体系中普遍使用的举证责任划分原则；建设工程施工合同纠纷不属于可以举证责任倒置的情形之一，故对于合同双方因工程价款的问题产生纠纷的，应当分别对各自的主张承担举证责任，否则应当承担举证不能的不利后果。

重点提示

在建设工程施工合同纠纷中，因工程价款而引发的纠纷最为常见，对于此类纠纷的举证责任划分的问题，应当注意以下两点：(1)民事诉讼中的举证规则。根据《民事诉讼法》第67条第1款的有关规定可知，当事人对自己提出的主张，有责任提供证据。但是在法定情形下，也存在举证责任倒置的例外，我国目前实行举证责任倒置的诉讼主要有两大类，即劳动争议诉讼和特殊侵权诉讼，其中特殊侵权诉讼还包括：①因产品制造方法发明专利引起的专利侵权诉讼；②因环境污染致人损害引起的侵权诉讼；③建筑物或其他设施以及建筑物上的搁置物、悬挂物发生倒塌、脱落、坠落致人损害的侵权诉讼；④因共同危险行为致人损害的侵权诉讼。在不存在上述情形的情况下，通常按照"谁主张，谁举证"的原则来划分举证责任。(2)建设工程施工合同纠纷中的工程价款举证责任承担。由前述分析可知，因建设工程施工合同纠纷所引发的诉讼并不属于举证责任倒置的法定情形，因此仍应适用"谁主张，谁举证"的原则来进行举证责任划分。双方当事人对工程款的数额存在争议的，均应当提供证据证明自己的主张。若发包人就其主张的合同工程款数额提供了充分证据，而承包人不能提供证据证明其主张的工程款额的，法院将依据发包人的主张认定工程款，承包人将承担不利后果。

3. 变更诉讼请求对举证期限的影响

【案例】××建筑公司诉××化纤公司建设工程施工合同纠纷案

案例来源

发布单位：《人民法院报》2011年9月29日刊载
审判法院：湖北省孝感市中级人民法院
判决日期：2011年7月14日
案　　号：（2011）孝民二终字第15号

基本案情

2010年1月，××建筑公司（以下简称建筑公司）与××化纤公司（以下简称化纤公司）对建设工程施工合同欠款进行核算，确认化纤公司未付工程款项 320 余万元，化纤公司承诺于同年 6 月 30 日前清偿，后化纤公司违约。

建筑公司以化纤公司违约为由，提起诉讼，请求判令化纤公司支付欠款余额 130 余万元。

案件审理过程中，化纤公司无正当理由未到庭，而建筑公司根据起诉后至开庭前化纤公司多次以物抵债的实际情况，将诉讼请求额变更为 120 万元。

一审判决后，化纤公司不服，提起上诉称：建筑公司变更诉请后法院未重新指定举证期限，违反法定程序并影响案件正确判决，请求二审法院依法撤销一审判决，发回重审。

判决主文

一审法院判决：被告化纤公司支付欠款 120 万元。
二审法院判决：驳回上诉人化纤公司上诉，改判其支付相应款项。

裁判要旨

当事人变更诉讼请求的，人民法院应当根据案件变更诉讼请求是否会对答辩与举证产生影响的具体情况判定是否需要重新指定举证期限，如果该变更并没有增加利害相对人的答辩与举证负担，法院就无须重新指定举证期限。

重点提示

举证期限是指当事人向人民法院履行责任、提交案件证据的期间，通常情况下，人民法院会根据当事人的主张和案件审理情况确定当事人应当提供的证据及其期限。司法实践中，在认定变更诉讼请求对举证期限的影响的问题时，应当注意以下三点：（1）增加、变更和放弃诉讼请求的区分。诉讼请求是当事人在诉讼中提出的，要求人民法院保护其民事权益的请求，即当事人一方通过人民法院向另一方提出实体请求的权利。一般来说，当事人的诉讼请求变化形态有增加、放弃和变更诉讼请求三种：一是增加诉讼请求，当事人在原有诉讼请求的基础上再多加一些其他的诉讼请求事项或增加原有诉讼请求的数额。二是变更诉讼请求，当事人为了更好地实现其利益，可以在上诉期满前，向人民法院提出变更诉讼请求，要求将先前提出的诉讼请求进行变更或修改。变更诉讼请求经过法院批准后，可能使当事人获得更加有利的裁决。三是放弃诉讼请求，当事人根据其真实意思表示放弃对原诉请中某项权利或利益的诉讼请求，即不再要求人民法院作出有利于自己的判决。其中，增加诉讼请求和变更诉讼请求的共同点是它们都改变了先前提出的诉讼请求，前者系量的变化，后者则属于质的变化。（2）应根据具体情况确定变更诉讼请求是否要重新指定举证期限。《最高人民法院关于适用〈关于民事诉讼证据的若干规定〉中有关举证时限规定的通知》第7条规定："关于增加、变更诉讼请求以及提出反诉时的举证期限问题。当事人在一审举证期限内增加、变更诉讼请求或者提出反诉，或者人民法院依照《证据规定》第三十五条的规定告知当事人可以变更诉讼请求后，当事人变更诉讼请求的，人民法院应当根据案件的具体情况重新指定举证期限。"由此可知，我国赋予了人民法院对重新指定举证期限问题的自由裁量权。基于诉讼中变更诉讼请求的疑难性与多样性，人民法院应当结合案件事实以及变更诉讼请求是否会对答辩与举证产生的影响的具体情况判定是否需要重新指定举证期限。如果当事人的变更诉讼请求会增加利害相对人的答辩与举证负担，那么人民法院就应当重新指定举证期限；反之不会增加利害相对人答辩与举证负担的，则无须再指定举证期限。（3）当事人在诉讼中提出增加、变更诉讼请求的时间限制。《最高人民法院关于民事诉讼证据的若干规定》第55条第4项规定："当事人增加、变更诉讼请求或者提出反诉的，人民法院应当根据案件具体情况重新确定举证期限。"该规定虽未对增加、变更诉讼请求的举证期限作出明确具体的时间限制，而是赋予法官根据案件具体情况自由裁量。但《最高人民法院关于适用〈中华人民共和国民事诉讼法〉的解释》第232条对增加诉讼请求的时间限制作出了补充说明，即在案件受理后，法庭辩论结束前，系当事人增加诉讼请求的提出时间。

四、反诉与抗辩

主张抗辩权后又以同一事实另行起诉的，应否审查抗辩权是否成立

【案例】江苏省××建设股份有限公司深圳分公司诉深圳××电力建设有限公司建设工程施工合同纠纷案

案例来源

发布单位：最高人民法院民事审判第一庭《民事审判指导与参考》2012年

第 2 辑（总第 50 辑）

审判法院：最高人民法院

基本案情

2003 年 1 月，江苏省 ×× 建设股份有限公司深圳分公司（以下简称建设公司分公司）作为承包人与发包人深圳 ×× 电力建设有限公司（以下简称电力建设公司）与签订《×× 市建设工程施工合同》，约定承建 ×× 国际广场工程项目。嗣后，双方又签订了《工程承包补充协议书》，协议约定，电力建设公司不负担工程的预付款，工程款由建设公司分公司先行垫付，主题工程封顶后，电力建设公司应按工程量支付工程款，工程竣工验收，达到合格标准，工程款应支付 90%，工程结算后留 3% 作工程质量保修金，余下 7% 的工程款应当在收到竣工结算报告及结算资料 63 日内支付。双方同时约定，工程的计价依据《×× 市建筑工程综合价格（2000 年修订版）》定额，合同履行期间，如深圳市执行新的定额及收费标准，则按新文件的规定执行。

2003 年 6 月，涉案工程开工。次年 1 月，电力建设公司向建设公司分公司发出要求改变 E 楼 20 米以上的使用功能的通知。2005 年 5 月 A、B、C、D 四栋竣工验收合格，而 E 楼由于电力建设公司未能提供新的设计图纸，直至起诉时仍处于停工状态。

另查明，自 2003 年 9 月至 2005 年 5 月，电力建设公司共向建设公司分公司支付了工程款 10 840 万元，电力建设公司向建设公司分公司提供了钢材作为建筑材料，双方对上述事实没有异议，但建设公司分公司称该钢材的价值为 400 万元，电力建设公司称价值为 446.499 19 万元。另外，建设公司分公司认为电力建设公司支付的款项中有 100 000 元是电力建设公司支付的奖金，而电力建设公司则称该 100 000 元系工程款。

建设公司分公司以所建工程竣工并且验收合格，电力建设公司应当根据合同约定向其支付相应的工程款为由，提起诉讼，请求判令电力建设公司向其支付工程进度款 61 308 167.6 元及利息，工程余款 13 502 857.48 元及利息。

电力建设公司辩称：建设公司分公司并未完成全部工程，其所提出的本公司拖欠工程款的主张是没有依据的，且其主张的工程进度款和工程余款的计算有误，本公司向建设公司分公司支付的工程款应是 11 286 499.19 元，而非建设公司分公司认为的 11 230 万元。因此，请求驳回建设公司分公司的诉讼请求。

一审判决后，电力建设公司不服，提起上诉。

建设公司分公司辩称：E楼停工的原因和责任完全在电力建设公司，电力建设公司以此提出工程尚未封顶竣工不能成立；同时电力建设公司要求对涉案工程造价重新进行审计也没有法律和事实依据，故请求维持一审法院判决，驳回电力建设公司的上诉请求。

二审判决后，电力建设公司不服，申请再审。

判决主文

一审法院判决：原告建设公司分公司与被告电力建设公司签订的两个合同均有效；被告电力建设公司支付原告建设公司分公司工程款59 975 769.95元及利息；原告建设公司分公司对上述债权有权就涉案工程折价或者拍卖的价款优先受偿；驳回原告建设公司分公司的其他诉讼请求。

二审法院判决：维持一审法院判决第一、三、四项；变更一审法院判决第二项为上诉人电力建设公司支付被上诉人建设公司分公司工程款47 038 063.45元及利息；驳回上诉人电力建设公司的其他上诉请求。

再审法院判决：维持二审法院判决。

裁判要旨

合同双方当事人之间发生纠纷后，一方当事人在前诉过程中依双方约定的履行顺序行使先履行抗辩权，如该抗辩权成立，在法律上行使的效果就是消除诉讼中的民事责任，即使该当事人又以同一事实理由另行起诉的，也不影响后诉中人民法院对上述抗辩权是否成立的事实和法律问题进行审查。此外，在建设工程纠纷中，发包方与承包方对于先履行抗辩权也应当合理有效地进行援引使用。

重点提示

抗辩权又称异议权，是指享有抗辩权的权利人在对方行使请求权时，有着拒绝对方请求权利，即抗辩权有着延缓请求权的行使或使请求权归于消灭的功能。司法实践中，探究当事人主张抗辩权后，又以同一事实另行起诉的，人民法院应否审查抗辩权是否成立的问题时，应当注意以下三点：（1）先履行抗辩权的认定与行使。我国《民法典》第526条规定："当事人互负债务，有先后履行顺序，应当先履行债务一方未履行的，后履行一方有权拒绝其履行请求。先履行一方履行债务不符合约定的，后履行一方有权拒绝其相应的履行请求。"由此可知，先履行抗辩权是后履行方的权利，其是指互负债务并有先后履行顺序的双方当事人，其中后履行一方在先履行一方履行之前或不适当履行时拒绝其提出的相应履行要求的权利。因而，先履行抗辩权的行使条件包括：①双方当事人基于同一双务合同互负债务。先履行抗辩权的双方当事人在履行上有一定的关联性，单务合同以及不完全的双务合同中均不能产生先履行抗辩权。②双方当事人有先后履行顺序。该顺序一般由当事人在合同的约定、法律规定，或根据交易习惯进行确定。③须有先履行债务一方当事人不履行债务或履行债务不符合约定。其实质上是对先履行合同义务一方当事人违约的抗辩。（2）当事人主张抗辩权后，又以同一事实另行起诉的，人民法院应当审查抗辩权成立与否。先履行抗辩权的设立就是为了当一方合同当事人违约或可能违约时，另一方当事人能够及时停止履行约定，以避免因履约给自己造成或可能造成的损失。在双方当事人之间发生纠纷后，一方当事人在前诉中主张抗辩权，又以同一案件事实另行提起诉讼的，后诉人民法院为避免前诉所认定的事实对后诉的判决过程造成影响并使当事人遭受损失，就应当对前诉中的抗辩权是否成立进行审查。因此，在民事纠纷中，一方当事人在前诉中主张抗辩权，又以同一案件事实理由另行提起诉讼的，后诉人民法院应当审查抗辩权是否成立的问题。（3）因发包方原因造成承包方未按时竣工的，发包方无权以合同约定的先竣工后结算为由行使先履行抗辩权。建设工程施工中，承包方与发包方签订建设工程施工合同约定：承包方负责工程建设、发包方则负责支付工程价款。发包方与承包方双方可以根据合同约定或法律规定，确定建设工程竣工验收合格与工程价款支付之间的先后履行顺序，并成立先履行抗辩权。但建设工程施工中援引先履行抗辩权时应当注意：①在工程未竣工之前发包人就发现工程质量问题的，发包方可援引先履行抗辩权拒绝向承包人支付工程款。②在工程已竣工并验收合格之后，发包方不得再援引先履行抗辩权拒绝向承包人支付工程款，工程已竣工并验收合格便视为承包方已经履行完毕主合同义务，发包方不能再以此作为拒绝支付工程款的抗辩理由。③发包方因改变原有工程设计导致承包方停工且未能按时竣工的，发包方不能以合同约定先竣工后结算为由行使先履行抗辩权。

五、诉讼时效的认定与处理

1. 申请再审的法定期限

【案例】江苏南通××建设集团有限公司诉衡水××房地产开发有限公司建设工程施工合同纠纷案

案例来源

发布单位：《最高人民法院公报》2019年第10期（总第276期）

审判法院：最高人民法院

判决日期：2018年12月25日

案　　号：（2010）辽审二民再字第49号

基本案情

2007年11月29日，江苏南通××建设集团有限公司（以下简称建设公司）与衡水××房地产开发有限公司（以下简称房地产公司）签订了《建设工程施工合同》，约定由建设公司承建房地产公司的CBD东都住宅6号、8号楼，同时约定了开工日期和竣工日期，分别为2007年12月8日和2009年3月30日。该合同约定了详细的付款条件，施工至地上住宅三层封顶验收合格完毕后房地产公司支付300万元。施工至地上八层封顶验收合格完毕后房地产公司支付300万元，施工至地上十三层封顶验收合格完毕后房地产公司支付400万元，施工至室内外装修、门窗及水电暖安装工程完毕验收合格后付600万元（如发生变更减项部分从该次付款中扣除，如不足扣除减项款额，由下次应付工程款中扣除），整体工程竣工验收合格并将所有房门钥匙交付房地产公司后15日内付960万元，交钥匙一年内进行竣工结算，交钥匙一年后15日内付扣除150万元保修金后的应结算价款。

合同签订后，建设公司于2008年5月15日进场施工。

2009年3月25日，建设公司与房地产公司签订《补充协议》，将竣工及付款做如下变更：2009年5月30日前完成主体验收（包括二次砌筑至少完工50%），在2009年9月30日前交付竣工验收报告及全部房门钥匙。因价格上调因素为建设公司补贴200万元。工程竣工验收合格并交付钥匙后3~6个月完成工程结算。工程未经验收，建设公司尚未交付验收资料，现房地产公司已经入住。工程总价款为 35 834 455 元，房地产公司已付 21 505 053 元，工程减项款为 7 835 735 元，扣除房地产公司垫付的款项：垃圾清运费 7560 元、机器破碎费 2000 元和消防水龙带及阻火圈价款 84 957 元、电梯门套款 4.5 万元，扣除保修金 150 万元，房地产公司应付工程款为 4 854 150 元。

另查明，在建设公司承包的涉案工程中，由房地产公司分包的工程涉及价款 8 209 852.17 元。经计算包含措施费为 174 000 元，包含配合费计算为 200 017.17 元。该分包的工程，有实际已经施工的工程，也有因变更或其他原因未进行施工的部分。在建设公司安装热力表后，由购房户查验房屋时亦对热力表进行了查验，建设公司提供了部分住户查验记录。但针对该热力表，建设公司与房地产公司并无验收记录。2011 年 6 月，由负责包括涉案工程在内整个东都住宅小区供热的衡水××热力有限责任公司对建设公司安装的热力表进行了查验，发现不符合要求，无法与整个控制系统相匹配。2011 年 8 月，房地产公司按照集中供热的衡水××热力有限责任公司的要求，更换了全部热力表，共支出费用 530 400 元。

建设公司以房地产公司未履行建设工程施工合同约定的付款义务为由，提起诉讼，请求判令房地产公司支付工程款。

案件审理过程中，房地产公司提出反诉。

一审判决后，建设公司与房地产公司均不服，分别提起上诉。

建设公司上诉称：（1）一审判决本公司先行交付房地产公司工程验收资料，并以此作为房地产公司支付工程款的前提条件，系认定事实错误，且违背了双方当事人的合同约定。（2）一审判决认定本公司放弃了对"违约金等损失"的诉求，与事实不符。（3）一审判决房地产公司支付本公司工程款 4 851 150 元是错误的。房地产公司实际欠工程款为 12 793 785 元。（4）一审判决从房地产公司的应付款中扣除保修金 150 万元，是错误的。（5）一审判决驳回本公司提出的减项款在原数额基础上降低 7% 及房地产公司应给付降水费 4 万元的诉讼请求，是错误的。因此，一审判决本公司先行交付房地产公司工程验收资料，并以此作为房地产公司支付工程款的前提条件，系认定事实错误。综上，请求撤销一审法院判决，改判房地产公司支付本公司工程款 12 793 785 元，并自 2011 年 1 月 5 日起按每日万分之五给付违约金；依法驳回房地产公司一审的全部反诉请求。

房地产公司辩称：（1）建设公司未交付竣工验收资料，本公司不应支付工程款。建设公司上诉称向本公司提交了齐全的竣工验收资料，本公司将资料丢失，与事实不符。建设公司建错误地认为交付工程验收资料不是付款的前提条件。（2）建设公司所计算的工程款数额及依据错误。（3）建设公司认为一审法院从应付款中扣除了保修金是错误的观点不成立。一审判决对本公司的损失和建设公司的保修金都暂未判决，系因相关质量问题引起的损失无法确定，并非扣除不予支付。综上，请求驳回建设公司的上诉请求。

房地产公司上诉称：（1）建设公司应按有关规定向相关部门提交符合质量、数量要求的工程竣工验收资料。（2）本公司应减少支付 85.34 万元工程款。（3）建设公司应按协议承担违约责任，赔偿本公司违约金及损失 989.6578 万元。综上，请求改判一审法院判决第一项为将所建工程验收资料交付主管建设工程竣工验收部门；改判第二项向建设公司减少支付 85.34 万元工程款；支持建设公司赔偿本公司违约金及损失 989.6578 万元。

建设公司辩称：（1）2010 年 2 月 5 日，建设公司便将施工工程的检验资料交付衡水市质监站，房地产公司要求改判建设公司将所建工程验收资料交付主管建设工程竣工验收相关部门，没有事实和法律依据。（2）一审法院支持了建设公司所提的 17.4 万元措施费及 200 017.17 元配合费并无不妥，房地产公司在反诉中也没有主张热力表改造费 53.04 万元。故房地产公司要求改判减少支付建设公司措施费、配合费、热力表改造费共计 85.34 万元，没有依据。（3）本案开工、交付竣工验收报告及备案延迟的责任在房地产公司，其要求建设公司赔偿违约金 9 896 578 元无事实依据，亦无任何证据支持。综上，请求驳回房地产公司的全部上诉请求。

二审审理中，房地产公司表示放弃追究建设公司违约责任的上诉请求。

二审法院于 2014 年 12 月 22 日作出判决后，建设公司不服，于 2018 年 11 月 16 日申请再审称：（1）本公司提交了新证据，即衡水市公安消防支队于 2018 年 9 月 5 日作出的《建设工程消防设计备案检查不合格通知书》。该通知书载明：房地产公司报送的 CBD 东都 6 号、8 号住宅楼工程消防设计文件，该工程部分消防设计不符合相关消防技术标准的规定，消防设计不合格。故涉案工程本身已通过竣工验收，未通过综合验收的根本原因是房地产公司的消防设计不合格而非本公司的责任。（2）二审法院判决本公司先行交付房地产公司工程验收资料，并以此作为房地产公司支付工程价款的前提条件，不符合合同约定,系认定事实错误。(3)二审法院判决房地产公司支付本公司工程款 4 174 750 元系事实认定错误,房地产公司实际欠付工程款为 12 793 785 元。(4)二审法院判决对本公司提出的减项款在原数额基础上降低 7% 的主张未予支持,系违反合同约定。(5)二审法院判决认定本公司放弃了对"违约金等损失"的诉求,系认定事实错误。(6)二审法院判决从应支付工程款中扣除 149 000 元配合费及 530 400 元热力表更换费,既无事实依据,又无法律依据。综上,本公司依据《民事诉讼法》第 200 条第 1 项的规定申请再审。

判决主文

一审法院判决:原告(反诉被告)建设公司将所建工程验收资料交付被告(反诉原告)房地产公司;被告(反诉原告)房地产公司向原告(反诉被告)建设公司支付工程款 4 854 150 元;驳回原告(反诉被告)建设公司所提减项款在原数额基础上降低 7% 及要求被告(反诉原告)房地产公司给付 4 万元井点降水费的诉讼请求。

二审法院判决:撤销一审判决第二项,维持判决第一项、第三项;改判上诉人建设公司履行完毕向上诉人房地产公司交付工程验收资料后 10 日内,上诉人房地产公司支付上诉人建设公司工程款 4 174 750 元。

再审法院裁定:驳回申请人建设公司的再审申请。

裁判要旨

《民事诉讼法》第 216 条是有关当事人提出再审申请的法定期限的规定,根据本条规定可知,当事人依据《民事诉讼法》第 211 条第 1 项、第 3 项、第 12 项、第 13 项以外的其他事由申请再审,应当在判决、裁定发生法律效力后 6 个月内提出;而当事人在判决、裁定发生法律效力 6 个月后,依据《民事诉讼法》第 211 条第 1 项、第 3 项、第 12 项、第 13 项规定申请再审的同时,一并提起其他再审事由的,人民法院不予审查。

重点提示

再审程序是人民法院对已经发生法律效力的判决、裁定,在具有法律规定的再审事由时,依据法律规定的程序对原审案件进行审理的一种救济程序,对于申请再审的法定期限的问题在司法实践中时常引发争议,在解决此类问题的过程中应当注意以下两点：（1）《民事诉讼法》中对申请再审的法定期限的规定。根据《民事诉讼法》第216条的规定可知，当事人申请再审，应当在判决、裁定发生法律效力后6个月内提出；但在出现以下情形时，则应自知道或应当知道以下情况之日起6个月内提出再审申请：有新的证据，足以推翻原判决、裁定的；原判决、裁定认定事实的主要证据是伪造的；据以作出原判决、裁定的法律文书被撤销或者变更的；审判人员审理该案件时有贪污受贿、徇私舞弊、枉法裁判行为的。对于超出前述法定期限提出的再审申请，人民法院应当驳回其再审申请。（2）对再审期限进行限制的作用。民事案件经过诉讼程序进行审理并作出生效裁判后，如果发现确有错误，通常来讲应当给当事人提供进行司法救济的机会，这是为了保障生效裁判的正当性，因此《民事诉讼法》规定了再审程序。但若对于再审期限不加以限制，即当事人可以随意提出再审申请，对生效裁判进行改判的话，就会使得人民法院的生效裁判长期处于悬而未决的不稳定状态下，既不利于维护生效裁判的既判力，也不利于维护司法的权威性和公信力，长此以往会使得人民群众丧失对于国家司法的信心。因此，要在维护司法机关权威与保障当事人合法权益之间寻找到一个平衡点，就需要对民事再审程序加以限制。

2. 建设工程施工合同纠纷中诉讼时效的中断与起算

【案例】天津××建设集团有限公司诉天津××实业总公司建设工程施工合同纠纷案

案例来源

发布单位：最高人民法院中国应用法学研究所《人民法院案例选》2016年第2辑（总第96辑）

审判法院：天津市高级人民法院

判决日期：2015年5月18日

案　　号：（2015）津高民申字第0172号

基本案情

天津××建设集团有限公司（原名称为天津市××建筑安装工程总公司，以下简称建设公司）于1998年为天津××实业总公司（以下简称实业公司）下属企业西×储运公司修整院内路面及厂房，但西×储运公司未付工程款。后西×储运公司与建设公司于2002年8月签订《转账协议》，主要内容为"华×储运公司欠付西×储运公司往来款 51 404.89 元，欠付山×煤博（加油站借款、还款剩余款）20 000.00 元，共计 71 404.89 元，西×储运公司欠付南×建筑公司（张×桥）工程款 105 000 元，西×储运公司请求华×储运公司将欠付西×储运公司往来款 71 404.89 元转付给南×建筑公司"。该《转账协议》加盖西×储运公司的财务章、建设公司公章以及天津市津×建筑安装工程总公司财务专用章确认。后实业公司的法定代表人秦×高于2004年8月在《转账协议》上批示"请财务核实后按有关政策办理"，该款项至今未付。

另查明，天津市××建筑安装工程总公司于2004年11月变更企业名称为天津××建设集团有限公司。西×储运公司的企业类型为集体分支机构（非法人），隶属企业为被告实业公司。

建设公司以实业公司欠付工程款为由，提起诉讼，请求判令实业公司给付工程款 105 000 元，并支付相应利息。

实业公司辩称：本案已超过诉讼时效，请求驳回建设公司的诉讼请求。

一审判决后，实业公司不服，提起上诉。

二审判决后，建设公司不服，申请再审。

判决主文

一审法院判决：被告实业公司给付原告建设公司工程款 105 000 元；驳回原告建设公司其他诉讼请求。

二审法院判决：驳回被上诉人建设公司在原审的诉讼请求。

再审法院裁定：驳回申请人建设公司的再审申请。

裁判要旨

为了平衡法律程序的效率和当事人的权益，确保在特殊情况下，当事人也能有足够的机会行使法定权利，《民法典》规定了诉讼时效中断。诉讼时效中断的法定事由包括当事人一方提起诉讼、提出请求或者承诺履行义务。实务中，当事人只要能够提供充分的证据证明以上事由之一即可导致诉讼时效重新起算。

重点提示

诉讼时效中断是指在诉讼时效期间进行中，因发生一定的法定事由，致使已经经过的时效期间统归无效，待时效中断的事由消除后，诉讼时效期间重新起算。司法实践中，探究建设工程施工合同中诉讼时效的中断与起算的问题时，应当注意以下三点：（1）诉讼时效中断的法定事由。根据《民法典》第195条的规定可知，诉讼时效中断有以下几项法定事由：一是权利人向义务人提出履行请求，即权利人直接向义务人作出请求，表达要求义务人履行其义务的意思表示。该行为中，权利人在诉讼程序外向义务人行使请求权。改变了原来未行使请求权的状态，故应中断诉讼时效。二是义务人同意履行义务，即义务人在诉讼时效进行中直接向权利人表达其同意履行义务的意思表示。义务人同意履行义务，使权利人与义务人双方之间的权利义务关系得以明确，故诉讼时效中断并重新起算。义务人同意履行方式有很多种，一般来说包括清偿、支付利息、提供担保等。三是权利人提起诉讼或申请仲裁，即权利人向人民法院主张以诉讼程序维护其权利，请求人民法院判令义务人履行其应尽义务。起诉行为的性质为权利人主张权利之保护，故应当对起诉进行作扩大解释，其不仅包括权利人通过人民法院向义务人行使权利的方式，还包括权利人具有同样性质的其他行为，如向有关行政机关提出保护权利的请求，向法院申请强制执行，向清算人申报破产债权等。故诉讼时效中断，并从人民法院裁判生效之日重新起算。（2）诉讼时效中断的法律后果。时效中断的目的之一是保护当事人的权益，其为当事人提供了补救机会，确保在特殊情况下，当事人不会因为无法遵守法定时效期限而失去诉讼的权利。这有助于确保法律程序的公正和合理性并维护了当事人的合法权益。此外，诉讼时效中断也会产生一定的法律后果。首先，诉讼时效中断通常会导致法律体系重新计算诉讼时效的期限。这为当事人提供了额外的时间来采取准备证据和进行答辩等法律行动，确保他们有足够的时间来追求自己的权益，更好地支持他们的立场。其次，诉讼时效中断可能造成一定的争议。当事人之间可能会就中断原因是否合法有效的问题产生争议，并可能会就中断是否适用提出异议。此时需要人民法院对该问题进行进一步的法律解释和裁决。（3）当事人起诉后又撤诉也会产生诉讼时效中断的法律效果。根据上述可知，当事人提起诉讼是导致诉讼时效中断的法定事由，即提起诉讼是诉讼时效中断的法定情形。我国法律并未对提起诉讼作出任何限制性规定，有关司法解释也未明确规定提起诉讼后，未撤回起诉或被撤诉才属于提起诉讼。故对当事人提起诉讼导致诉讼时效中断的分析，同样也应当按照上述理解，无须增加任何条件和限制。当事人提起诉讼后又撤诉的，不能因其之后的撤诉而否定之前的起诉。综上，当事人起诉后又撤诉的，同样会产生诉讼时效中断的法律效果。

六、刑民交叉

建设工程合同纠纷中的公司员工使用虚假公章是否构成表见代理

【案例】湛江××地质工程勘察院诉广东省湛江市××房地产开发有限公司、杨×生、陆×清建设工程勘察合同纠纷案

案例来源

发布单位：最高人民法院《人民司法·案例》2020年第29期（总第904期）
审判法院：广东省高级人民法院
判决日期：2016年9月14日
案　　号：（2015）粤高法民申字第2724号

基本案情

2011年9月，广东省湛江市××房地产开发有限公司（以下简称房地产公司）与湛江××地质工程勘察院（以下简称勘察院）签订建设工程勘察合同，合同约定将位于徐×至海×路段2××国道×侧徐×万洲皇府花园地质勘察工程交由勘察院施工，本工程勘察费预算为13.8万元，按实际完成工作量结算，提交勘察成果报告时一次付清。合同发包人处盖房地产公司印章，代表人余×签字；合同勘察人处盖勘察院印章，代表人杨×生、陆×清签字。

该工程于2011年9月开工，于次月施工完毕，勘察院于10月23日向房地产公司提交了勘察成果报告。后陆×清持加盖勘察院公章的《申请勘察工程结算函》向房地产公司提出申请，要求结算工程款141 624元，并附其个人银行账号。房地产公司于2011年11月分两次向陆×清付清工程款，陆×清

出具了收款收据，但房地产公司未能依合同约定支付勘察费给勘察院。

勘察院以房地产公司未按合同约定支付勘察费用，其追索未果为由，提起诉讼。

一审过程中，房地产公司提交了陆×清申请勘察工程结算函和收款收据证明自己已付清工程款，但该证据经广东××司法鉴定所司法鉴定：印章印文不是同一枚印章所盖印，是陆×清个人伪造证据领取工程款。

一审判决后，房地产公司不服，提起上诉。

二审判决后，勘察院、房地产公司均不服，申请再审。

判决主文

一审法院判决：被告房地产公司支付尚欠原告勘察院工程款 141 624 元及违约金。

二审法院判决：驳回上诉，维持原判。

再审法院裁定：驳回再审申请人房地产公司、勘察院的再审申请。

裁判要旨

在建设工程中，公司人员持盖有虚假公章的证明文件要求发包人支付工程款，该行为不能仅凭证明文件上的公司印章判定构成表见代理，还应当结合其他证据进行全面分析。

通常情况下，此类案件也会涉及民刑交叉的问题，不应一概而论将案件中止、驳回起诉或移交公安或检察机关，人民法院也应当依据法律规定并结合案件情况作出驳回起诉或继续审理等决定。

重点提示

随着经济的发展，表见代理作为一种代理制度，越来越多地出现在生活、交易当中，其虽在本质上属于无权代理，但因表面上有着足以使他人相信有代理权，故发生有权代理的效果。司法实践中，认定建设工程合同纠纷中的公司员工使用虚假印章是否属于表见代理时，应当注意以下三点：（1）表见代理的判定。表见代理就是指被代理人的行为足以使第三人相信无权代理人具有代理权，并基于这种信赖而与无权代理人实施法律行为的代理。在实务中，对于代理人的代理行为是否构成表见代理，需要通过以下几点来进行判断：①行为人在代理过程中是否存在表见行为,即判断行为人是否展示了能够证明其享有代理权的外观或其以被代理人授予代理权的行动或语言等;②相对人在客观上是否有理由相信行为人存在代理权,即判断行为人的行为是否具有足以使相对人相信其有代理权,只有相对人相信行为人是有代理权的,其才能从行为人处获得该民事代理行为的法律后果;③相对人在主观上是否是善意且无过错的,即判断相对人是否是明知行为人没有代理权而与其签订合同,是否存在自己疏忽大意的情形。在同时满足上述条件的情形下,可以认定代理人的行为构成表见代理。对于表见代理的效力问题,根据我国《民法典》第172条的有关规定可知,行为人没有代理权、超越代理权或者代理权终止后,仍然实施代理行为,相对人有理由相信行为人有代理权的,代理行为有效。(2)公司员工使用虚假公章的行为是否构成表见代理的认定。公章是公司签订合同、对外进行民事活动中表达主体身份和意志的象征,也是判断民事活动是否成立和生效的重要标准。公司进行委托代理时,通常会与让代理人与相对人签订合同,并与代理人签订授权委托书,签订合同时也会加盖公司公章。实践中经常会出现公司员工在没有依法取得代理权的情况下,伪造公司公章与相对人作出民事法律行为。对于上述行为是否构成表见代理,实务中应该综合分析,讨论该行为能否使相对人有充分理由相信其拥有代理权,是否是长期的交易习惯,是否可以认定存在代理权的外观,并结合其他证据进行分析。(3)解决民刑交叉问题时应当根据法律事实并结合案件情况作出最终决定。实务中,公司员工使用虚假公章谋取利益的行为除会引发民事纠纷外,通常还会涉及刑事犯罪的问题,一般来说,依据不同法律事实与法律关系,民事案件与刑事案件应当分开按照各自的审理规则进行审理,但当同一法律事实或关联事实既涉及民事纠纷又涉及刑事犯罪时,就会出现民刑交叉的问题。根据《民事诉讼法》以及《最高人民法院关于在审理经济纠纷案件中涉及经济犯罪嫌疑若干问题的规定》的有关民刑交叉问题的相关规定可知,对于民刑交叉案件的审理,应当从案件涉及的法律事实是否同一来决定民刑交叉案件的处理方式。首先,当同一当事人的同一法律事实涉及民事纠纷与刑事犯罪时,一般情况下,人民法院采取先刑后民的方式,即当审理的民事案件必须以另一刑事案件的审理结果为依据时,法院可以裁定中止诉讼,待刑事案件审理结束后,再审理民事案件。其次,当同一当事人涉及的民事纠纷与刑事犯罪的法律事实不同时,人民法院可以采取刑民并行的方式,即分别进行审理。综上,在涉及民刑交叉的问题时,人民法院应当根据法律事实以及案件情况作出驳回起诉或继续审理等决定。

七、其他

1. 检察院抗诉前当事人已达成和解协议并已履行完毕的，再审程序如何处理

【案例】宜兴市××置业有限公司诉无锡××建筑工程有限公司建设工程施工合同纠纷案

案例来源

发布单位：最高人民法院中国应用法学研究所《人民法院案例选》2014年第2辑（总第88辑）

审判法院：江苏省无锡市中级人民法院

判决日期：2012年9月13日

案　　号：（2012）锡民再终字第0016号

基本案情

宜兴市××置业有限公司（以下简称置业公司）与无锡××建筑工程有限公司（以下简称建筑公司）之间发生支付逾期违约金纠纷，置业公司不服无锡市中级人民法院民事判决，向检察机关申请抗诉，江苏省人民检察院作出民事抗诉书，向江苏省高级人民法院提出抗诉。江苏省高级人民法院作出民事裁定，指令无锡市中级人民法院再审本案。

无锡市中级人民法院再审受理后，查明双方之间就涉案工程还发生了工程款和代付款抵销案件。其中索要工程款案件，无锡市中级人民法院于2009年3月2日作出了（2007）锡民初字第0049号生效判决。判决生效之后，由于置业公司未及时全部履行，建筑公司遂申请予以强制执行。在执行过程中，置业公司与建筑公司于2011年1月18日就该案与本案一并达成和解协议，内容主要包括双方两件案件债务相加，扣除已经执行的款项，目前置业公司尚结欠建筑公司无争议的金额为106 500元，另有314 796元存在争议；对于双方有争议的314 796元，建筑公司同意给予置业公司3个月时间由置业公司通过司法

途径处理，如至 2011 年 4 月 20 日前未能解决，则置业公司于 2011 年 4 月 30 日前将该款本息无条件自动履行，如置业公司逾期未自动履行的，建筑公司除正常计算该段迟延履行利息外（起算日期为 2009 年 7 月 5 日），有权向置业公司加收 2 万元违约金；对于无争议的 106 500 元，置业公司于 2011 年 1 月 25 日前先行支付给建筑公司。双方代理人在和解协议上签字。

有争议的 314 796 元系置业公司代建筑公司支付的农民工款项，其中含本案所涉款项在内的和解协议中无争议的金额于 2011 年 1 月 24 日支付完毕，针对有争议的金额，双方最终未在约定的时间内通过司法途径处理，建筑公司申请法院强制执行，在法院强制执行之前，双方针对有争议的金额再次达成一致并于 2012 年 2 月 29 日支付完毕，执行程序也已终结。

另查明，检察机关提出抗诉时不清楚双方达成过和解协议的事实。

判决主文

再审法院裁定：终结再审程序。

裁判要旨

订立和解协议是当事人意思自治原则的体现，对于当事人双方在检察院提出抗诉之前已经达成和解协议，并已履行完毕，且该和解协议不损害国家利益、社会公共利益和第三人利益的，法院应当裁定终结再审程序。

重点提示

在建设工程施工合同纠纷案件的审判实务中，对于在再审过程中发现当事人已经订立和解协议且已经实际履行完毕的应当如何处理的问题，应当注意以下两点：（1）订立和解协议系当事人意思自治原则的体现。关于当事人的意思自治，我国《民法典》第 5 条规定："民事主体从事民事活动，应当遵循自愿原则，按照自己的意思设立、变更、终止民事法律关系。"也就是说，当事人之间自愿订立的和解协议，只要不违反《民法典》中有关合同无效或可撤销的有关规定，就应当认定该和解协议合法有效，当事人按照和解协议约定履行各自义务的行为也合法有效。（2）再审审查过程中发现当事人已达成和解协议且履行完毕的，应当裁定终结审理。《最高人民法院关于适用〈中华人民共和国民事诉讼法〉的解释》第 400 条第 3 项规定可知，再审申请审查期间，当事人达成和解协议且已履行完毕的，除当事人在和解协议中声明不放弃申请再审权利的以外，法院应当裁定终结审查。当事人在执行程序或者再审审查程序中达成和解协议并履行完毕，表明当事人经过合意达成新的协议处分自己的权利，并通过实际履行的方式了结了原有的纠纷，此时法院已经没有必要对争议涉及的生效裁判继续进行审查。结合但书条款，在实践中，当事人之间达成和解协议的原因可能较为复杂，因此，法律对该部分进行了保留，如当事人在和解协议中明确表示不放弃申请再审的权利的，即使和解协议已经履行完毕，当事人仍然保有申请再审的权利。

2. 先行判决时能否径直驳回剩余诉讼请求

【案例】宁波××建筑工程有限公司诉宁波××实业有限公司建设工程施工合同纠纷案

案例来源

发布单位：最高人民法院《人民司法·案例》2013 年第 12 期（总第 671 期）

审判法院：浙江省宁波市中级人民法院

判决日期：2012 年 1 月 18 日

案　　号：（2011）浙甬民二终字第 807 号

基本案情

2006 年 8 月，宁波××实业有限公司（以下简称实业公司）将××庄市街道中×小区××大厦工程进行发包，宁波××建筑工程有限公司（以下简称建筑公司）经招投标被确定为中标人，由其承建实业公司的××大厦工程。中标后，建筑公司向实业公司支付了 300 万元履约保证金。最终，建筑公司的工程范围被确定为土建、打桩、水电、消防、弱电及附属工程。后建筑公司、实业公司又签订了建设工程施工合同及补充协议一份，对工程款支付问题进行了约定：双方约定的工程款分五次进行支付。合同履行中，实业公司返还了建筑公司 75 万元保证金。

后浙江××安装有限公司分包了上述工程的水电安装工程；江苏建×建工集团分包了土建、桩基工程；实业公司已分别支付水电安装工程款 4 万元及桩基支护桩工程款 1 565 378.55 元，并支付土建电费 65 208.58 元、土建水费

13 912.50 元、桩基工程水电费 79 621.45 元、黄沙材料款 19 800 元。建筑公司开工后称其已如约履行施工至主体十层结顶，但实业公司仍未支付工程款，于是停工。

建筑公司以实业公司拖欠其工程款未还为由，提起诉讼，请求判令解除建设工程施工合同，实业公司支付工程款 10 286 496 元及利息 115 800 元，赔偿经济损失 400 万元，双倍返还履约保证金 450 万元及付利息 287 900 元，支付现场配合管理费 126 000 元。

实业公司以建筑公司构成违约为由，提起反诉，请求判令建筑公司继续履行合同，并按合同总价的 5% 支付违约金 75 万元。

一审判决后，建筑公司不服，提起上诉称：原审法院先行部分判决，不应驳回其他诉讼请求。因正在鉴定工程造价，原审法院在查明事实先行部分判决时，不宜以案件事实尚未查明为由对本公司的其他诉讼请求予以驳回。

实业公司辩称：原审先行判决驳回其他诉讼请求正确，建筑公司应另案起诉。

判决主文

一审法院判决：解除原告（反诉被告）建筑公司与被告（反诉原告）实业公司签订的建设工程施工合同及补充协议；被告（反诉原告）实业公司返还原告（反诉被告）建筑公司履约保证金 225 万元；驳回原告（反诉被告）建筑公司的其他诉讼请求；驳回被告（反诉原告）实业公司的反诉请求。

二审法院判决：维持一审法院判决第一、二项；撤销一审法院判决第三、四项；由原审法院继续审理。

裁判要旨

先行判决时不能对当事人的剩余诉讼请求直接驳回，如果人民法院不愿意作出最终处理当事人的诉讼请求，在判决主文中就不应当对诉讼请求表态。如果人民法院作出驳回诉讼请求的表态，一审判决一旦生效，则会使当事人不得再行起诉。人民法院的该做法实质上对当事人的诉权进行了剥夺，应当依法予以撤销。

重点提示

先行判决，又称部分判决，对比全部判决，是人民法院对案件中已经审理清楚的部分事实和部分请求作出的判决。司法实践中，探究先行判决时能否径直驳回剩余诉讼请求的问题时，应当注意以下三点：（1）先行判决制度的设置原因。一般来说，人民法院审判案件，无论原告有多少个诉讼请求，都要等全部案情查清之后再作出判决。但实务中的一些案件，当事人因生产生活需要对方继续尽快履行义务的，为满足当事人的需要，就可以采取先行判决制度。或者对于一些案情较为复杂、需要较长时间才能查清全部事实的案件，长时间不判决会影响当事人权利义务关系的判断的，也可以采取先行判决制度。综上，先行判决制度是为了满足当事人的急需以及尽快确定当事人权利义务关系才设置的制度。但采取该制度时也应当慎重，要确保该部分的案件事实已经充分查清。且作为全部判决一部分的先行判决，若当事人对此部分判决不服的，可以提起上诉。（2）部分案件事实暂时无法查清的，人民法院不得要求当事人另行起诉。法官不得拒绝裁判是诉讼法上最基本的原理，在民事诉讼中，法院立案后都要作出最终的结论，或是对被告作出判决，抑或驳回诉讼。首先是作出判决，即人民法院支持原告的诉讼请求并对被告作出一定判决。其次是驳回诉讼，是指人民法院对原告无正当理由或法律根据的诉讼请求，采取判决的形式予以拒绝的行为，即驳回包含两种情况：一是法院认为起诉不符合条件；二是法院认为原告的诉讼请求缺乏事实或者法律依据。由此可知，人民法院受理案件后，最终只能做出以上两种处理，超出此范围的处理结果都属于拒绝裁判。因此，当部分案件事实暂时无法查清时，人民法院要求当事人另行起诉的，属于拒绝裁判的行为，系违反诉讼法基本原理的错误行为。（3）人民法院不能既判决驳回当事人的诉讼请求，又告知其就此另行起诉。驳回诉讼请求，是人民法院经过审理后，认为当事人的诉讼请求不能成立并对其实体请求权作出否定答复的行为。人民法院认为当事人的部分诉讼请求无正当理由或缺乏事实依据时，应当直接向当事人表达无法支持其诉讼请求的态度，此后，当事人便不能再就同一事实和理由重新起诉。即使当事人提出新的证据重新向人民法院主张权利的，也只能根据《民事诉讼法》第211条第1项的规定向人民法院申请再审。若人民法院不愿意最终处理当事人的诉讼请求，却在判决主文中对诉讼请求表态，作出驳回诉讼请求的决定。一审判决生效后，当事人不能再行起诉，该做法实质上不仅没有解决当事人的实体纠纷,还剥夺了当事人的诉权。

3. 当事人申请撤回再审申请,抗诉机关不同意撤回抗诉时的处理

【案例】牡丹江市××建筑安装有限责任公司诉牡丹江市华×房地产开发有限责任公司、张×增建设工程施工合同纠纷案

案例来源

发布单位:最高人民法院 2012 年 4 月 9 日公布的指导案例 7 号

审判法院:最高人民法院

判决日期:2011 年 7 月 6 日

案　　号:(2011)民抗字第 29 号

基本案情

1999 年 6 月,牡丹江市××区住宅建设开发公司(以下简称住宅开发公司)与该公司副经理舒×锦签订了××××片建设开发项目经理承包协议书,约定××××片工程由舒×锦承包整体开发。2000 年 3 月,住宅开发公司与牡丹江市××建筑安装有限责任公司(以下简称建安公司)签订建设工程施工合同,约定由建安公司承建西××小区(××××片)工程,并约定了开工、竣工时间以及工程款及利息的计算。2000 年 4 月,双方又签订《补充合同》。同月,住宅开发公司与××××片×号楼西段施工负责人张×增签订了《商品房分配明细表》,约定开发方用 25 套商品房抵顶应付给张×增的工程款。该 25 套房屋由张×增接受后出售。

2001 年 5 月,住宅开发公司与建安公司签订《工程结算书》,双方确认××××片×号楼西段工程总造价 5 277 784.56 元。同年 7 月,牡丹江市华×房地产开发有限责任公司(以下简称开发公司)成立。同年 9 月,市计划委员会作出批复,同意将原批准住宅开发公司开发×××片商品房的投资计划变更为由开发公司开发。2002 年 6 月,建安公司与开发公司签订《协议书》,确认由张×增施工的××××片×号楼西段工程总造价为 5 013 895.32 元,施工面积 9498 平方米。

2003 年 8 月,张×增与开发公司发现,张×增与先前住宅开发公司签订

《商品房分配明细表》上存在笔误，造成工程款差额为813 204.60元。同日，开发公司与张×增就此笔工程款签订《房屋购销协议书》，约定用11套商品房抵顶813 204.60元工程款。

××××片工程由四家分包施工，开发公司与另外三家均已结算完毕，没有异议。建安公司起诉的××××片工程×号楼西段，施工面积9498平方米，工程总造价为5 013 895.32元。施工人为建安公司；张×增是项目经理。

2000年4月，开发公司收取建安公司项目经理张×增交付的18 000.00元招投标费并出具了收据。

建安公司以其已经履行了合同约定的全部义务，但开发公司不能按时支付工程款为由，提起诉讼，请求判令开发公司支付至今拖欠的工程款1 381 689.64元，逾期付款违约金398 707.24元。

开发公司辩称：建安公司诉本公司拖欠工程款与事实不符。双方按《建设工程施工合同》及有关规定进行了工程结算，确认了工程造价总额度，并已结清工程款。由于计算笔误出现的误差，本公司发现后与建安公司在协商一致的基础上，签订了一份以11户商品房抵付工程款的协议、并约定多退少补。最后结算多付给建安公司60 509.04元，本公司不欠建安公司工程款，请求驳回建安公司的诉讼请求。

开发公司以建安公司未按合同约定的日期竣工，构成违约，且其承建的房屋存在质量问题，需要赔偿或返修为由，提起反诉，请求判令建安公司支付逾期竣工违约金2 300 000.00元，延期回迁经济损失136 031.35元，工程质量缺陷造成的损失80 000.00元，总计2 516 031.35元。

建安公司辩称：开发公司称多给付本公司60 509.04元的事实不成立，双方签订的以房抵尾欠工程款的协议未履行；开发公司要求本公司承担违约金2 300 000.00元不能成立，按照双方签订的施工合同，开发公司应按期拨付施工款，由于开发公司未按期拨付工程款，本公司可以顺延工期，故本公司不应承担违约责任。相应地，关于动迁户延期回迁损失也不应承担；因工程质量造成的损失可按双方签订的施工合同办理。故请求驳回开发公司的诉讼请求。

一审判决后，建安公司不服，提起上诉。后建安公司撤回上诉。

张×增作为有独立请求权的第三人申请再审称：本人与建安公司和开发公司诉争的工程款存在法律上的利害关系，本人是该工程的实际施工人，应将本人列为第三人，开发公司应将拖欠的工程款以及损失等直接给付本人；在原审法院审理过程中，建安公司的法定代表人陶×兴与开发公司互相串通严重损害了本人的利益，并导致错误判决生效；开发公司的反诉主张超过诉讼时效，建安公司代理人在一审中就开发公司的反诉不作辩解，不提交证据，导致一审判决错误支持了开发公司反诉主张，极大地损害了本人的权益。因此，请求判令开发公司给付拖欠工程款1 381 690.84元、逾期付款违约金403 423.36元，赔偿损失102 125.33元，给付再审期间利息损失418 113.47元（暂算至2008年4月2日）。

建安公司辩称：张×增申请再审符合法律规定，支持其再审申请主张。

开发公司辩称：张×增在内业资料的签字行为系职务行为，不能认定为实际施工人，其不具有本案主体资格；张×增称本公司与建安公司法定代表人恶意串通损害其利益没有事实依据；张×增按揭借款购买房屋后产生的利息要求本公司偿还没有道理；本公司不存在拖欠建安公司工程款的事实，不构成违约；本公司是按照合同的约定拨付工程款，不存在支付违约金、赔偿损失问题。建安公司称11套抵工程款的房屋没有交付违背事实。综上，请求支持本公司的反诉请求。

一审再审判决后，建安公司、张×增均不服，分别提起上诉。

建安公司上诉称：首先，张×增提交的中标通知书可以证明诉争工程是招标工程，根据最高人民法院司法解释，未备案的《补充合同》属于"阴合同"，应认定无效。原审法院认定11套房屋已经交付没有事实依据。虽然开发公司与张×增签订协议，约定以11套房屋顶付工程款，但开发公司并没有给付也没有实际履行，故原审法院认定开发公司按照约定给付了工程款没有事实依据。其次，开发公司反诉时效应该从工程竣工时间起算，不存在诉讼时效的中断，反诉不成立，不应给付逾期竣工违约金。综上，请求撤销一审法院再审判决，改判并支持拖欠工程款1 381 690.84元、逾期付款违约金403 423.36元、赔偿损失102 125.33元及再审期间利息损失418 113.47元的诉求。

张×增上诉称：首先，原审法院认定该工程为议标工程是错误的，应为投标合同，《补充合同》从根本上改变了原工程施工合同，《补充合同》无效，工程款的结算应该以招标合同为准。其次，建安公司的原法定代表人陶×兴与开发公司串通损害第三人利益，原审法院认定11套房屋已经交付给第三人没有事实依据，缺乏证据支持。最后，本人与本案有法律上的利害关系，有权取得工程款并成为本案当事人。故请求判令开发公司给付拖欠工程款

1 381 690.84 元、逾期付款违约金 403 423.36 元、赔偿损失 102 125.33 元及再审期间利息损失 418 113.47 元，合计 2 305 353.00 元。

开发公司辩称：本案不受《招标投标法》的调整和约束；《补充合同》是对施工合同的变更符合法律规定，并不会改变合同实质性内容，《补充合同》合法有效；以 11 户房屋顶付工程款，已实际履行并生效。双方达成一致意见，合同就成立，无须以实际交付标的物作为合同成立的要件；张×增主体资格不适格，张×增的行为均是代表建安公司的行为；本公司反诉未超过诉讼时效，应依法得到支持；结算书中的公章是否有误与本公司无关；《补充合同》中付款方式已变更为以商品房顶付工程款。故本公司不拖欠建安公司、张×增工程款；本公司未与陶×兴进行恶意串通。

二审判决后，开发公司不服，申请再审称：本公司在向法院申请再审的同时，也向检察机关申请抗诉，最高人民检察院受理后决定对本案按照审判监督程序提出抗诉。最高人民法院收到最高人民检察院民事抗诉书后经审查发现，本公司曾向最高人民法院申请再审，其纠纷已解决，且申请检察机关抗诉的理由与申请再审的理由基本相同，遂与最高人民检察院沟通并建议其撤回抗诉，最高人民检察院不同意撤回抗诉。而本公司表示当事人之间已就抗诉案达成和解且已履行完毕，纠纷已经解决，遂向最高人民法院提交了撤诉申请书。

判决主文

一审法院依法作出判决。

再审法院裁定：指令一审法院对本案进行再审。

一审法院再审判决：被告开发公司返还原告建安公司收取的招投标费 18 000.00 元；原告建安公司给付被告开发公司违约金 571 584.00 元；驳回原告建安公司要求被告开发公司支付工程款 1 381 689.64 元和逾期付款利息 398 707.24 元、赔偿原告建安公司损失 102 125.33 元的诉讼请求；驳回被告开发公司要求原告建安公司给付向动迁户支付的违约金 136 031.35 元及赔偿损失 80 000.00 元的诉讼请求。

二审法院判决：撤销一审法院再审判决；维持一审原审判决第一、四项；撤销一审原审判决第二、三项；被上诉人开发公司给付上诉人建安公司工程款 568 035.60 元及利息；驳回上诉人张×增的诉讼请求；驳回上诉人建安公司的其他诉讼请求。

最高人民法院裁定：本案终结审查。

裁判要旨

人民法院接到检察机关的民事抗诉书后，经审查发现案件纠纷已经解决，当事人申请撤回再审申请，在不损害国家利益、社会公共利益或第三人利益的情况下，即使抗诉机关不同意撤回抗诉，人民法院亦应当依法作出对抗诉案件终结审查的裁定。如果已裁定再审，则应当依法裁定终结再审诉讼。

重点提示

为了尊重和保障当事人在法定范围内对本人合法权利的自由处分权，实现诉讼法律效果与社会效果的统一，我国允许当事人在与对方和解的情况下，向人民法院申请撤回再审申请。司法实践中，探究当事人申请撤回再审申请后，抗诉机关不同意撤回抗诉的能否裁定诉讼终结的问题时，应当注意以下两点：（1）当事人申请撤回再审申请的情形。根据《最高人民法院关于适用〈民事诉讼法〉的解释》第398条的规定可知，再审申请人在再审期间撤回再审申请，是否准许由人民法院裁定。人民法院裁定准许的，应终结再审程序。再审申请人经传票传唤，无正当理由拒不到庭接受询问，或未经法庭许可中途退庭的，可以裁定按自动撤回再审申请处理。故再审申请的撤回有两种方式：一是再审申请人主动撤回；二是再审申请人无正当理由拒不到庭后被人民法院按撤回处理。此外，一般来说，人民法院裁定准许撤回再审申请或按撤回再审申请处理后，再审申请人不得再重复申请。但也存在一些例外情况：①案件事实存在能够推翻原判决、裁定的新证据的。②用以支撑原判决、裁定的主要证据系当事人伪造的。③据以作出原判决、裁定的法律文书被撤销或变更的。④案件审判过程中存在贪污受贿、徇私枉法等裁判行为的。当出现以上几种新情况时再审申请人可以在其知道或者应当知道之日起6个月内再次申请再审。（2）法院与检察院对于应否撤回抗诉存在冲突时的处理。在人民法院要求检察院撤回抗诉而检察院予以拒绝，法院强行驳回检察院抗诉的情形下，对于检察院拒绝撤回抗诉的合法性问题，根据《最高人民法院关于适用〈中华人民共和国民事诉讼法〉审判监督程序若干问题的解释》第23条的规定，人民检察院抗诉再审的案件，申请抗诉的当事人有撤诉或者视为撤诉的情形，且不损害国家利益、社会公共利益或第三人利益的，人民法院应当裁定终结再审程序。因此，再审申请人在再审期间有权在法律规定下自由处分其本人的合法利益，在与他人在案件再审期间达成和解后，有权根据自己真实的意思表示撤回再审申请，且该申请并不会损害国家利益、社会公共利益或第三人利益的，人民法院应当裁定终结再审程序。故当事人申请再审同时向检察机关申请抗诉的案件，在案件审理期间，当事人达成和解，即使抗诉机关不同意撤回抗诉，对于当事人的撤诉申请，人民法院亦应当依法作出对抗诉案件终结审查的裁定。

第九章　建设工程施工合同纠纷的执行

1. 案外人的执行异议与原判决、裁定无关的理解

【案例】王×光与××建设集团有限公司、白山××置业有限公司案外人执行异议之诉案

案例来源

发布单位：最高人民法院 2021 年 3 月 3 日发布的指导案例 154 号
审判法院：最高人民法院
判决日期：2019 年 3 月 28 日
案　　号：（2019）最高法民再 39 号

基本案情

2016 年 10 月，吉林省高级人民法院（以下简称吉林高院）就××建设集团有限公司（以下简称建设公司）诉白山××置业有限公司（以下简称置业公司）建设工程施工合同纠纷一案作出民事判决：置业公司支付建设公司工程款 4274 万余元及利息，建设公司可就案涉 7 栋房产折价、拍卖款优先受偿。2017 年 11 月，吉林省白山市中级人民法院（以下简称白山中院）依建设公司申请作出执行裁定，查封上述部分案涉房产。王×光向白山中院提出异议，该院裁定驳回王×光的异议请求。

王×光以其在白山中院查封上述房屋之前已经签订书面买卖合同并占有使用该房屋为由，向白山中院提起案外人执行异议之诉。

一审判决后，建设公司不服，提起上诉。

二审裁定后，王×光不服，申请再审。

判决主文

一审法院判决：不得执行案涉商铺；驳回案外人王×光其他诉讼请求。

二审法院裁定：撤销一审民事判决；驳回案外人王×光的起诉。

再审法院裁定：撤销二审民事裁定；指令吉林高院对本案进行审理。

裁判要旨

在建设工程价款强制执行过程中，房屋买受人对强制执行的房屋提起案外人执行异议之诉，请求确认其对案涉房屋享有可以排除强制执行的民事权益，但不否定原生效判决确认的债权人所享有的建设工程价款优先受偿权的，属于《民事诉讼法》第238条规定的"与原判决、裁定无关"的情形，人民法院应予依法受理。

重点提示

案外人执行异议是指案外人的合法权益受损时，其有权阻止执行标的物的强制执行，并在执行终结前对申请执行人向人民法院提起的旨在阻止对执行标的物的强制执行的诉讼。《民事诉讼法》第238条规定了"与原判决、裁定无关"的执行异议之诉人民法院应予受理，司法实践中，对于案外人的执行异议与原判决、裁定无关的理解，应当注意以下三点：（1）案外人提出执行异议之诉应当具备的条件。根据上述关于案外人执行异议之诉的规定，由此可知案外人提出执行异议之诉应当具备以下四个条件：①能够提出异议的是当事人、利害关系人以外的案外人。②案外人在执行异议中应当对执行标的主张自己享有全部所有权或部分所有权利。③案外人一般应向执行法院提出异议。④案外人对执行标的提出异议，负有举证责任。案外人对执行标的主张权利的，应当采取书面形式向人民法院加以阐明事实的证据。（2）案外人主张其权益在案涉标的的执行上优于对方当事人系案外人的执行异议与原判决、裁定无关的情形。《民事诉讼法》第238条中规定的案外人执行异议与原判决、裁定无关，是指在执行阶段，案外人向人民法院提起书面异议，主张其对执行依据所确定的执行标的享有实体权利。但在该异议中，案外人并不认为原判决、裁定错误。案外人主张排除涉案标的执行不等于完全否定对方当事人的优先权益本身，实际上是案外人在不否认对方当事人权利的同时，对其权利与对方当事人的权利进行执行顺位排序，主张其民事权益应当排在第一顺位执行。同时，案外人并未主张生效裁判错误，其主张只会影响生效裁判的具体执行。（3）案外人执行异议之诉当事人、案外人对裁定不服后，采取审判监督程序或执行异议之诉的区分。实务中，若原生效的判决、裁定与特定标的执行与否之间不存在冲突，即不会影响原判决、裁定的既判力。那么当事人、案外人就应当采取执行异议之诉维护其合法权益；如果案外人主张其对原判决、裁定涉及的特定执行标的享有实体上的权益的，则案外人、当事人应当采取对原判决、裁定启动审判监督程序的救济途径，而不是按照执行异议之诉程序处理。

2. 被执行人不履行或不完全履行和解协议时能否恢复执行原判决

【案例】江苏××建设集团有限公司与无锡××××房地产开发有限公司执行监督案

案例来源

发布单位：最高人民法院 2020 年 1 月 14 日发布的指导案例 126 号
审判法院：最高人民法院
判决日期：2018 年 12 月 29 日
案　　号：（2018）最高法执监 34 号

基本案情

2015 年 3 月，江苏省无锡市中级人民法院（以下简称无锡中院）就江苏××建设集团有限公司（以下简称建设公司）与无锡××××房地产开发有限公司（以下简称房地产公司）建设工程施工合同纠纷一案，作出一审判决要求房地产公司向建设公司支付工程款 14 454 411.83 元以及相应的违约金。房地产公司不服，提起上诉，二审法院维持原判。后房地产公司未履行义务，建设公司向无锡中院申请强制执行。

在执行过程中，双方签订执行和解协议，约定：房地产公司将其 3 套房产抵本案全部债权，在规定时间将上述房产过户给建设公司或该公司指定人员，并将 3 套商铺的出租人变更为建设公司或该公司指定人员。和解协议签订后，在和解协议约定的最后一日，房地产公司分别与建设公司签订 2 份商品房买卖合同，与李×奇签订 1 份商品房买卖合同，并签订购房手续。2015 年 12 月，建设公司向房地产公司出具两份转账证明，载明：本公司购买房地产公司 3 套商铺，购房款冲抵工程欠款。2016 年 1 月，房地产公司的 39 套房产中的 30 套房产被解除查封。上述 3 套商铺的租赁方为江苏银行股份有限公司 ×× 分行（以下简称江苏银行）。同月，房地产公司、建设公司、李 × 奇三方签订了一份补充协议，明确建设公司与李 × 奇可直接向江苏银行主张租金。次月，房地产公司就上述 3 套商铺向建设公司、李 × 奇开具 3 张销售不动产发票，但建设公司以房地产公司违约为由拒收，房地产公司遂请求无锡中院转交。该院于 2016 年 4 月将发票转交给建设公司，建设公司接收。2016 年 11 月，建设公司、李 × 奇办理了 3 套商铺的所有权登记手续，李 × 奇又将其名下的商铺转让给案外人罗 × 明、陈 ×。经查，登记在建设公司名下的两套商铺于 2016 年 12 月 2 日被甘肃省兰州市七里河区无锡中院查封，并被该院其他案件轮候查封。

建设公司先后两次向无锡中院提交书面申请，以房地产公司违反和解协议，未办妥房产证及租赁合同变更事宜为由，请求恢复本案执行，继续清偿生效判决确定的债权数额。

2016 年 4 月，无锡中院将房地产公司剩余未解封的 9 套房产继续在淘宝网上进行拍卖。

房地产公司向无锡中院提出异议，请求撤销对房地产公司财产的拍卖，按照双方和解协议确认本执行案件执行完毕。

无锡中院作出执行异议裁定后，房地产公司不服，向江苏省高级人民法院（以下简称江苏高院）申请复议。

江苏高院作出执行复议裁定后，建设公司不服，向最高人民法院提出申诉。

判决主文

执行异议裁定：驳回被执行人房地产公司的异议申请。

执行复议裁定：撤销无锡中院执行异议裁定；撤销无锡中院作出的对剩余 9 套房产继续拍卖且按合同及发票确定金额扣减执行标的的通知；撤销无锡中院对被执行人房地产公司所有的 9 套房产的拍卖。

执行监督裁定：驳回申请执行人建设公司的申诉。

裁判要旨

被执行人在规定期限内未履行和解协议，申请执行人能否要求恢复执行原判决还应进行多方面的具体判断。其中，被执行人与申请执行人达成和解协议，并已达到履行阶段时，若申请执行人因被执行人的迟延履行已经申请恢复执行，又继续接受被执行人的后续履行且和解协议全部履行完毕的，此时人民法院应当根据《民事诉讼法》及相关司法解释中规定的和解协议已经全部履行完毕不再恢复执行原生效判决情形，拒绝申请执行人的请求。

重点提示

实务中，对于被执行人在约定期限内未履行和解协议时，申请执行人能否申请恢复原判决的执行的问题始终存在诸多争议。在司法实践中，解决相关问题的过程中，应当注意以下三点：（1）申请执行人有权申请恢复执行原生效判决的前提条件。《最高人民法院关于适用〈中华人民共和国民事诉讼法〉的解释》第465条规定："一方当事人不履行或者不完全履行在执行中双方自愿达成的和解协议，对方当事人申请执行原生效法律文书的，人民法院应当恢复执行，但和解协议已履行的部分应当扣除。"由此可知：首先，和解协议是在执行程序中双方相互妥协达成的协议，该协议有着阻却强制执行的效果，因此，当事人达成执行和解时，就不再采取强制执行。其次，被执行人在规定期间不履行或者不完全履行和解协议并使申请执行人权利落空的，此时申请执行人有权向人民法院申请恢复执行原生效判决，以此维护其合法权益。因此，被执行人不履行或者不完全履行和解协议系申请执行人恢复原判决执行的前提条件。（2）对于不履行、不完全履行以及迟延履行的理解。根据上述关于申请执行人恢复执行的法律规定可知，申请执行人能否申请恢复执行与被执行人不履行、不完全履行以及迟延履行的理解认定密切相关。因此对于上述三种履行行为的认定十分重要。一是不履行。主要是指被执行人未完成双方约定的履行义务，既包括被执行人主观不履行，也包括其在客观上因其他原因而不能履行。二是不完全履行。主要是指被执行人有履行和解协议的行为，但履行不符合双方协议的约定。三是迟延履行。主要是指被执行人能够履行，但在履行期限届满时却未履行的状态。而实务中，经常将迟延履行归类为不履行的状态。（3）申请执行人申请恢复执行原生效判决，是否恢复仍需要多方面的考量。《最高人民法院关于适用〈中华人民共和国民事诉讼法〉的解释》第465条规定："和解协议已经履行完毕的，人民法院不予恢复执行。"同时，《最高人民法院关于执行和解若干问题的规定》第15条规定："执行和解协议履行完毕，申请执行人因被执行人迟延履行、瑕疵履行遭受损害的，可以向执行法院另行提起诉讼。"由此可知，被执行人在规定期限内未履行和解协议且在和解协议约定义务履行完毕前申请执行人申请恢复执行的，并非一定应当恢复执行，应当从多方面因素进行判断。首先，被执行人在履行和解协议期间申请执行人申请恢复执行的，一般仍可恢复执行；被执行人迟延履行系其未按协议履行义务的表现，此时申请执行人申请恢复执行的，也可恢复执行，但人民法院对于申请执行人既对被执行人的履行行为予以接受和积极配合，又申请继续履行原执行判决的行为不予认可，申请执行人的接受和积极配合行为表现其对被执行人继续履行和解协议的认同。其次，应当考虑迟延履行的行为是否会造成申请执行人的合法权益受损，若迟延履行行为造成申请执行人权益的重大损害，甚至使和解合同目的落空，则可以不再履行和解协议而恢复执行原执行判决。最后，和解协议是否履行完毕也是能否恢复执行的重要因素，根据上文法律规定可知，一方当事人不履行或者不完全履行和解协议、对方当事人申请恢复执行与和解协议并未履行完毕，以上三点是人民法院认定能否恢复执行的判断标准，故申请执行人申请恢复执行时系和解协议是否履行完毕的判断时间点。因此，实务中应当首先判断在申请执行人第一次申请恢复执行和解协议时和解协议是否执行完毕，再根据被执行人的实际履行情况以及申请执行人的接受配合情况进行综合考虑，最终得出是否应当恢复执行的结论。

3. 执行法院能否对以债务承担方式加入债权债务关系的第三人强制执行

【案例】××三局第一建设工程有限责任公司申请执行××财富（合肥）投资置业有限公司、安徽××置业有限公司建设工程施工合同纠纷复议案

案例来源

发布单位：最高人民法院2020年1月14日发布的指导案例117号
审判法院：最高人民法院
判决日期：2017年12月28日
案　　号：（2017）最高法执复68号

基本案情

2015年6月，经安徽省高级人民法院（以下简称省高院）主持调解，××三局第一建设工程有限责任公司（以下简称建设公司）与××财富（合肥）投资置业有限公司（以下简称投资公司）建设工程施工合同纠纷一案调解结案。省高院作出民事调解书，确认各方权利义务。其中，调解协议中约定本协议签订后为偿还投资公司欠付建设公司的工程款，向建设公司交付付款人为安徽××置业有限公司（以下简称置业公司）、收款人为建设公司（或收款人为投资公司并背书给建设公司），金额总计为人民币6000万元的商业承兑汇票。同日，省高院组织的建设公司、投资公司、置业公司调解的笔录载明，置业公司明确表示自己作为债务承担者加入调解协议，并表示知晓相关的义务及后果。

另查明，2015年7月，置业公司先后两次向建设公司交付了金额总计为6000万元的商业承兑汇票。

又查明，置业公司交付的汇票因公司相关账户余额不足、被冻结而无法兑现。建设公司未实际收到6000万元工程款。

建设公司以投资公司、置业公司未履行调解书确定的义务为由，向省高院申请强制执行。

省高院立案执行后作出执行裁定，将本案指定安徽省合肥高新技术产业开发区人民法院（以下简称合肥开发区法院）。

执行过程中，合肥开发区法院冻结了置业公司的银行账户。

置业公司不服，向省高院提出异议称：本公司不是本案被执行人，其已经出具了商业承兑汇票；即便本公司应对商业承兑汇票承担代付款责任，也应先执行债务人投资公司，而不能直接冻结本公司的账户。

执行异议裁定作出后，建设公司不服，向最高人民法院申请复议。

判决主文

执行异议裁定：变更省高院执行案件被执行人为投资公司；变更合肥开发区法院执行裁定被执行人为投资公司。

执行复议裁定：撤销执行异议裁定。执行复议裁定为终审裁定。

裁判要旨

在民事诉讼调解过程中，第三人自愿以债务承担的方式加入债权债务关系，人民法院在确认其意思表示真实自由的情况下，应尊重其处分权。同时，人民法院可根据民事调解书和调解笔录，在第三人债务承担的范围内对其进行强制执行。

重点提示

在司法实践中，认定执行法院能否在第三人以债务承担方式加入债权债务关系时对其强制执行的问题时，应当注意以下两点：（1）债务承担的认定。债务承担是指债权人、债务人与第三人三方在不改变合同的前提下，通过订立转让债务的协议，将债务全部或者部分转移给第三人承担的法律现象。一般来说，债务承担按照原债务人在新债务人承担债务后是否免责主要分为两种：一是免责的债务承担，指债务人在经债权人同意后，将其全部或部分债务转移给第三人，即改变了债务人，原债务人不再对所移转的债务承担责任，第三人成为新债务人。二是并存的债务承担，指债务人在第三人加入债的承担后，并不退出而是与第三人共同承担债务，即原债务人并未改变，只是在此基础上新增加新债务人与原债务人一起承担债务。故并不会对债权人利益造成影响，在增加新债务人时仅需通知债权人，而无须债权人的同意。（2）第三人以债务承担方式加入债权债务关系时执行法院能够对其强制执行。执行法院可在第三人以债务承担方式加入债权债务关系时对其强制执行，原因在于：①第三人自愿以债务承担方式加入债权债务关系，尊重其处分权。在民事诉讼的调解过程中，第三人以债务承担方式加入债权债务关系的，人民法院应当根据民事调解书和调解笔录的内容，确认第三人是自愿加入债权债务关系，其意思表示真实自由。第三人自愿进入执行程序承担相应义务的，属于其行使处分权的行为，在确认其意思表示真实自由系自愿加入债权债务关系的前提下，其意思表示不损害国家利益、社会公共利益和他人合法权益，人民法院对其处分行为应予认可。②执行法院的执行范围仅在该第三人债务承担范围内。鉴于债务承担是债的移转的一种，是指有第三方介入债权债务关系，基于债权人、债务人与第三人之间达成的协议，为原债务人承担一部分或全部债务的法律行为。第三人行使处分权的范围，亦构成人民法院对其发动强制执行权的限制。因此，第三人以债务承担方式加入债权债务关系的,承担债务的范围应当限于其承诺履行的部分,执行法院可以强制执行,但其执行受范围限制,即人民法院只能在该第三人债务承担范围内对其强制执行。

4. 被执行人财产执行不便时能否执行一般保证人财产

【案例】上海××工程建设发展有限公司申请执行青海××置业有限公司建设工程施工合同纠纷复议案

案例来源

发布单位:最高人民法院《人民司法·案例》2018年第29期(总第832期)
审判法院:最高人民法院
判决日期:2017年12月21日
案　　号:(2017)最高法执复38号

基本案情

上海××工程建设发展有限公司(以下简称建设公司)诉青海××××酒店管理有限公司,后更名为青海××置业有限公司(以下简称置业公司)建设工程施工合同纠纷案期间,人民法院依据建设公司申请,依法冻结置业公司尾号27××的账户1500万元(账户余额15余万元)、尾号48××的账户1500万元(账户余额8万余元),依法查封置业公司3万多平方米的土地使用权。后置业公司申请解冻尾号27××账户用以办理贷款,且宋×玲提供了担保,人民法院冻结了宋×玲1500万元的银行存款后解冻了置业公司尾号27××账户;2014年5月,青海××融资担保有限公司(以下简称担保公司)出具担保书,自愿在置业公司无力承担案件生效判决确定的责任时承担担保责任,担保限额为1500万元,人民法院据此解冻宋×玲1500万元的担保存款。施工合同纠纷案判决生效后,置业公司未依法履行给付义务,建设公司申请强制执行。经核查,置业公司可供执行的财产仅为已查封的土地使用权及地上在建的"××城市广场项目"工程,且均抵押给了担保公司。因置业公司无其他财产可供执行,人民法院扣划了担保公司820万元银行存款。

另查明,置业公司尾号27××账户解封后,进出款额达8900万余元;"××城市广场项目"经评估公司估价为4.83亿元。

担保公司以法院在置业公司仍有土地使用权和在建工程可供执行的情况下，直接扣划了担保公司820万元银行存款，执行行为违法为由，申请执行异议。

执行异议裁定后，担保公司不服，申请执行复议称：被申请执行人尚有价值近7亿元的"××城市广场项目"土地使用权及在建工程可供清偿债务，并非无财产可供执行或财产不足以清偿债务，法院认定"可视为无财产可供执行"属于扩大解释，复议申请人担保公司担保责任的承担条件不成就。

判决主文

执行异议裁定：驳回利害关系人担保公司执行异议。

执行复议裁定：驳回复议申请人担保公司复议申请，维持原裁定。

裁判要旨

在案件审理期间保证人为被执行人提供保证，承诺在被执行人无财产可供执行或者财产不足清偿债务时承担保证责任的，执行法院对保证人应当适用一般保证的执行规则。在被执行人虽有财产但严重不方便执行时，可以执行保证人在保证责任范围内的财产。

重点提示

在执行案件的司法实践中，常有被执行人名下有财产但执行不便的情况出现，在此种情况下，执行法院能否执行一般保证人财产的问题就成了争议的焦点，在解决此类问题时应当注意以下两点：（1）人民法院可裁定执行保证人财产的认定。根据《最高人民法院关于人民法院执行工作若干问题的规定（试行）》第54条"人民法院在审理案件期间，保证人为被执行人提供保证，人民法院据此未对被执行人的财产采取保全措施或解除保全措施的，案件审结后如果被执行人无财产可供执行或其财产不足清偿债务时，即使生效法律文书中未确定保证人承担责任，人民法院有权裁定执行保证人在保证责任范围内的财产"的规定可知，人民法院裁定执行保证人财产的应当满足以下两个条件：①案件审理期间，人民法院基于保证人提供的保证，未采取或解除对被执行人的财产保全措施。财产保全是一种限制被执行人恶意处置其财产，在一定程度上强迫被执行人，并用以解决判决难以执行问题的一种重要的诉讼策略。未采取或解除财产会直接影响执行申请人的合法权益。因此，作为一种保障，保证人应当提供担保，并在其担保范围内，对生效判决中被执行人应履行的金钱给付义务承担担保责任，使人民法院的执行工作能够正常进行。②被执行人经人民法院强制执行时，无财产可供执行或其财产不足清偿债务。即人民法院执行时发现，被执行人无财产或拥有的财产不能够清偿债务的，此时债权人就可以申请执行保证人的财产，并由人民法院裁定执行保证人在保证责任范围内的财产。（2）被执行人的财产执行不便时可以执行一般保证人财产。在一般保证中，并非只有《最高人民法院关于人民法院执行工作若干问题的规定（试行）》第54条规定在被执行人无财产可供执行或其财产不足清偿债务的情形下，才可以要求一般保证人承担责任。当被执行人可供执行的财产执行不便且执行成本较高时，即使被执行人有财产，此时人民法院也可要求一般保证人承担保证责任，并执行一般保证人的财产。一般来说，方便执行的财产主要包括债务人的存款、现金以及有价证券等。

5. 执行异议之诉中能否对实际施工人进行认定

【案例】李×国诉孟×生、长春圣×建筑工程有限公司等案外人执行异议之诉案

案例来源

发布单位：《最高人民法院公报》2017年第2期（总第244期）

审判法院：最高人民法院

判决日期：2016年7月28日

案　　号：（2016）最高法民再149号

基本案情

2012年1月，孟×生、甘×因与长春圣×建筑工程有限公司（以下简称圣×公司）的前身长春市东×建筑工程有限公司（以下简称东×公司）、长春市腾×房地产开发有限公司（以下简称腾×公司）、长春市东×建筑工程有限公司东×分公司（以下简称东×分公司）发生买卖合同纠纷，起诉至吉林省长春市中级人民法院（以下简称长春中院）。长春中院经审理后判决：东×公司给付孟×生7 319 306.20元并支付违约金；腾×公司承担保证

责任，承担保证责任后有权向债务人进行追偿；驳回孟×生的其他诉讼请求。而后，长春中院作出民事裁定，冻结东×分公司在九台农商行×××支行账户内的存款850万元（系××军区空军军官住房发展中心给付东×分公司的工程款），实际冻结5 850 435.10元。之后，长春中院针对李×宾、李×国以其所有的两套房屋提供置换担保的申请，作出解除对东×分公司账户存款5 850 435.10元中80万元的冻结裁定。

2013年6月，孟×生向长春中院申请执行。在执行过程中，李×国认为法院查封的5 850 435.10元的款项系其承包东×分公司并承建××军区工程所得的个人收益，遂提出执行异议，请求法院解除对该款项的冻结。对此，长春中院作出驳回李×国异议申请的裁定。

另查明，东×公司成立于1993年7月，为有限责任公司，经营范围为承揽国内外建筑工程。2006年3月，东×公司向主管机关申请设立分支机构东×分公司。东×分公司的营业执照载明其经营范围为在所隶属的公司经营范围内经营，即从事工程承包经营，其民事责任由所属的公司承担。2011年3月，东×公司与××军区空军军官住房发展中心长春办事处签订《××军区空军建筑安装工程承包合同书》，承建二期工程，合同价款为83 561 772元。2013年5月，东×分公司的负责人变更为李×国。另外，东×分公司成立后，曾与东×公司签订《内部承包合同》，约定承包范围为《资质证书》中规定的工业与民用建筑承包范围，东×分公司向东×公司每年缴纳3万元的业务费用与10万元工程费用。

李×国遂以其系东×公司的承包人，冻结的款项系其个人收益为由，提起诉讼，请求停止对东×分公司5 850 435.10元银行存款的执行，并解除对该款项的冻结。

孟×生辩称：李×国并非东×分公司的承包人，故请求驳回李×国的诉讼请求，继续执行东×分公司账户的存款。

东×公司辩称：东×分公司系本公司的分支机构，分支机构的财产是总公司财产的组成部分。而李×国系东×分公司的负责人，虽双方之间签署过内部承包合同，但双方并非《最高人民法院关于人民法院执行工作若干问题的规定（试行）》第78条规定的承包关系。

腾×公司辩称：本公司非本案适格被告。因东×公司账户被查封、执行均系孟×生申请所致，而是否应解除查封、停止执行与本公司无任何关系。

本公司亦未反对任何人对此财产主张权利，故应以东×公司为被告，而非将本公司作为被告。

一审判决后，孟×生与圣×公司均不服，提起上诉。

孟×生上诉称：李×国提供的证据不能够证明其所主张的诉讼请求；一审法院要求作为总公司的圣×公司承担举证责任，属分配举证责任错误，认定事实明显错误且无依据；一审法院错误的认定及法律适用，违背了《公司法》的基本原理与最高人民法院司法解释的立法本意。因此，请求撤销原判，驳回李×国的诉讼请求。

圣×公司上诉称：首先，一审判决认定事实不清。东×分公司与本公司签订承包合同系公司内部管理的一种模式，并未改变总公司与分公司之间的关系，且李×国并非实际承包人。其次，一审判决适用法律错误。案涉财产是本公司的资产，并非李×国的"投入及收益"。因此，请求撤销原判，驳回李×国的诉讼请求。

李×国辩称：一审判决认定事实清楚，适用法律正确，程序合法，请求维持原判。

二审判决后，孟×生与圣×公司均不服，申请再审。

孟×生申请再审称：原判决缺乏证据证明李×国是东×分公司的独立承包人；原判决对《最高人民法院关于人民法院执行工作若干问题的规定（试行）》第78条的理解与适用错误，属适用法律错误。因此，根据《民事诉讼法》第200条第2项、第6项之规定申请再审，请求撤销原判决，依法改判驳回李×国的诉讼请求。

圣×公司申请再审称：首先，原判决认定事实错误。案涉款项是建设单位拨付给本公司的工程款，××军区工程未开发票税款7 867 894元是不可争辩的事实，故原判决将案涉款项认定为个人所得是错误的。其次，原判决适用法律确有错误。内部承包合同是本公司的内部管理要求和管理机制，对外承担民事责任的只能是作为总公司的本公司。在东×分公司引发的诉讼或者仲裁中，均判令或者裁决本公司承担了东×分公司应承担的责任。因此，根据《民事诉讼法》第200条第2项、第6项之规定申请再审，请求撤销原判决并依法改判驳回李×国的诉讼请求。

李×国辩称：原判决对执行异议听证证据的认定并无不当，一、二审法院举证责任分担正确，未违反法律规定；原判决认定本人为东×分公司实际承包人，案涉款项为本人作为实际施工人的所得收益，认定事实清楚，适用法律正确。因此，申请再审人孟×生与圣×公司的再审申请缺乏事实与法律支持，应予驳回。

判决主文

一审法院判决：在执行案件中不得对东×分公司在九台农商行××××支行账户内的存款5 050 435.10元执行。

二审法院判决：驳回上诉，维持原判。

再审法院判决：撤销二审法院民事判决、一审法院民事判决；驳回再审被申请人李×国的诉讼请求。

裁判要旨

案外人执行异议之诉是对案外人受到侵害的实体权利进行救济的一种方式，其审查范围有限，不得随意扩大；而实际施工人的认定则是对建设施工合同纠纷中对无法通过合同关系主张工程价款的施工人的保护，属于建设工程施工合同纠纷的审查范围，人民法院不应在执行异议之诉中对其进行认定，已经作出认定的，应当予以纠正。

重点提示

案外人执行异议之诉，是法院在执行过程中赋予案外人认为执行行为侵害其合法权益时采取的一种救济措施，目的是保障案外人的合法权益，维护执行行为的合法性。司法实践中，判断执行异议之诉中能否认定实际施工人的问题时，应当注意以下两点：（1）执行异议之诉的救济范围。执行异议之诉的救济范围是案外人因为对执行标的物主张具有排除或者阻止强制执行力的实体权利而引发的救济，案外人对执行标的物提出的异议是一种实体权利义务争议。根据法律规定，提起案外人执行异议之诉的主体须是对执行标的主张实体权利，且对执行标的物享有足以有效阻止强制执行的权利人，在执行程序终结前，向执行法院对申请执行人提起的为阻止对执行标的物的强制执行的诉讼。我国设立执行异议之诉的目的在于保障案外人的实体权利，完善司法救济制度，同时还可以保障各方主体的合法利益。正是基于此立法目的，决定了执行异议之诉中的审查内容应当是限定的，不得无限扩大审查范围，否则有悖于执行异议之诉的诉讼任务。(2) 执行异议之诉中不宜对实际施工人的身份作出认定。实际施工人,《最高人民法院关于审理建设工程施工合同纠纷案件适用法律问题的解释》中规定,其设立是为了对在建设工程施工合同纠纷中无法以合同关系主张工程款的人进行保护,只有在涉及建设工程施工合同纠纷型案件时,才适用对实际施工人的身份进行认定。因此,在案外人执行异议之诉中,人民法院无权在该异议之诉中确定实际施工人的身份,若人民法院超出了案件的审理范围,对实际施工人的身份进行了认定,则应当予以纠正。

6. 仲裁裁决的执行管辖法院的确定

【案例】中煤第×××工程有限公司申请执行大庆××建工集团有限公司、大庆××建工集团有限公司曲阜分公司建设工程施工合同纠纷申诉案

案例来源

发布单位:《最高人民法院公报》2016 年第 9 期(总第 239 期)
审判法院:最高人民法院
判决日期:2015 年 9 月 16 日
案　　号:(2015)执中字第 42 号

基本案情

2002 年 9 月,大庆××建工集团有限公司(以下简称建工集团)在曲阜市注册成立分支机构大庆××建工集团有限公司曲阜分公司(以下简称曲阜分公司)。2009 年,因未年检曲阜分公司被吊销营业执照。2011 年,曲阜分公司与中煤第×××工程有限公司(以下简称中煤公司)因发生建设工程施工合同纠纷申请仲裁,仲裁委员会裁决曲阜分公司向中煤公司支付工程款、利息、维修金及罚款。但因曲阜分公司未履行仲裁裁决,2012 年 5 月,中煤公司向青岛市中级人民法院(以下简称青岛中院)申请强制执行,青岛中院立案执行并于 2012 年 7 月 20 日向曲阜分公司发出履行通知。8 日后,曲阜分公司提出执行管辖异议后申请撤回书面管辖异议,青岛中院立案审查后因曲阜分公司未与中煤公司达成协议而坚持前述提出的管辖权异议。同年 10 月,曲阜分公司向青岛中院申请不予执行仲裁裁决。3 日后,中煤公司向青岛中院申请追加建工集团为被执行人。次月,青岛中院作出终结本次执行程序的裁定。

2013年4月,青岛中院作出驳回曲阜分公司不予执行仲裁裁决申请的裁定。次月,建工集团向青岛中院提出管辖异议。同年11月,青岛中院分别作出驳回建工集团与曲阜分公司对本案执行管辖异议,以及追加建工集团为被执行人的裁定。建工集团不服该裁定,向青岛中院提出执行异议。

执行异议裁定作出后,建工集团、曲阜分公司均不服,申请复议称:青岛中院不具有执行管辖权,其作出裁定终结执行程序错误,请求撤销青岛中院作出的执行裁定。

执行复议裁定作出后,建工集团、曲阜分公司均不服,提起申诉称:根据相关法律规定,仲裁裁决应由被执行人住所地或被执行财产所在地的法院管辖,青岛中院无权管辖;我国法律未规定当事人可以协议选择仲裁案件执行的管辖法院,当事人双方均无以其意思表示决定管辖法院的权利。综上,请求撤销复议裁定,指定有管辖权的法院执行。

中煤公司辩称:曲阜分公司声称与济宁市中级人民法院、大庆市中级人民法院均存在特殊关系,由上述法院执行,难以实现债权;中级人民法院立案执行后,建工集团、曲阜分公司不断提出管辖异议,申请不予执行仲裁裁决的行为,是拖延逃避履行生效仲裁裁决的行为。

判决主文

执行裁定:驳回被执行人建工集团执行异议的裁定。

执行复议裁定:驳回被执行人建工集团及被执行人曲阜分公司的复议申请。

最高人民法院裁定:撤销执行复议裁定;撤销终结本次执行程序、驳回申诉人建工集团与申诉人曲阜分公司对本案执行管辖异议、追加申诉人建工集团为被执行人、驳回申诉人建工集团执行异议的裁定;被申诉人中煤公司依法向有管辖权的人民法院申请执行。

裁判要旨

民事诉讼属于公法性质的法律规范,法律没有赋予权利即属禁止。虽然民事诉讼法没有明文禁止当事人协商执行管辖法院,但对当事人就执行案件管辖权的选择限定于被执行人住所地和被执行的财产所在地之间,当事人只能依法选择向其中一个有管辖权的法院提出执行申请。民事诉讼有关应诉管辖的规定适用于诉讼程序，不适用于执行程序。因此，当事人通过协议方式选择，或通过不提管辖异议、放弃管辖异议等默认方式自行确定向无管辖权的法院申请执行的，法院不予支持。

重点提示

执行管辖，是指根据法律规定，在人民法院系统内部，划分各级人民法院和同级人民法院之间强制执行案件的分工和权限。司法实践中，对于仲裁裁决的执行管辖法院的确定问题，应当注意以下两点：（1）被执行人住所地或者被执行的财产所在地人民法院系仲裁裁决的执行管辖法院。《民事诉讼法》第235条第2款规定："法律规定由人民法院执行的其他法律文书，由被执行人住所地或者被执行的财产所在地人民法院执行。"由此可知，仲裁裁决的执行，应当由被执行人住所地或者被执行的财产所在地的人民法院管辖。即当事人仅可以在被执行人住所地或者被执行的财产所在地的人民法院之间进行抉择并向其提出执行申请。（2）仲裁案件执行管辖权不因当事人选择或放弃而使其他法院具有管辖权。对于其他法院是否具有执行管辖权的问题。首先，我国法律虽未明文规定禁止由其他法院行使执行管辖权，但民事诉讼法中对于执行案件管辖权法院的选择就仅限于以上两个法院，且民事诉讼法属于公法，强调的是法定原则，故未规定的即是禁止。其次，应诉管辖是指不具有管辖权的人民法院，因当事人在第一审普通程序中放弃管辖权异议或超过管辖权异议期限而应诉，该人民法院视为具有管辖权。因上述规定仅限于在民事诉讼第一审普通程序中适用，排除了其他除第一审普通程序以外的其他诉讼程序和执行程序。综上，当事人协议选择或通过不提管辖异议、放弃管辖异议等默认方式自行选择或确定执行法院的，均不符合法律的规定。

7. 履行生效裁判时产生的实体争议的解决

【案例】 太仓市×××音响设备厂、金×奇诉江苏××建设工程有限公司建设工程施工合同纠纷案

案例来源

发布单位：最高人民法院《人民司法·案例》2015年第4期（总第711期）
审判法院：江苏省苏州市中级人民法院

判决日期：2014 年 5 月 29 日

案　　号：（2014）苏中民终字第 1352 号

基本案情

2010 年 5 月，江苏 ×× 建设工程有限公司（以下简称建设公司）与太仓市 ××× 音响设备厂（以下简称设备厂）、金 × 奇因工程款支付问题发生纠纷，诉至法院，要求设备厂、金 × 奇支付工程款及利息 2 575 037.41 元。次月，双方自愿达成调解协议，经法院制作的民事调解书载明：设备厂、金 × 奇分五次支付建设公司工程款 168.2 万元。此后，设备厂先后分三次以转账或现金方式向建设公司支付工程款合计 100 万元，建设公司向设备厂分别出具收据，三份收据均明确标注了支付方式。

次年 10 月，建设公司以设备厂、金 × 奇仅支付工程款 100 万元，尚欠 68.2 万元为由，申请执行。在执行过程中，双方就设备厂、金 × 奇是否第四次支付了工程款 40 万元存在争议。对此，建设公司主张其虽于 4 月向设备厂出具收据载明收款金额为 40 万元，但设备厂并未按约定的转账方式支付相应款项。嗣后，人民法院认定设备厂、金 × 奇已支付 40 万元款项的理由不成立。

设备厂、金 × 奇遂以其已经支付 40 万元为由，提起诉讼，请求确认其已给付建设公司 40 万元的法律事实，建设公司赔偿由此对其造成的经济损失 2 万元。

建设公司辩称：设备厂、金 × 奇并未按约定的转账方式向其支付相应款项。

一审判决后，设备厂、金 × 奇均不服，提起上诉称：本方与建设公司结算工程款的方式是当面付款并开具收据，收据已开证明相应款项已付，故请求改判确认 40 万元已付。

建设公司辩称：先开收据后付款是双方的交易惯例，设备厂、金 × 奇无法证明 40 万元工程款已付。故一审法院判决正确，应予维持。

判决主文

一审法院判决：驳回原告设备厂、原告金 × 奇的诉讼请求。

二审法院裁定：撤销一审判决；驳回上诉人设备厂、上诉人金 × 奇的起诉。

裁判要旨

对于已经进入执行阶段的建设工程施工合同纠纷类案件，在执行过程中因工程款的给付问题而产生的争议属于实体争议，对双方的实体权利均存在影响，且争议主体、诉讼标的均与法院的执行行为息息相关，属于法院执行裁决权的范畴，基于诉权的法律基础及适用限制，对该实体争议应通过执行异议程序解决，而非另行提起民事诉讼。

重点提示

对于司法裁判已经生效，且进入执行阶段的建设工程施工合同纠纷案件来说，在执行过程中仍有可能产生争议，在司法实践中，对于在履行生效裁判的过程中又因工程价款的给付问题产生争议的，应当通过执行异议程序解决还是另行提起民事诉讼就成了争议的焦点。针对上述问题，在解决过程中应当注意以下两点：（1）执行异议程序的提起条件。根据《民事诉讼法》第236条和第238条规定的对于执行行为以及对执行标的救济的两种执行异议程序可知，在执行过程中，如果当事人、利害关系人认为，对于执行的标的，其具有全部或部分的请求权或执行可能造成其合法权益受损的，就可以向人民法院以书面的形式提出执行异议，以保护其合法权益，并纠正生效执行文书中存在的错误。具体来说，当事人、利害关系人提起执行异议应当满足以下五个条件：①异议的对象系违法的执行行为。违反法律规定的执行行为具体指以下几种：超标进行查封、扣押、冻结、拍卖、变卖、以物抵债、暂缓执行、中止执行、终结执行等执行措施的；在执行中，违反法律规定的执行的期间、顺序等法定程序的；其他侵害当事人、利害关系人权益的违法行为等。②提出异议的主体为案件的当事人与利害关系人。该利害关系人包括认为执行行为违法，妨碍其债权受偿的；认为执行中的拍卖行为违法，造成竞价不公或影响其有限购买权的；其他认为其合法权益受到违法执行行为侵害的当事人与利害关系人。③执行异议需向具有管辖权的，负责执行的人民法院提出。④当事人与利害关系应当以书面形式提出执行异议，即不可口头提出。⑤当事人与利害关系应当在执行程序终结之前提出执行异议，但对终结执行提出异议的除外。（2）履行生效裁判时产生实体争议应通过执行异议程序解决。双方当事人就合同事项产生纠纷并经协商自愿调解，经人民法院制作送达民事调解书。该民事调解书明确了当事人的权利义务，是对争议事项的终局性裁定，与民事判决书具有同等的执行力，即当出现债务人不履行调解书中规定的给付义务时，债权人可以向人民法院申请强制执行。在强制执行过程中，执行申请人与被执行人对民事调解书中确定的给付义务是否完全履行的争议属于实体争议，执行机关按照法定程序作出裁决结论，即履行了执行裁决权。在执行过程中，当事人或利害关系人对人民法院行使执行裁决存在异议，而对执行行为合法性的异议，应启动执行异议程序，而非另行提起民事诉讼。

8. 人民法院能否执行第三人为被执行人利益占有的财产

【案例】湖北省武汉市××建设集团有限公司申请执行湖北省武汉××隧道建设有限公司建设工程合同复议案

案例来源

发布单位：最高人民法院《人民司法·案例》2014年第14期（总第697期）
审判法院：湖北省高级人民法院
判决日期：2013年11月25日
案　　号：（2013）鄂执复字第00005号

基本案情

2005年9月，湖北省武汉××隧道建设有限公司（以下简称隧道公司）成立，依据武汉市人民政府（以下简称市政府）作出的批复文件，隧道公司投资建设了××隧道工程，系该工程的营运主体。湖北省武汉市××建设集团有限公司（以下简称市政公司）作为承建方，在××隧道工程建成后，将该工程移交给隧道公司，由隧道公司在隧道通车后，依相关规定收费。湖北省武汉市城市路桥收费管理中心（以下简称路桥中心）系通行费的征收管理机构，通行费主要用于支付城市道路桥梁隧道建设贷款的本息与维护管理费用及通行费征收管理费用等。

2011年，对于隧道公司拖欠市政公司工程款一案，仲裁机构作出仲裁裁决书，裁决隧道公司向市政公司支付工程款6500余万元。为追索该笔工程款，市政公司向法院提出强制执行申请，并提供了执行财产的线索：隧道公司收取的通行费包含在路桥中心管理的ETC收费中，故申请将上述费用中的隧道公通行费收入强制执行。受理法院裁定将路桥中心道路桥梁隧道通行费预存款专户内的2000万元存款冻结。

路桥中心以其系依据地方规章授权收取车辆通行费，所收费用全部上缴到财政，由市政府所有，该费用并非其财产或隧道公司的收入，法院冻结其存款账户内的存款系车主的个人财产，并非隧道公司收入，路桥中心非隧道公司所在单位且不属储蓄业务单位，无协助执行义务，且法院在未向其送达履行债务通知义务的情况下冻结其账户存款，违反法定程序为由，提起执行异议，请求解除对其道路桥梁隧道通行费预存款专户银行存款的冻结。

在异议审查过程中，法院多次通知路桥中心就隧道公司实际发生的通行费状况举证，但路桥中心未履行相关举证义务。

市政公司辩称：路桥中心受市政府授权征收管理通行费，并未否定隧道公司对该隧道的收益权；对于收取的车辆通行费，路桥中心应向隧道公司分配，属隧道公司的收入，而非路桥中心的财产。因此，法院将路桥中心通行费专户存款冻结的行为合法，请求法院驳回路桥中心的执行异议。

隧道公司辩称：路桥中心与市政公司的意见均有一定道理，其并非直接收取通行费，故无偿还执行款的能力。

执行法院裁定后，路桥中心不服，提出复议申请。

判决主文

执行法院裁定：驳回异议人路桥中心的异议。
复议法院裁定：驳回申请复议人路桥中心的复议申请。

裁判要旨

法院可以在执行异议审查程序中查清执行行为的事实依据，弥补执行行为事实依据不足的缺陷。对第三人为被执行人的利益占有的被执行人的财产，人民法院可以查封、扣押、冻结。

重点提示

在司法实践中，因执行法院执行了被执行人被第三人占有的财产，从而使第三人提起执行异议之诉的情况时有发生，对于人民法院能否执行第三人为被执行人的利益占有的被执行人的财产的问题，应当注意以下两点：（1）执行异议程序对执行行为具有校正功能。执行程序开始后，如果当事人、案外人（执行程序以外的人）认为所执行的标的自己有全部或部分的请求权，或认为执行可能影响自己的合法权益，可以向法院提出执行异议。执行异议程序设立的目的在于保护案外人的合法权益，同时也可以纠正已经生效的执行文书的错误，从而保障司法的公平性。执行法院在对异议进行审查的过程中，应当审查执行行为的事实及法律依据，对于事实和法律依据不充分的执行行为应当及时予以纠正，而通过异议审查，能够查明执行行为是有事实法律依据的，就应当依法维护，以实现执行异议程序的校正功能。（2）人民法院可以执行第三人占有的被执行人财产。对于第三人占有被执行的财产的执行问题，《最高人民法院关于人民法院民事执行中查封、扣押、冻结财产的规定》第2条第3款规定："对于第三人占有的动产或者登记在第三人名下的不动产、特定动产及其他财产权，第三人书面确认该财产属于被执行人的，人民法院可以查封、扣押、冻结。"但在执行第三人占有被执行人财产的过程中，应当注意不得侵犯第三人的合法权益，且需考虑以下三个因素：①审查占有财产的第三人与被执行人有无某种利害关系，且是否受其指示而占有。若第三人与占有人与被执行人存在某种利害关系，受被执行人指示而在形式上管领该财产，非有权占有，应认定被执行人仍为该财产的实际占有人。②审查占有方法或者手段是否具有合法性。若占有未经登记或者正在办理登记的被执行人不动产，即使被执行人称所有权归属第三人，执行法院仍可以被执行人怠于履行执行义务而执行该不动产，以排除第三人对该财产的占有。③审查占有的时间是否发生在法律文书生效之后。若占有行为发生在法律文书生效之后，存在被执行人恶意逃避执行义务之嫌，此时，即使符合有权占有的其他条件，也应认定为无权占有，法院仍可执行该财产。

附录　建设工程施工合同纠纷相关规定

一、法律类

1. 中华人民共和国民法典（2020年5月28日）
2. 中华人民共和国民事诉讼法（2023年9月1日）
3. 中华人民共和国噪声污染防治法（2021年12月24日）
4. 中华人民共和国安全生产法（2021年6月10日）
5. 中华人民共和国消防法（2021年4月29日）
6. 中华人民共和国城市房地产管理法（2019年8月26日）
7. 中华人民共和国建筑法（2019年4月23日）
8. 中华人民共和国城乡规划法（2019年4月23日）
9. 中华人民共和国政府采购法（2014年8月31日）
10. 中华人民共和国石油天然气管道保护法（2010年6月25日）
11. 中华人民共和国矿山安全法（2009年8月27日）
12. 中华人民共和国防震减灾法（2008年12月27日）

二、法规类

（一）行政法规

1. 建设工程抗震管理条例（2021年7月19日）
2. 城市房地产开发经营管理条例（2020年11月29日）
3. 城市供水条例（2020年3月27日）
4. 保障农民工工资支付条例（2019年12月30日）
5. 建设工程质量管理条例（2019年4月23日）
6. 政府投资条例（2019年4月14日）
7. 地震安全性评价管理条例（2019年3月2日）
8. 中华人民共和国招标投标法实施条例（2019年3月2日）
9. 历史文化名城名镇名村保护条例（2017年10月7日）
10. 建设工程勘察设计管理条例（2017年10月7日）

11. 气象灾害防御条例（2017年10月7日）

12. 城市市容和环境卫生管理条例（2017年3月1日）

13. 地质资料管理条例（2017年3月1日）

14. 对外承包工程管理条例（2017年3月1日）

15. 气象设施和气象探测环境保护条例（2016年2月6日）

16. 城镇燃气管理条例（2016年2月6日）

17. 城镇排水与污水处理条例（2013年10月2日）

18. 煤矿安全监察条例（2013年7月18日）

（二）地方性法规

1. 威海市城乡供水安全条例（2023年12月1日）

2. 陕西省防震减灾条例（2023年11月30日）

3. 甘肃省公路条例（2023年11月28日）

4. 沈阳市海绵城市建设管理条例（2023年11月27日）

5. 福建省水利工程管理条例（2023年11月23日）

6. 平顶山市居民住宅区消防安全管理条例（2023年10月23日）

7. 吉安市海绵城市建设管理条例（2023年10月17日）

8. 梅州市海绵城市建设管理条例（2023年10月17日）

9. 毕节市海绵城市建设管理条例（2023年10月13日）

10. 徐州市城市重点绿地保护条例（2023年10月11日）

11. 江门市人民代表大会常务委员会关于修改《江门市城市市容和环境卫生管理条例》的决定（2023年10月10日）

12. 南京市长江桥梁隧道条例（2023年10月10日）

13. 江门市城市市容和环境卫生管理条例（2023年10月10日）

14. 大连市城镇燃气管理条例（2023年10月9日）

15. 长春市海绵城市建设管理条例（2023年10月8日）

16. 广元市海绵城市建设管理条例（2023年10月7日）

17. 陕西省历史文化名城名镇名村保护条例（2023年9月27日）

18. 孝感市海绵城市建设管理条例（2023年9月27日）

19. 烟台市海绵城市建设管理条例（2023年9月27日）

20. 大同市海绵城市建设管理条例（2023年9月27日）

21. 广东省燃气管理条例（2023年9月27日）

22. 济南市城市轨道交通条例（2023年9月27日）

23. 江西省交通建设工程质量与安全生产监督管理条例（2023年9月27日）

24. 宁夏回族自治区燃气管理条例（2023年9月23日）

25. 合肥市地下综合管廊条例（2023年9月22日）

26. 上饶市农村居民住房建设管理条例（2023年8月25日）

27. 濮阳市中小学校幼儿园规划建设条例（2023年8月17日）

28. 银川市噪声污染防治条例（2023年8月8日）

29. 吉林市水土保持条例（2023年8月8日）

30. 鹰潭市海绵城市规划建设管理条例（2023年8月7日）

31. 朔州市住宅小区物业管理条例（2023年8月1日）

32. 甘肃省建设工程造价管理条例（2023年7月27日）

33. 甘肃省产品质量监督管理条例（2023年7月27日）

34. 江西省安全生产条例（2023年7月26日）

35. 汕头经济特区消防条例（2022年12月30日）

36. 汕尾市农村建房条例（2022年12月2日）

37. 内蒙古自治区城市房地产开发经营管理条例（2022年11月23日）

38. 安徽省自建房屋安全管理条例（2022年11月21日）

39. 黑龙江省建筑市场管理条例（2022年11月3日）

40. 深圳市建设工程质量管理条例（2021年12月7日）

41. 云南省建设工程招标投标管理条例（2021年9月29日）

三、司法解释及文件类

1. 陕西省高级人民法院、陕西省建设工程造价管理协会印发《关于建立建设工程造价纠纷多元化解工作机制的意见》的通知（2023年5月17日）

2. 最高人民法院关于商品房消费者权利保护问题的批复（2023年4月20日）

3. 最高人民法院关于为新时代东北全面振兴提供司法服务和保障的意见（2023年3月4日）

4. 重庆市高级人民法院、四川省高级人民法院关于审理建设工程施工合同纠纷案件若干问题的解答（2022年12月28日）

5. 最高人民法院关于发布第 36 批指导性案例的通知（2022 年 12 月 17 日）

6. 湖南省高级人民法院印发《湖南省高级人民法院关于审理建设工程施工合同纠纷案件若干问题的解答》的通知（2022 年 11 月 7 日）

7. 福建省高级人民法院建设工程价款纠纷鉴定竞标办法（试行）(2022 年 9 月 21 日）

8. 江苏省高级人民法院、江苏省工程造价管理协会关于印发《关于建立建设工程价款纠纷联动解纷机制的意见》的通知（2022 年 6 月 23 日）

9. 最高人民法院对十三届全国人大五次会议第 3784 号建议的答复（2022 年 6 月 22 日）

10. 最高人民法院关于适用《中华人民共和国民事诉讼法》的解释（2022 年 4 月 1 日）

11. 最高人民法院发布第二批涉执信访实质性化解典型案例（2021 年 12 月 21 日）

12. 最高检发布"检察为民办实事"——行政检察与民同行系列典型案例（第四批）(2021 年 12 月 16 日）

13. 最高人民法院关于发布第 30 批指导性案例的通知（2021 年 11 月 9 日）

14. 最高人民检察院印发 4 件民事检察跟进监督典型案例（2021 年 10 月 29 日）

15. 最高人民检察院发布四起企业合规改革试点典型案例（2021 年 6 月 3 日）

16. 最高人民法院发布 7 起人民法院充分发挥审判职能作用保护产权和企业家合法权益典型案例（第三批）(2021 年 5 月 19 日）

17. 最高人民法院关于审理建设工程施工合同纠纷案件适用法律问题的解释（一）(2020 年 12 月 29 日）

18. 最高人民法院关于审理涉及国有土地使用权合同纠纷案件适用法律问题的解释（2020 年 12 月 29 日）

19. 最高人民法院关于人民法院办理执行异议和复议案件若干问题的规定（2020 年 12 月 29 日）

20. 最高人民法院民法典贯彻实施工作领导小组办公室关于为确保民法典实施进行司法解释全面清理的工作情况报告（2020 年 12 月 28 日）

21. 天津市高级人民法院关于审理建设工程施工合同纠纷案件相关问题的

审判委员会纪要（2020年12月9日）

22. 山东高院关于审理建设工程施工合同纠纷案件若干问题的解答（2020年11月4日）

23. 济南市中级人民法院民五庭关于建设工程合同纠纷案件工程造价等专门性问题鉴定程序的指导意见（2020年4月17日）

24. 山东高院民一庭涉疫情建设工程施工合同纠纷案件法官会议纪要（2020年3月3日）

25. 江苏省高级人民法院建设工程施工合同纠纷案件委托鉴定工作指南（2019年12月27日）

26. 最高人民法院关于杭州百合房地产开发有限公司与苏州科隆幕墙装饰工程有限公司申请确认仲裁协议效力一案的复函（2019年12月27日）

27. 江苏省高级人民法院关于审理建设工程施工合同纠纷案件若干问题的解答（2018年6月26日）

28. 最高人民法院第四巡回法庭当庭宣判十大案例（2017年12月25日）

29. 最高人民法院关于发布第15批指导性案例的通知（2016年12月28日）

30. 重庆市高级人民法院关于建设工程造价鉴定若干问题的解答（2016年11月9日）

31. 最高人民法院关于当前民事审判工作中的若干具体问题（2015年12月24日）

32. 江苏省高级人民法院民一庭建设工程施工合同纠纷案件司法鉴定操作规程（2015年12月21日）

33. 江苏省高级人民法院、江苏省住房和城乡建设厅关于建立化解建设工程合同纠纷案件联动机制的意见（2015年9月15日）

34. 四川省高级人民法院关于审理建设工程施工合同纠纷案件若干疑难问题的解答（2015年3月16日）

35. 深圳市中级人民法院关于建设工程施工合同纠纷案件的裁判指引（2014年8月28日）

36. 安徽省高级人民法院关于审理建设工程施工合同纠纷案件适用法律问题的指导意见（二）（2013年12月23日）

37. 最高人民法院关于新疆建工集团建设工程有限责任公司与新疆宝亨房

地产开发有限公司一案有关问题的答复（2009年4月16日）

38. 最高人民法院关于人民法院在审理建设工程施工合同纠纷案件中如何认定财政评审中心出具的审核结论问题的答复（2008年5月16日）

39. 最高人民法院关于原北京市北协建设工程公司第三工程处起诉北京市北协建设工程公司解除挂靠经营纠纷是否受理问题的复函（2003年8月28日）

40. 最高人民法院关于安徽省合肥联合发电有限公司诉阿尔斯通发电股份有限公司建设工程合同纠纷一案的请示的复函（2003年5月14日）

41. 最高人民法院关于山东省青岛东方铁塔集团有限公司与河南省延津县广播电视局建设工程施工合同纠纷一案指定管辖的通知（2003年3月26日）

42. 最高人民法院关于建设工程承包合同案件中双方当事人已确认的工程决算价款与审计部门审计的工程决算价款不一致时如何适用法律问题的电话答复意见（2001年4月2日）

43. 最高人民法院对山西省高级人民法院《关于对县级以上人民政府设立的建设工程质量监督站是否应由计量行政主管部门进行计量认证问题的请示》的答复（1997年8月29日）

四、部门规章及规范性文件类

（一）部门规章

1. 建设工程消防设计审查验收管理暂行规定（2023年8月21日）
2. 建设工程质量检测管理办法（2022年12月29日）
3. 运输机场专业工程建设质量和安全生产监督管理规定（2022年1月4日）
4. 建筑工程施工许可管理办法（2021年3月30日）
5. 国家工程研究中心管理办法（2020年7月29日）
6. 新建扩建改建建设工程避免危害气象探测环境行政许可管理办法（2020年3月24日）
7. 注册造价工程师管理办法（2020年2月19日）
8. 城市建设档案管理规定（2019年3月13日）
9. 工程监理企业资质管理规定（2018年12月22日）
10. 建筑业企业资质管理规定（2018年12月22日）
11. 建设工程勘察设计资质管理规定（2018年12月22日）

12. 运输机场建设管理规定（2018年11月16日）

13. 铁路工程建设项目招标投标管理办法（2018年8月31日）

14. 通信建设工程质量监督管理规定（2018年5月17日）

15. 农村公路建设管理办法（2018年4月8日）

16. 水利水电建设工程蓄水安全鉴定暂行办法（2017年12月22日）

17. 水利工程建设监理规定（2017年12月22日）

18. 公路水运工程质量监督管理规定（2017年9月4日）

19. 公路水运工程安全生产监督管理办法（2017年6月12日）

20. 建筑工程设计招标投标管理办法（2017年1月24日）

21. 水运建设市场监督管理办法（2016年12月6日）

22. 电力建设工程施工安全监督管理办法（2015年8月18日）

23. 煤矿建设项目安全设施监察规定（2015年6月8日）

24. 铁路建设工程质量监督管理规定（2015年3月12日）

25. 房屋建筑工程抗震设防管理规定（2015年1月22日）

26. 建筑施工企业安全生产许可证管理规定（2015年1月22日）

27. 建筑施工企业主要负责人、项目负责人和专职安全生产管理人员安全生产管理规定（2014年6月25日）

28. 工程建设项目勘察设计招标投标办法（2013年3月11日）

29. 电子招标投标办法（2013年2月4日）

30. 铁路建设工程勘察设计管理办法（2006年1月4日）

31. 铁路建设工程招标投标实施办法（2002年8月24日）

32. 建设工程抗震设防要求管理规定（2002年1月28日）

33. 建设工程监理范围和规模标准规定（2001年1月17日）

（二）规范性文件

1. 国家铁路局关于印发《铁路建设工程生产安全重大事故隐患判定标准》的通知（2023年9月29日）

2. 生态环境部关于发布国家生态环境标准《环境影响评价技术导则　陆地石油天然气开发建设项目》《环境影响评价技术导则　民用机场建设工程》的公告（2023年7月27日）

3. 国家能源局关于印发《电力建设工程质量监督管理暂行规定》的通知（2023年5月31日）

4. 住房和城乡建设部关于推进建设工程消防设计审查验收纳入工程建设项目审批管理系统有关工作的通知（2023年5月18日）

5. 国家能源局关于修订印发火力发电、输变电、陆上风力发电、光伏发电建设工程质量监督检查大纲的通知（2023年5月8日）

6. 住房和城乡建设部关于印发《建设工程质量检测机构资质标准》的通知（2023年3月31日）

7. 国家能源局关于印发《防止电力建设工程施工安全事故三十项重点要求》的通知（2022年6月18日）

8. 财政部、住房城乡建设部关于完善建设工程价款结算有关办法的通知（2022年6月14日）

9. 国家铁路局关于深化铁路建设工程安全生产风险防范化解工作的意见（2022年6月13日）

10. 国家铁路局综合司关于增补铁路建设工程评标专家的通知（2022年5月31日）

11. 国家铁路局关于修订《铁路建设工程质量安全监督机构和人员考核管理办法》的通知（2021年11月19日）

12. 住房和城乡建设部办公厅关于印发《工程勘察设计、建设工程监理和工程招标代理机构统计数据质量控制细则》的通知（2021年7月16日）

13. 国家能源局关于印发水电等六类电力建设工程质量监督检查大纲的通知（2021年6月20日）

14. 国家铁路局关于印发《铁路建设工程施工图设计文件审查管理办法》的通知（2020年11月18日）

15. 住房和城乡建设部办公厅关于建设工程企业资质申请实行无纸化受理的通知（2020年6月23日）

16. 住房和城乡建设部关于印发《建设工程消防设计审查验收工作细则》和《建设工程消防设计审查、消防验收、备案和抽查文书式样》的通知（2020年6月16日）

17. 中国民用航空局关于印发《民航建设工程复工复产疫情防控技术指南》的通知（2020年2月26日）

18. 国家能源局关于颁布2018年版电力建设工程定额和费用计算规定的通知（2019年11月22日）

19. 住房和城乡建设部关于发布国家标准《石油化工建设工程施工安全技术标准》的公告（2019年7月10日）

20. 国家铁路局关于印发《铁路建设工程质量安全监督机构和人员考核管理办法》的通知（2019年4月2日）

21. 住房和城乡建设部办公厅关于外商投资企业申请建设工程勘察资质有关事项的通知（2019年1月10日）

22. 国家铁路局关于印发《铁路建设工程质量安全监督证管理办法》的通知（2018年12月21日）

23. 住房城乡建设部办公厅关于简化建设工程企业资质申报材料有关事项的通知（2018年9月30日）

24. 住房城乡建设部关于发布国家标准《建设工程化学灌浆材料应用技术标准》的公告（2018年9月11日）

25. 住房城乡建设部关于印发海绵城市建设工程投资估算指标的通知（2018年8月28日）

26. 住房城乡建设部办公厅关于调整建设工程计价依据增值税税率的通知（2018年4月9日）

27. 铁路建设工程材料构件设备产品进场质量验收监督管理办法（2017年10月19日）

28. 住房城乡建设部、工商总局关于印发建设工程施工合同（示范文本）的通知（2017年9月22日）

29. 住房和城乡建设部公告第1667号——关于发布国家标准《建设工程造价鉴定规范》的公告（2017年8月31日）

30. 住房和城乡建设部、财政部关于印发建设工程质量保证金管理办法的通知（2017年6月20日）

31. 住房和城乡建设部公告第1536号——关于发布国家标准《建设工程项目管理规范》的公告（2017年5月4日）

32. 国家铁路局关于印发《铁路建设工程评标专家库及评标专家管理办法》的通知（2017年4月20日）

33. 铁路局关于印发《铁路建设工程监管行政处罚信息公开办法》的通知（2017年3月13日）

34. 教育部关于加强直属高校建设工程管理审计的意见（2016年12月6日）

35. 住房城乡建设部、工商总局关于印发建设工程勘察合同示范文本的通知（2016年9月12日）

36. 住房城乡建设部关于建设工程企业资质管理资产考核有关问题的通知（2016年6月16日）

37. 铁路建设工程质量安全监管暂行办法（2016年2月25日）

38. 铁路建设工程招标投标监管暂行办法（2016年2月25日）

39. 住房城乡建设部关于印发《建设工程定额管理办法》的通知（2015年12月25日）

40. 工业和信息化部关于印发《通信建设工程安全生产管理规定》的通知（2015年11月16日）

41. 住房和城乡建设部、工商总局关于印发建设工程造价咨询合同（示范文本）的通知（2015年8月24日）

42. 住房和城乡建设部公告第771号——关于发布国家标准《建设工程造价咨询规范》的公告（2015年3月8日）

43. 住房和城乡建设部、工商总局关于印发建设工程设计合同示范文本的通知（2015年3月4日）

44. 住房和城乡建设部关于印发《房屋建筑与装饰工程消耗量定额》《通用安装工程消耗量定额》《市政工程消耗量定额》《建设工程施工机械台班费用编制规则》《建设工程施工仪器仪表台班费用编制规则》的通知（2015年3月4日）

45. 住房和城乡建设部公告第491号——关于发布国家标准《建设工程文件归档规范》的公告（2014年7月13日）

46. 住房和城乡建设部公告第406号——关于发布国家标准《建设工程施工现场供用电安全规范》的公告（2014年4月15日）

47. 住房和城乡建设部关于印发城市轨道交通建设工程验收管理暂行办法的通知（2014年3月27日）

48. 住房和城乡建设部公告第341号——关于注销部分建设工程企业资质的公告（2014年3月25日）

49. 住房和城乡建设部关于印发城市轨道交通建设工程质量安全事故应急预案管理办法的通知（2014年3月12日）

50. 住房和城乡建设部公告第216号——关于发布行业标准《建设工程施

工现场环境与卫生标准》的公告（2013 年 11 月 8 日）

51. 住房和城乡建设部办公厅关于增加建设工程企业资质网上申报和审批系统试点地区的通知（2013 年 9 月 27 日）

52. 住房和城乡建设部公告第 79 号——注销部分建设工程企业有关资质的公告（2013 年 7 月 11 日）

53. 住房和城乡建设部关于建设工程企业资质资格延续审查有关问题的通知（2013 年 7 月 10 日）

54. 住房城乡建设部办公厅关于印发《建设工程企业资质审查专家管理办法》的通知（2013 年 6 月 6 日）

55. 住房和城乡建设部公告第 35 号——关于发布国家标准《建设工程监理规范》的公告（2013 年 5 月 13 日）

56. 住房和城乡建设部关于发布 2013 年版《工程建设标准强制性条文》（石油和化工建设工程部分）的通知（2013 年 2 月 27 日）

57. 住房和城乡建设部公告第 1584 号——关于发布国家标准《建设工程人工材料设备机械数据标准》的公告（2012 年 12 月 25 日）

58. 住房和城乡建设部公告第 1580 号——关于发布国家标准《建设工程分类标准》的公告（2012 年 12 月 25 日）

59. 住房和城乡建设部公告第 1564 号——关于发布国家标准《建设工程咨询分类标准》的公告（2012 年 12 月 25 日）

60. 住房和城乡建设部、国家工商行政管理总局关于印发《建设工程监理合同（示范文本）》的通知（2012 年 3 月 27 日）

61. 住房和城乡建设部关于印发《建设工程企业资质申报弄虚作假行为处理办法》的通知（2011 年 12 月 8 日）

62. 住房和城乡建设部公告第 1042 号——关于发布国家标准《建设工程施工现场消防安全技术规范》的公告（2011 年 6 月 6 日）

63. 人力资源和社会保障部、国家发展和改革委员会、监察部等关于加强建设工程项目管理解决拖欠农民工工资问题的通知（2011 年 1 月 28 日）

64. 交通运输部关于加强冬季交通建设工程施工安全监管的通知（2010 年 11 月 19 日）

65. 住房和城乡建设部办公厅关于填报《建设工程企业资质申请受理信息采集表》有关事项的通知（2010 年 10 月 11 日）

66. 住房和城乡建设部公告第 387 号——关于发布国家标准《建设工程计价设备材料划分标准》的公告（2009 年 9 月 3 日）

67. 人力资源和社会保障部、住房和城乡建设部关于发布《建设工程劳动定额》行业标准的通知（2009 年 1 月 8 日）

68. 住房和城乡建设部公告第 215 号——关于发布国家标准《石油化工建设工程施工安全技术规范》的公告（2008 年 12 月 30 日）